朝鮮仏教史

鎌田茂雄

講談社学術文庫

はしがき

鎌倉時代の仏教学者凝然《ぎょうねん》（一二四〇―一三二一）は『三国仏法伝通縁起』を著わし、そのなかで仏教の伝来をインド・中国・日本の三国としたが、この伝統は今日に至るまでながく日本の仏教学界を支配してきた。しかし大乗仏教が伝播した北伝仏教のなかには、中国仏教・日本仏教のみならず、チベットの仏教や朝鮮の仏教の歴史が当然位置づけられなければならない。

ところで、私は昭和四五年（一九七〇）以来、しばしば香港・台湾・韓国・東南アジアの華人社会および中華人民共和国など各国の仏教寺院を訪ね、仏教儀礼の実態調査を行なってきた（拙著『中国の仏教儀礼』参照）。その間、韓国の有名な寺刹《じさつ》はほとんど実地に踏査した。求礼の華厳寺や報恩の法住寺、伽耶の海印寺、海南の大興寺などの大寺刹には何度も足を運び、あるいは慶州の南山や忠北の瑞山の磨崖仏を見たりした。

そこでまず気がついたことは、韓国寺刹の建物の色彩である。中国の寺刹を見なれた私の目に、丹青《たんせい》に彩られた伽藍はひどく新鮮なものに映った。また、そこには中国や日本の寺刹にはない山神閣や七星閣が置かれていた。さらに朝課に参加して驚いたのは、中国の仏教儀礼とはまったく異なった儀礼が行なわれていることである。こうして建物も儀礼も違う韓国の寺刹を訪ねているうち、朝鮮半島には、同じ『漢訳大蔵経』にもとづく東アジア仏教圏に属しながら中国の仏教とも日本の仏教とも異なった、独自の仏教文化が根づいていることに注目するようになった。

一方で私は、ほぼ一〇年来、数人の有志とともに高麗の均如《キュニョ》の『釈華厳五教章円通鈔』を読み進めていた。その過程で明らかになったことは、華厳教学においても、そこに独自の教義解釈がなされていることであった。こうして私の見るところ、朝鮮における仏教は中国仏教とは異質な独特のものであり、その内容は朝鮮仏教と表現する以外にないことを確信するに至ったのである。

朝鮮の仏教は、日本仏教との密接な関係から古代三国および統一新羅の仏教については従来も学的関心が払われ、研究も進められてきたが、高麗および李朝（朝鮮王朝―編集部）の仏教については、ほとんど顧みられることがなかった。このことは中国の仏教でも宋・元・明・清のそれが閑却されてきた事情と、まったく同様である。研究者が無意識のうちに、日本仏教の各宗の教理や歴史研究の延長線上に立って、朝鮮や中国の仏教研究を志向するからであろう。しかしこのような学的態度からは、朝鮮仏教や中国仏教独自の全体像を把握することは到底できない。

現在の韓国仏教は、そのほとんどが高麗時代から李朝時代の仏教を継承したものである。韓国仏教の実態を捉えるには、その歴史的展開を知る必要があり、中国の宋・元以後の仏教史の正確な知識なしに、高麗および李朝の仏教の研究は困難である。さらに李朝の仏教を正しく理解するためには、その時代の儒学史に通暁する必要があろう。また朝鮮仏教に関心のある若い研究者は、ぜひともハングルを修得しなければならない。

さきの実態調査から、ささやかな成果を『朝鮮仏教の寺と歴史』と題して刊行して以来、私は少しずつ朝鮮仏教の関連資料に当たってきた。ここに簡単な通史をまとめることができたが、私は本書の刊行を一つの転機として、さらに大部な『朝鮮仏教史』をもって朝鮮仏教の全体像を把握したいと念願している。本書は朝鮮仏教の入門書であるが、各節の注には日本のみならず韓国の研究者の著書・論文を付したので、専門的な研究者にも役立つものと思う。

私が韓国や中国、東南アジアにしばしば調査に行くことができたのは、いつに、亡き妻の内助のおかげであった。謹んで本書を亡妻の霊前に捧げたいと思う。

昭和六一年一〇月　東京大学東洋文化研究所にて

鎌田茂雄

目次

序　朝鮮仏教の歴史的性格

インド文化圏をこえて、中央アジアの砂漠地帯に伝えられた仏教は、さらに東伝して中国に伝来した。中国にはもともと古くから中国文化が成立しており、儒教や老荘思想などの固有思想が深く人々の精神生活を支配していたのであったが、外来宗教であった仏教はこれらの思想と融合しながら、中国独自の仏教を形成していった。中国仏教は、やがて東アジアの諸地域——朝鮮・日本・渤海・ヴェトナムなどに伝播し、東アジア仏教文化圏を形成した。朝鮮仏教はまさしく東アジア仏教圏の一つなのである。

東アジア仏教圏に共通するものは漢訳大蔵経に依っていることである。漢訳大蔵経を読誦《どくじゅ》経典とし、教理の研究と発達も漢訳大蔵経にもとづいていることは、中国・朝鮮・日本の仏教に共通している。朝鮮において諺文《オンムン》（ハングル）を用いるようになったのは李朝（朝鮮王朝）にまで下るし、日本において仮名法語類が書かれたのは平安末期から鎌倉時代になってからである。この同じ漢訳大蔵経にもとづきながら、朝鮮の仏教は日本の仏教とはまったく異なった仏教を創造し、中国仏教とも異なった独自な仏教を朝鮮民族の主体性において創造していった。

護国仏教の展開

古く真平王三十三年（五五一）に始まった法会《ほうえ》に、百高座講会《ひゃくこうざこうえ》と八関斎会《はっかんさいえ》がある。前者は護国経典としての『仁王《にんのう》護国般若波羅蜜多経』の説にもとづき、内乱・外患などの悪運を防ぎ、王祚《おうそ》と国家の安全を祈願するために行なわれ、後者は八戒を護持して、戦死した兵の霊を供養するためのものであった。新羅《シルラ》に仏教が伝来して以来、朝鮮仏教を一貫した伝統は、この護国仏教の精神である。(1)

こうした理念がもっとも強くあらわれているのは、円光《ウォングァン》の「世俗の五戒」である。五戒の第一条は「君に事《つか》うるに忠を以てす」であり、第四条は「戦いに臨みて退くなし」であって、この円光の臨戦無退の戒律が、高句麗《コグリョ》・百済《ペクチェ》と闘う大きな力となり、新羅が三国を統一する精神的エネルギーとなったのである。さらに、敵国降伏を願った皇龍寺《ファンニョンサ》の九層塔の建立や、倭人の侵入を防ぐために東海《トンヘ》を見下ろす石窟庵《ソックラム》の仏像、また「死して護国の鬼とならん」という遺言を残して海底王陵に葬られた武烈王など、いずれも強烈な国家意識を象徴するものといえよう。

高麗《コリョ》時代には、武力によって蹂躙《じゅうりん》してきたモンゴル（元）に対し、敵国降伏の悲願をこめて大蔵経が彫印された。仏力による加護を祈って彫印された『高麗大蔵経』は、世界の文化史上、不滅の光芒を放つ文化遺産となったのである。

李朝の時代、壬辰の倭乱（豊臣秀吉の朝鮮出兵）の際には、西山《ソサン》大師・泗溟《サミョン》大師などの義僧が武器をとって義軍として戦闘に参加し、祖国防衛のために血を流した。新羅仏教の護国の精神は李朝に至るまで脈々と生きつづけたのであった。

綜合の仏教

朝鮮仏教の思想的な特質は綜合仏教ということができる。新羅の元暁《ウォンヒョ》の仏教は、華厳も法《ほっ》相《そう》も三論も浄土教も、渾然として融合したものである。八宗兼学というのではなく、あらゆる教学を融合させて一つにするのである。元暁は「百家の異諍《いそう》を和し、一味の仏教に帰せしめる」（『十門和諍論』）ことを目的とした。

この元暁の綜合仏教は、その後の朝鮮仏教の伝統となった。高麗時代には普照《ポジョ》国師知訥《チヌル》が「諸仏、之を口に説くを即ち教となし、祖師、之を心に伝うるを即ち禅となす」（『華厳論節要』序）という立場から、教禅一致の宗風を樹立し、教学と坐禅を一つに綜合した。李朝においても全仏教の宗派は教宗と禅宗に包括され、綜合仏教をめざした。以上、朝鮮仏教は政治的・社会的な面でいえば護国仏教の役割を果たし、教理的特質からいえば綜合の仏教といえよう。それは日本仏教にも中国仏教にも見られぬ独自の性格である。

朝鮮仏教の複雑さ

従来、朝鮮仏教は中国仏教の模倣ないしは移植と見なされてきたが、単なる移植でも模倣でもない。もちろん中国仏教の伝来によって始まることは歴史的事実であるが、朝鮮民族は中国から仏教を受容しながらも、自らの手で独自な仏教と仏教文化を創造したのである。

しかも朝鮮仏教のなかには、中国仏教のみでなく他の仏教の影響も認められる。たとえば百済や駕洛《カラク》国の仏教には、インド仏教や南海経由の仏教の影響があったのではないかと推定される。また元の影響を受けた高麗の仏教には、チベット系仏教の影響が認められ、たとえば忠穆《ちゅうぼく》王二年（一三四六）に鋳造された演福寺《ヨンボクサ》銅鐘には「仏頂尊勝陀羅尼《だらに》」がランチャ（Lañtsha）文字やチベット文字で書かれているといわれる。[2] また『朝鮮金石総覧』上に収録されている龍川《ヨンチョン》や海川《ヘチョン》や開城《ケソン》の「大仏頂陀羅尼幢」の拓本にも、チベット系仏教の影響を見ることができる。

朝鮮仏教の複合性は、寺刹のなかに三神閣があることによっても明らかである。三神閣とは、独聖閣と山神閣と七星閣とを言い、このなかで独聖閣は独覚を祀ったものであるから仏教的なものであるが、七星閣と山神閣の二つは仏教以外のものである。七星閣の主神は北斗七星であり、北斗七星を祀って寿福息災を祈るのが七星信仰で、これは道教信仰が仏教のなかに取りこまれたものである。山神閣の山神とは、古朝鮮（王倹朝鮮）のとき箕子《キジャ》が朝鮮に封ぜられたため、檀君《タングン》が阿斯達《アサダル》（白岳、檀君の都）で隠れて山神となった（『三国遺事』巻一、紀異第一）という神話に源流を発するものと思われるが、高麗時代に現世利益の神として信仰され、今日に至っている。

また寺刹の神衆壇にも八大金剛・四大菩薩・十大明王・帝釈天《たいしゃくてん》などのほか、日月・七星・二十八宿・龍王・山神・竈神《そうしん》など百四位の護法の神仏が祀られており、このなかには仏・菩薩のみでなく道教の諸神もある。そのほか、高麗初期の道詵《トソン》にみられるように風水信仰（風水地理説）と仏教との密接な結びつきもあった。

さらに、東北アジアに根ざす巫覡《ふげき》信仰が深く民衆のなかに浸透しているため、朝鮮仏教はシャーマニズムとも結合して民衆信仰としての役割を果たしており、李朝においてとくに顕著にみられる。

朝鮮仏教の歴史的意義

朝鮮仏教が中国仏教の単なる模倣でもなく、中国仏教を日本に伝えるための架け橋でもないことがわかると、朝鮮仏教の歴史的意義も自ずと明らかになる。

日本の古代仏教が朝鮮半島および中国大陸から伝えられたものであり、大陸および朝鮮仏教との関係交渉を考慮しなければ正確に把握できないことは、周知の事実である。日本に最初に伝来したのは百済仏教であり、ついで高句麗仏教が流入し、さらに推古朝の末期より新羅との関係が密接になるにともなって新羅仏教が入り、さらに遣隋・遣唐の学問僧の帰朝とともに大陸仏教が流入した。このように百済—高句麗—新羅—大陸仏教の順序に、あるいは互いに重層的にからみあって伝わったのが仏教の日本伝来であった。その意味では日本の古代仏教は直接的には朝鮮仏教圏のなかから芽ばえたということもできる。

飛鳥仏教が朝鮮仏教の受容によって成立したものであることは明らかであるが、さらに奈良仏教においてもその影響は見られる。もちろん奈良時代になると、直接、唐の仏教が日本の留学僧や中国からの渡来僧によってもたらされたため朝鮮仏教の影響は低下したが、奈良の大仏の建造に際して新羅の審祥《シムサン》が『華厳経』を講演したり、聖武天皇が新羅系の寺院である知識寺に行幸し、金銅毘盧舎那仏《びるしゃなぶつ》を見たりしたことが大仏建立の直接の動機となったこと、大仏建立にかかわりのあった人々のなかに朝鮮半島からの渡来人の影響が顕著であった点などを考えあわせると、この時代においても、なお朝鮮仏教の影響が顕著であることを知るのである。こうして日本の古代仏教史を明らかにするためには朝鮮仏教の知識が不可欠であり、これなくして日本の古代仏教史の研究は不可能であるといってよい。

平安時代をへて鎌倉時代になると、日本の仏教は中国仏教圏から離脱して独自の新仏教を創造したため、朝鮮仏教との関係交渉はほとんどなくなっていったが、足利時代には『高麗大蔵経』が多く日本に伝来し、後世に大きな文化遺産を残すに至った。

翻って中国仏教との関係を考えてみると、元暁の教学や注釈書が唐の華厳に大きな影響を与えるなど、朝鮮仏教の独創的な教学が大陸に逆輸入され、また円測《ウォンチュク》をはじめとして、新羅僧が大陸において活躍していることも事実なのである。あるいは高麗の義天《ウィチョン》が、中国本土において会昌の廃仏などによって失われた仏教典籍を補うため、多くの朝鮮伝来の典籍を宋にもたらしたことも特筆されるべきである。これらによって宋代の華厳学が興隆した事実を忘れてはならない。

なお、朝鮮仏教が中国仏教圏から離脱し、独自な仏教を創造したのは高麗時代である。新羅の仏教とはまったく性格が異なる高麗の仏教の全体像を把握しなければ、朝鮮仏教の特質(3)を把握することはできないであろう。

（1）拙稿「朝鮮仏教における菩薩道の実践――護国仏教の精神」（西義雄博士頌寿記念論集『菩薩思想』大東出版社、一九八一年）。金東華ほか「仏教의国家観및政治思想研究」（『仏教学報』第一〇輯、一九七三年八月）。
（2）末松保和「高麗演福寺鐘銘について」、湯山明「演福寺銅鐘の梵語銘文覚書」（『東洋学報』第六六巻第一・二・三・四号、一九八五年三月）。
（3）前田専学「韓国仏教の特質――日本仏教のそれとの対比において」（『愛知学院大学文学部紀要』第六号、一九七六年）。

略号表

史記　三国史記
遺事　三国遺事
通鑑　東国通鑑
麗史　高麗史
節要　高麗史節要
僧伝　海東高僧伝
勝覧　東国輿地勝覧
総覧　朝鮮金石総覧
史料　朝鮮寺刹史料
列伝　東師列伝
梁伝　梁高僧伝
唐伝　唐高僧伝
宋伝　宋高僧伝
書紀　日本書紀
正蔵　大正新脩大蔵経
続蔵　大日本続蔵経
通史　朝鮮仏教通史

第一章　古代三国の仏教

1　仏教の朝鮮伝播

伝播の経路

朝鮮の仏教は中国仏教の伝播に始まるといわれる。高句麗《コグリョ》については小獣林王二年（三七二）、秦王苻堅《ふけん》の命によって順道《スンド》が来朝し、二年後には阿道《アド》が来たのが、海東仏教（海東は朝鮮の異称）のはじめであるという。百済《ペクチェ》については、枕流王元年（三八四）、胡僧摩羅難陀《まらなんだ》が東晋より来朝したのがそのはじめとされている。新羅《シルラ》については、第一九代の訥祇《とつぎ》王のとき、沙門墨胡子《ムッコジャ》が高句麗から新羅の一善郡に来たという。

このように朝鮮半島への仏教の流入ルートは『三国史記』（以下、『史記』）や『三国遺事』（以下、『遺事』）などの史書に記載されている限り、高句麗については華北の五胡十六国の仏教が入り、百済には中国の江南・東晋から流入したことになる。さらには高句麗より南下して新羅へと伝播した。そして華北から高句麗へのルートは、ごく一部、山東半島から遼東半島へ海路を渡ったものがあるかもしれないが、おおむね陸路と考えてよい。百済への伝来は海上交通によるもので、東晋王朝の文化が南朝との交易船に乗って渡来したものと思われる。

従来、朝鮮半島の仏教伝来はこのように考えられてきた。朝鮮の古代三国の仏教は中国仏教が浸透しただけであって、その他のルートは考えられなかった。しかし近年、中国において古く後漢から三国・東晋初期と推定される仏像や仏教図像が発見されるに及び、朝鮮伝来のルートも再考しなければならなくなってきた。

まず中国江蘇省の北部、連雲港市の郊外にある孔望山に仏教の摩崖《まがい》石像が発見された。『文物』[1]に報ぜられたところによると、孔望山の岩面に一〇五個の石刻像が彫られており、そのなかに仏教的な造像として涅槃《ねはん》図・捨身飼虎《しゃしんしこ》図・仏像・力士像・象などがある。これらが仏像と認められる理由としては、頭上に肉髻《にっけい》があり、右手が施無畏《せむい》印の形をしている、結《けっ》跏趺《かふざ》坐したものがある、全身に凹入形の身光がある、などが挙げられている。この石刻像の造像年代について、中国の学者[2]はその手法や様式が後漢の墓石像の様式と類似していることから、後漢末と推定している。しかし仏教史から見て、筆者の考えでは少し下って、三国から東晋初期の造像と思われる。

一方、内蒙古自治区の和林格尔《ホリンゴル》からは、後漢代の壁画墓のなかから「仙人騎白象図」と「猞猁《しゃり》図」が発見された[3]。黄河の彎曲部にあたる内蒙古から後漢代といわれる仏教図像が発見され、山東半島の黄海に面した孔望山から仏教像が発見されたとなると、中国伝来の経路そのものが問題になる。そこから推定されることの一つは、仏教は早くから南海経路で、東海の海岸地方に伝播したかもしれないということである。後漢の安世高の伝記を見ると、彼の足跡に関する伝説として南昌、広州、浙江が伝えられている。従来の理解では安世高は西域を経由して中原に来たとされているが、南海経由か、あるいは身毒（インドの古称）・蜀ルート（インドからビルマ〔現ミャンマー〕を経て雲南から四川に通ずる道）から入ったかもしれない(4)。

次に朝鮮半島への伝来の経路であるが、後漢末から三国時代にかけて内蒙古へ伝播した中央アジアの仏教は、容易に幽州刺史の管轄する代郡（高陽市）に達するであろうし、さらに同じ幽州刺史の領域である遼西郡や遼東郡に流伝してゆくことが考えられる。遼東郡の東には馬訾水《マジャス》（鴨緑江《アムノッカン》）が流れ、その流域はすでに高句麗の境域なのである。このようにみると、中国を経由しない中央アジアの仏教が、高句麗に直接流入する可能性もあり得る。もちろん史料も発掘物も存在しないので、あくまでも推定にすぎないが、和林格尔における後漢代の仏教図像の発見によって、その可能性をまったく否定することもできなくなった。

また、三世紀に山東半島の南の海岸沿いに仏教が伝播していたとすると、その教線が半島を経由して渤海や黄海を横断し、西朝鮮湾や江華湾に到達することは容易に考え得ることである。

後に述べるように、百済の謙益《キョミク》がインドから直接に梵文の律典をもたらし、時代は下るが唐の義浄の『大唐西域求法高僧伝』を見ると、新羅の慧業《ヘオプ》・玄太《ヒョンテ》・玄恪《ヒョンガク》など多くの求法僧が南海経由でインドへ行っている。朝鮮半島から直接、インドに求法の旅に出発しているとなれば、かなり早い時代から南海を経由した海洋圏の仏教が朝鮮半島に流入した可能性も大きい。

祭天と蘇塗

五穀の神である社稷《しゃしょく》を祀るという習慣が、朝鮮半島には古い時代からあった。高句麗族は鬼神、霊星（農業神）、社稷神（土地神・穀物神）などを祀ったと中国の史書である『三国志』巻三〇の『魏書』烏丸鮮卑東夷伝《うがんせんびとうい》第三〇の高句麗の条に書かれている。また高句麗の国家的な祭礼としては「東盟《トンメン》」があり、これは一〇月に行なわれる祭天の大会で、部族国家で行なう農業の収穫の感謝祭である。

同じく『三国志』巻三〇の韓族伝によると、五月の種まきが終わると鬼神を祀り、群集が昼夜にわたって歌舞を踊り、酒を飲んだ。数十人があいともに手足をふって踊り、その音節は木鐸《もくたく》をもってする舞に似ている。一〇月になって収穫が終われば、また同じような祭が行なわれた。韓でも部族国家的な規模の祭としては、高句麗と同じく国都に一人の天神を祀り、この天神を天君《チョングン》と名づけていた。祭天の儀式は、扶余《プヨ》、高句麗、その南の濊《イエ》、馬韓《マハン》などで行なわれ、いずれも農作物の豊穣を祈願したり収穫を感謝するものである。

この祭天の祭は、もともとは匈奴《きょうど》の祭であった。匈奴の風俗では、年三回、正月と五月と九月の吉日に龍城において祭祀が行なわれ、とくに五月には最大の集会が持たれ、天神を祀ったのである（『後漢書』巻八九、南匈奴列伝）。

ところで、前漢は武帝の元狩二年（前一二一）春三月、霍去病《かくきょへい》が一万の兵をひきいて匈奴と戦って大勝利を得たが、そのとき休屠王の祀っていた祭天の金人（金色に塗った像）を手に入れた。霍去病が献上したところ、武帝はこれを雲陽県の甘泉宮に祀った。この金人を仏像であるとし、これをもって仏教が中国に流通したはじめと見なす説もある（『魏書』釈老志）。匈奴の祭天の儀式はそのまま扶余や高句麗に伝えられたが、匈奴が祀った天神が仏像ではないかという説が中国におこった事実を考えあわせると、このような儀式を受け入れた精神的風土が仏教の伝来を可能ならしめたと言えよう。

国都における祭天の儀式と並んで、各邑《むら》で行なわれたものに蘇塗《ソド》[5]がある。この儀式を行なうには聖域を作らなければならない。聖域の中心には大木が立てられ、その木に鈴や鼓をかけて鬼神を祀った。鈴や鼓をたたいて音楽が奏でられ、巫舞《ふぶ》（女性シャーマンの踊り）が演じられたのであろう。

蘇塗とはこの神竿《しんかん》（立木）を指し、またその祭のことを意味するが、さらにこの神竿は邑の入口や他邑との境界に立てられて、それが邑を守護する神の役割を果たした。そのため、他邑において罪を犯した逃亡者もこの蘇塗の聖域のなかに逃げこめば捕えられなかった。多く盗みをはたらいた者は、他邑の蘇塗のなかから外へ出なくなったのである。

『三国志』の『魏書』の編者は、この蘇塗は「浮屠《ふと》」に似ているとした。浮屠とは中国の後漢代から三国・東晋代にかけて仏塔のことをいったが、立派な仏塔をいうのではなく、原始的な率堵婆《そとば》である刹柱《さっちゅう》のことである。この刹柱と酷似した蘇塗というものが馬韓にあったことは、仏教の伝来を考えるうえにきわめて重要である。もちろん蘇塗は仏教とはまったく関係ないが、『三国志』を撰述した晋の陳寿《ちんじゅ》は、中国にすでに拡がっていた仏教の知識によってこれを浮屠に似たものと判断したのである。

このように、古代朝鮮で行なわれていた収穫の感謝祭や祭天の儀式、蘇塗の行事など、それは宗教としてはシャーマニズムであるが、五穀の神や天人などを崇拝する古代朝鮮の慣習や原始宗教のなかに、仏教を素直に抵抗なく受けいれる精神的風土がつちかわれていたと見なければならない。とくに穀神の崇拝が、高麗時代の仏教の法会《ほうえ》とされる八関斎会《はっかんさいえ》や、現在でも「百中仏供《ぶつぐ》」あるいは「百種仏供」(6)と一般に呼ばれる旧暦七月一五日の施餓鬼会《せがきえ》のなかにも生きていることを考えあわせると、穀神信仰や、巫覡《ふげき》といわれるシャーマニズムや、さらに風水信仰・卜筮《ぼくぜい》(亀甲と筮竹による占い)・神仙思想などが複雑にからみあっていた土壌のもつ意義は大きいと言わねばならない。

高句麗への伝来

『三国史記』巻一八、高句麗本紀によると、高句麗への仏教伝播(7)については小獣林王二年(三七二)の夏六月、秦王苻堅《ふけん》が使いを遣わし、僧順道《スンド》を派遣するとともに仏像・経文を送ったという。王は使者を派遣してこれに感謝し、苻堅に朝貢した。

この二年後の四年に僧阿道《アド》が来たことが記されている。阿道は翌春二月に肖門寺《チョムンサ》を造ってそこに住し、順道は伊弗蘭寺《イブルランサ》を建ててそこに住した。これが海東仏教のはじめであるといわれる。

最初に来た順道については、まったく記すところがないので不明である。阿道についても、晋より来たという説（『遺事』巻三所引の高麗本紀）、呉より来たという説（『僧伝』巻一）、高句麗より魏に入り、のちに新羅に帰るという説（同）などさまざまな伝説があり、きわめて不明確である。なお高句麗にはじめて建てられた省門寺は省門を寺とした（『僧伝』引用「記」）のであり、後の興国寺《フングッサ》のことで、伊弗蘭寺は後の興福寺《フンボクサ》である。

華北仏教の流入の公的記録は三七二年であるが、それより以前、すでに民間ルートにおいては高句麗人と中国仏教との接触があった。たとえば東晋の支遁《しとん》（三一四―六六）が高句麗道人に与える書を書いているが、このなかで名僧竺法深《じくほっしん》の徳行を讃えている。支遁は江南で活躍した人であるから、高句麗の道人もはるか南方の江南地方へ留学していたのではなかろうか。阿道が東晋から来たというような伝説も、高句麗と江南とに交通路が開けていたことを証するものであろう。ともあれ、支遁が高句麗から来た道人と交渉をもったのは、その没年である三六六年以前でなければならない。そのように見ると、公的記録の三七二年以前に、すでに高句麗人は仏教を知っていたとしなければならない。

さて、高句麗にはじめて来た順道の伝えた仏教は、どのような内容であったか。当時、黄河流域には五胡十六国が興亡していた。後趙王の石勒《せきろく》・石虎《せきこ》の尊信を受けた仏図澄《ぶっとちょう》はすでに没し、秦王苻堅はその弟子、太山僧朗を尊崇した。苻堅はまた襄陽を攻略して、後世、中国仏教の基礎をすえたといわれる釈道安を獲得した。しかし三七二年の時点では、道安はまだ苻堅のいる長安には来ていない。また鳩摩羅什《くまらじゅう》（Kumārajīva）が長安へ来たのは四〇一年であるから、もちろん彼の翻訳した大乗仏教の経典も存在していない。従ってそれより以前、竺法護《じくほうご》（Dharmarakṣa）によって翻訳された大乗経典や、仏図澄がもたらした呪術仏教・戒律・禅観などが、順道とともに高句麗にもたらされたのであろう。

ここで注意しなければならないのは、『海東高僧伝』巻一の順道の条に、順道は東晋から来てはじめて仏法を伝えたという説をあげ、東晋から来たのか後秦から来たのか、はっきりしないと言っている。このことから考えると、一部は東晋・江南の仏教が流入したのであり、高句麗伝来を考えるとき、華北仏教と江南仏教の両者の伝播を念頭に置く必要がある。

つぎに高句麗開教について重要な役割を果たしたのが、白足和尚曇始《どんし》である。彼は東晋の孝武帝の太元二十一年（三九六）、経律数十部をもたらし、遼東に行って教化し、三帰戒《さんぎかい》を授け、義熙《ようこう》元年（四〇五）にふたたび長安に帰った（『梁伝』巻一〇、『僧伝』）。奉仏者であった後秦の姚興の代のことであるから、華北の仏教が曇始によって高句麗に伝えられたことは確実であるといえよう。

江南仏教の百済伝播

中国江南の仏教は三国時代、呉が都を建康に定めてから次第に発達し、東晋をへて南朝の梁に至ってもっとも盛大をきわめた。梁の武帝は「釈教に溺れ」たと批判されるほどの崇仏天子であった。都の建康には同泰寺・大荘厳寺などの大伽藍がたち並び、多くの法会が開かれていた。この江南の仏教が百済に伝播したのである。

枕流王《ちんりゅう》元年（三八四）七月、百済は東晋に遣使朝貢し、九月には摩羅難陀《まらなんだ》が東晋から来た。インド僧か、中央アジア出身の僧と思われるが、百済の王が彼を宮中に迎えて礼敬したのが百済仏教のはじめである。翌年の春二月には、仏寺を漢山《ハンサン》（京畿道）に創建し、僧一〇人を度した。『海東高僧伝』巻一によると、摩羅難陀は天竺（インド）より中国に入り、さらに百済に来たという。おそらく南海経由で建康へ来たものと思われる。当時の東晋は孝武帝（三七三—九六在位。以下、本書では王については在位年間を示す）の時代で、東晋諸帝のなかでもっとも仏教を信仰した帝王として有名である。『晋書』には「（太元）六年春正月、帝初めて仏法を奉じ、精舎を殿内に建て、諸沙門を引いて以て之に居らしむ」（巻九、帝紀第九）とある。

孝武帝はまた、大月氏国《だいげっし》の出身で、呉の虎丘山にいた支曇籥《しどんやく》を勅命によって都に招き、建初寺に住まわせた。唐の法琳《ほうりん》の『弁正論《べんしょうろん》』巻三「十代奉仏篇」では、孝武帝の崇仏行為を「心を奉法に精《くわ》しくし、念を冥符に志す。師子国の王、其の道を懐《いだ》くを欽《よろこ》ぶ。故に沙門曇摩撮を遣わし、遠く玉像を送りて、以て丹情を表す。義解の僧を召し、皇泰寺を造り、仍《すなわ》ち旧第を捨てて、本起寺と為す」と記している。師子国（スリランカ）の王が曇摩撮を派遣し、玉像を贈ったというから、彼もまた貿易船に乗り、東晋の都へやってきたのであろう。百済は枕流王元年七月に晋に朝貢しているので、おそらくこの帰りに、朝貢使節とともに来朝したものと思われる。

ところで百済の仏教伝来の時期を問題とするのに無視できない一つの資料がある。それは『日本書紀』巻二二、推古天皇三十一年（六二三）の四月戊申《つちのえさる》の条で、百済僧観勒《クァルルク》の上表文のなかに「夫れ仏法西国より漢に至るに三百歳を経、乃ち之を伝えて百済国に至るに僅かに一百年なり」という記事が見える。仏教が百済へ伝わってから一〇〇年たつというのであるから、五二三年頃と大きく下る。中国へ伝わったのはその三〇〇年前というから二二三年頃になる。二二〇年には後漢が滅び、三国時代になる。この年に支謙《しけん》は呉に入り、訳経活動に従事する。二二四年には維祇難（Vighna）などがインドから武昌に来て『法句経』を訳し、建康を中心として江南の仏教が始まる頃である。おそらく観勒は、百済の仏教が江南から伝わった伝承を知っており、江南仏教のはじまりの年をインドから漢地に仏教が流入した時点と考えていたのではなかろうか。また百済へ入ってから一〇〇年というのは、聖明王の時代に仏教が国家的に公認された時点から数えたものと思われる。実際に細々ながら百済へ入ったのは、東晋と百済との交流から見て、おそらく四世紀であったと思われる。

新羅における伝来伝説

高句麗と百済につづいて最後に仏教が流伝したのは新羅である。新羅における仏教の伝来については、すでに学者の詳細な研究[8]がある。それによると仏教の流入した伝説には四種があるという。

(1) まず『三国史記』の伝説である。巻四の新羅本紀、法興王十五年（五二八）の条に

「肇行《ちょうこう》仏法」という綱目が立てられ、新羅における仏教の初伝から公認に至るまでの経過が三段に分けて述べられている。

第一段では、初伝は訥祇《とつぎ》王（四一七—五七）のときに、沙門墨胡子《ムッコジャ》が来朝したという。墨胡子が高句麗から一善郡（善山《ソンサン》）に来たところ、郡人の毛礼《モレ》という者が、家の中に窟室をつくって彼を住まわせた。その頃、たまたま梁が使者を遣わして王に衣物と香を献上した。群臣はその香名と使用法がわからず訊ね歩いたところ、墨胡子がその名を教え、「これを焚けば香気が芳しく漂い、誠を神聖に通じることができる。神聖というのは三宝に過ぎるものではない。三宝とは一つは仏陀（仏）、二つは達摩《だるま》（法）、三つは僧伽《そうぎゃ》（僧）である。もし香を焚いて発願すれば必ず霊験があるであろう」と言った。このとき王女が病いにかかって危険であったが、彼に香を焚いて誓願させたところ、快癒した。王は大いに喜び、礼物を与えた。墨胡子はもらった品物を毛礼に与えて立ち去り、そのまま行方はわからなかったという。

第二段の伝説は、毗処《びしょ》王（炤知《しょうち》王四七九—九九）のときになって、阿道（我道《アド》）という和尚が従者三人を連れ、この毛礼の家にやってきた。彼の容貌は墨胡子に似ていた。住すること数年、病いなくして没した。侍者三人はそのまま滞在し、経律を講読し、ときたま信奉者もあった。この伝説は訥祇王代を去ること二十余年後であるが作為された伝説であろう。阿道という名は高句麗への伝教者と同じ名前であるが、一二〇年前に高句麗に入った阿道がふたたび新羅へ入ったとは考えられず、別人と思われる。

第三段は、仏教を興す直接の因縁となった異次頓《イチャドン》の殉教を説いている。法興王代になって、群臣が奉仏に反対したなかで近臣の異次頓は、自分の首を刎《は》ねても衆議を決するよう申し出た。王は「仏法を興そうとするのに、無実のものを殺すことはできない」と言い、異次頓は「仏道が行なわれれば臣は死んでも惜しくはない」と答えた。王が群臣を集めて仏教公認の可否を問うたところ、群臣たちは「今の僧は髪を切り異様な服を着ていて、その言うところは怪しく、普通の道ではない。今もしそのまま放置すれば、おそらく後悔することがありましょう。臣らはどんな重罪を受けても、王の仰せに従うことはできない」と述べた。しかし異次頓だけは「非常な人物があってはじめて非常のことが起こるものです。仏教の教えは深いと聞いています。必ず信じないわけにはいかないでしょう」と答えた。王は「多人数の言は破るわけにはいかない。おまえは独りで異を唱えるが、今、両論に従うことはできない」と述べ、ついに彼を刑吏に下し首を刎ねようとした。異次頓は死に臨んで、「私は仏法のために刑を受けるのである。仏にもし霊感があれば、自分が死んだ後に必ず異変があろう」と言った。異次頓の首が断られるや、その溢れ出た血は白乳のように白く、しかもその首は飛んで金剛山《クムガンサン》頂に落ち、天は光を失い、地は震動したという。大衆はこれを怪しみ、ふたたび仏事に反対する者はなかった。

『三国史記』における仏法肇行の伝説は、以上述べたように三段階をへながら発展的に形成されたものであるが、同書を編纂する時点（一一四五年頃）においては、さまざまな異説が存在したらしい。この伝説を述べた後に割注として、この記事は金大問の「鶏林雑伝」の記録に依ったものであり、韓奈麻（新羅の官位）の金用行が撰した「我道和尚碑」の記事とは相違している、という。

(2) 次の伝来伝説は、『三国遺事』巻三の阿道基羅の条に引用された「我道本碑」の説である。これが、『三国史記』が異説としてあげた金用行の「我道和尚碑」かどうかは不明であるが、その内容を簡単にあげる。阿道は高句麗の人であり、未雛王《みす》（味鄒王）の二年（二六三）、鶏林《ケリム》に至り、仏法を行なうことを請うたが許されず、まさに殺されようとしたので続林（一善郡）の毛禄（毛礼）の家に逃れた。ここに隠れること三年、成国公主の病いを治したために王は喜び、仏寺を天鏡林に創建することを許した。これが興輪寺《フンニュンサ》であり、さらに三川岐に永興寺《ヨンフンサ》を造立した。この「我道本碑」は「鶏林雑伝」の伝説よりも進化した形態を示している。

(3) 第三は『海東高僧伝』巻一、阿道の条に引用された「古記」の説である。これによると阿道は梁の大通元年（五二七）三月一一日に一善郡に来て、信者の毛礼の家に至った。阿道は殺されかけたが、香の知識のあったこと、たまたま呉使が香を献上したことなどから、仏法の勅許があったことを記している。この伝説では、阿道より前に高麗僧の正方《チョンバン》および滅《ミョル》垢玼《グジャ》なる者が新羅に入ったことが明らかにされている。

(4) 第四は同じく『海東高僧伝』巻一の阿道の条に引用する「高得相詩史」の説である。梁が使者元表を新羅に派遣して沈檀・経像を送ったが、使用法がわからず阿道に教えを受けた。阿道は斬害に二度もあい、毛礼の家に隠れたという。この伝説の特異な点は、梁の元表が新羅に来たとしていることである。

以上、四つの伝来伝説を整理すると、新羅における仏教の伝来は(2)の伝説に二六三年に阿道が来朝したというなど、かなり前から私的には流入していたと思われる。この第二の伝説のなかには、「前の仏の時の伽藍《がらん》の墟」と、それ以前に仏教が伝わり伽藍を建てたことを暗示する言葉が見える。これは一概に伝説として否定されるべきではないし、古い三国時代に私的な仏寺の創建があったのかもしれない。

訥祇王代は仏教の伝来伝説が生まれた年代であり、何かがこの王のときにあったことも推定される。このような私的な伝来の積み重ねのうえに、ついに法興王の十四年（五二七）、それは(3)の伝説が明示する梁の大通元年に、新羅における仏教の国家的承認が行なわれたのであった。これに際しては、諸伝説が示すように梁の使者の影響を無視することはできない。梁から大量の仏像・経典が流入したと同時に、寺塔を造る工人も百済を通じて入ったことが考えられる。五二七年という年は、新羅が公的に仏教の布教を許すとともに、仏教のイデオロギーを国家的な規模で利用しようとした始めであったといえよう。

（1）連雲港市博物館「連雲港市孔望山摩崖造像調査報告」（『文物』一九八一年第七期、総三〇二号）。拙著『中国仏教史』第二巻（東京大学出版会、一九八三年）参照。
（2）兪偉超・信立祥「孔望山摩崖造像的年代考察」（前掲『文物』所収）。

(3) 兪偉超「東漢仏教図像考」(『文物』一九八〇年第五期)。
(4) 拙稿「仏教伝来経路再考」(壬生台舜博士頌寿記念『仏教の歴史と思想』大蔵出版、一九八五年)。
(5) 孫晋泰「蘇塗考」(『朝鮮民族文化의研究』乙酉文化社、一九四八年)。
(6) 三品彰英「朝鮮における仏教と民族信仰——仏教の受容形態その二」(『仏教史学』第四巻第一号、一九五四年)。申賢淑「韓国における仏教受容と民族信仰その一——仏教と穀霊問題」(『印度学仏教学研究』第二五巻第二号、一九七七年三月)。
(7) 拙稿「高句麗仏教の開教者——白足和尚曇始」(文山金三竜博士華甲紀念『韓国文化와円仏教思想』円光大学校出版局、一九八五年)。木村宣彰「曇始と高句麗仏教」(『仏教学セミナー』三一号、一九八〇年五月)。安啓賢「高句麗仏教의展開」(『韓国思想』第七輯、一九六四年)。
(8) 末松保和「新羅仏教伝来伝説考」(『新羅史の諸問題』東洋文庫、一九五四年)。丁仲煥「新羅의仏教伝来와ユ現世思想」(趙明基博士華甲記念『仏教史学論叢』一九六五年)。李基白「三国時代仏教伝来와ユ社会的性格」(『歴史学報』第六輯、一九五四年)。江田俊雄「新羅の仏教受容に関する諸問題」(『文化』第一巻第八号、一九三五年)。松林弘之「朝鮮三国鼎立時代の仏教」(『仏教史学』第一四巻第一号、一九六八・九年)。

2　高句麗の仏教

仏教の流入

三七二年六月、高句麗に仏教が伝来した前後はまた、中国の文化・制度が急速に取り入れられた時期であった。同じ年には太学《たいがく》が建てられ、翌年にはじめて律令が公布された。仏教を受け入れた小獣林王の弟である故国壌王の九年（三九二）三月、王は赦令を下し、仏教を崇信して福を求めさせた。また有司に命じて国社を建て宗廟を修理させた。つぎの広開土王三年（三九四）八月には、平壌《ピョンヤン》に九寺を創建した。当時は百済との間に激しい戦闘がくりひろげられていた。

『三国史記』巻一八の高句麗本紀第六を見ると、五世紀後半の高句麗はしばしば北魏に遣使朝貢しているばかりでなく、ときには南朝の斉にも使者を送っている。四九四年に北魏は平城から洛陽に遷都したので、当然、高句麗の使者は洛陽に行ったことになる。とすれば、すでに開鑿《かいさく》が始まった龍門石窟寺を見ていたはずであり、平城の雲崗石窟寺とともに北魏での仏教文化の隆盛の情報が高句麗にもたらされていたと思われる。

さらに文咨王《ぶんし》（四九二—五一八）の二十一年（五一二）と二十五年には、南朝の梁にも遣使朝貢している。建康の絢爛たる仏教文化も使者は見ているのである。陽原王の六年（五五〇）には北斉に朝貢し、北斉は陽原王を「遼東郡開国公高句麗王」に封じている。当時、北斉の都は鄴都《ぎょうと》にあり、文宣王の治世であった。このころ仏教はもっとも盛んとなり、都には国立大寺院の天平寺が建てられ、多くの名僧の講席が持たれ、また大荘厳寺も建立された。このような鄴都のはなやかな景観を、帰国した使者は報告したにちがいない。

北斉の仏教と高句麗の仏教との交流については、『続高僧伝』巻八、法上伝に次のように記されている（『僧伝』義淵伝にも同文がある）。高句麗の大丞相、王高徳が仏教を尊崇して、海東の地に仏教をいっそう流伝させようと義淵《ウィヨン》を鄴に派遣した。彼が法上に拝謁して、漢地に仏法が入った年とその時の皇帝名、北斉・陳への伝告者、『十地経』『大智度論』を伝えた人などについて質問したところ、法上は、釈迦滅度から北斉の武平七年（五七四）まで一四六五年を経たこと、後漢の明帝の永平十年（六七）に仏教が中国に伝来したことなどを答えたという。北斉が文宣帝の時代、高句麗の王は陽原王（五四五—五五八）であった。『三国史記』によると、六年（五五〇）六月と翌七年五月、そして十一年（五五五）一一月に使臣を北斉に遣わして朝貢しており、高句麗僧もこの使臣と同行したものと思われる。

高句麗の仏教[1]がどのような状態にあったかということは、ほとんど不明である。しかし末年には、仏教・儒教とともに道教が唐から伝来し、盛んに行なわれたようである。『三国遺事』巻三所引の『高（句）麗本紀』によると、高句麗末の栄留王・宝蔵王の時代に、人々は争って道教の一派である五斗米道《ごとべいどう》の教えを奉じたという。このことを聞いた唐の高祖は道士を遣わし、天尊像を送った。この道士が『老子道徳経』を講じたのは栄留王七年（六二四）のことで、翌年、王は使者を唐に遣わし、仏教と道教を学ばせた。ついで宝蔵王（六四二—六八）の二年三月、王は三教をあわせて興隆しようとし、道教が不十分であるので、国書を唐に送り道教の伝来を要請した。太宗は道士叔達ら八人を高句麗に遣わすとともに、ふたたび『老子道徳経』を送った。王はこれらの道士を僧寺に住まわせた（『史記』巻二一、「高句麗本紀」第九）。

原始道教である五斗米道が高句麗に流入したのはずっと以前のことであり、信者もいたが、教学をもった組織化された道教の伝来を二人の王が望んだのであろう。そのとき、盤龍《パルリョン》寺《サ》に住していた普徳《ポドク》は、道教が興ると国祚《こくそ》が危うくなることを憂えて王を諫めたが、容れるところとはならなかったので、神通力を使い方丈（僧の居室）を飛ばして南の完山州（全州）の孤大山に移ったといわれる。高句麗は彼の予言の通り、まもなく滅亡した。招福のための祈禱仏教として受け入れられ、国民の精神統一に大きな役割を果たした高句麗仏教も、末期になって廃仏政策がとられ、さらに唐から道教が入って国人争って五斗米道を奉ずるに至り、ついに衰微していった。すぐれた仏教僧は日本や新羅に亡命するに至ったのである。

外国へ渡る高句麗僧

六世紀末から七世紀初頭にかけて、高句麗僧のなかに求法《ぐほう》のため隋や唐へ留学する者があった。

僧朗《スンナン》(2)は遼東の人で北地において三論を学び、ついで江南に行って鐘山草堂寺に住し、隠士周顒《しゅうぎょう》に師事した。梁の武帝は僧朗に聞法《もんぼう》し、僧正智寂など一〇人をして三論を学ばせた。僧朗は摂山高麗朗大師と称せられた（『大乗玄論』巻一、『二諦義』巻下）。

天台山波若《パヤク》は陳代、江南の都の金陵に到着し、さらに天台智顗《ちぎ》に師事して天台山国清寺で没した（『唐伝』巻一七、智越伝）。彼はすぐれた人で、師が悟りを開いた華頂峰にこもること一六年の入山行を成就した。

三論を学んだ人に、実公《シルゴン》と印師《インサ》の二人があった。法敏は二三歳のときに高句麗の実公から大乗経論を聴講した。実公が没すると、印師は蜀に行って講論した。実公・印師とも三論学や大乗教学に通じていた。高句麗の印師が、なぜ故国へ帰らずに遠く離れた四川の地へ行ったのかは不明である。

陳代には高句麗の沙門智晃《チファン》が、説一切有部《せついっさいうぶ》に通じ、一方の雄として活躍していた。『摂大乗論』を北地に伝えた有名な曇遷《どんせん》が建康に滞在中、彼と交遊を結んだことがある（『唐伝』巻一八、曇遷伝）。

このように中国の『高僧伝』に断片的に記された記事によっても、高句麗出身の僧が大陸において禅観《ぜんかん》の実習者として、あるいは教学に造詣のある人として活躍していたことがわかる。

大陸で活躍したばかりでなく、日本に来朝して日本仏教の開創期に大きな足跡を残した高句麗僧も多かった。

高句麗僧ではじめて日本に来たのは慧便《ヘピョン》である。渡日して民間に埋もれていた折しも、敏達天皇十三年（五八四）秋九月、百済の使者鹿深《ノクシム》が弥勒の石像をもたらした。蘇我馬子は精舎を石川宅側に建て、その石像を安置したが香火を奉ずる者がなかった。梁人の司馬達などが四方に沙門を求めたところ、播州の某所において慧便を見出し、精舎に迎えた。司馬達の娘、善信および禅蔵・慧善は、慧便より得度を受けて尼僧となった（『書紀』巻二〇、『本朝高僧伝』巻六七）。

慧慈《ヘジャ》は推古天皇三年（五九五）五月、日本に来朝し、皇太子豊聡《とよと》耳《みみ》の師となった。百済僧の慧聴《ヘチョン》とともに仏教をひろめ、三宝の棟梁となった。五九六年一〇月、法興寺が完成すると勅命によって同寺に住した。同十年（六〇二）には高句麗から僧隆《スンニュン》・雲聡《ウンチョン》の二人の僧も来朝した。二十三年（六一五）、慧慈は高句麗に帰朝している。

そのほか推古天皇十八年（六一〇）三月には、曇徴《タムジン》が来朝した。彼は外学や五経をよくし、また伎芸・碾磑《てんがい》（いしうす）・彩画に長じていた。日本には従来、絵画がなかったので、人々は彼に師事してこれを学んだ。曇徴は僧であるとともにすぐれた工芸技術者であり、これらの芸術を日本にもたらすのに仏教僧が大きな役割を果したのであった。

推古朝の高句麗僧でもっとも大きな影響を与えたのは慧灌《ヘグァン》である。本朝の三論宗の始祖として尊敬された彼は、三十三年（六二五）正月に来朝し、勅命によって元興寺《がんごうじ》に住した。その夏の大旱《たいかん》にあたっては詔《みことのり》によって祈雨して大雨を降らし、僧正に任ぜられた。三論宗の大成者、唐の吉蔵に師事したため三論宗を伝え、のちに河内志紀郡に井上寺を建てて三論をひろめたが、その門下には福亮《ポンニャン》・智蔵《チジャン》・道登《トドウン》・慧雲《ヘウン》・霊雲《ヨンウン》・慧妙《ヘミョ》・常安《サンアン》・慧僕《ヘボク》・智円《チウオン》・慧師《ヘサ》らがあったといわれている。

日本僧の慧師は高句麗に行って求法修学し、またさらに中国に入り、吉蔵に三論宗を学んだ。帰朝の後には元興寺に住し、白鳳二年（六七三）に天武帝の勅命によって智円・慧隣らとともに僧正に任ぜられた。興福寺の沙門行善も高句麗にとどまって仏教を学び、元正帝の養老二年（七一八）に帰朝している。

（1）金東華「高句麗時代의仏教思想」（『亜細亜研究』第二巻第一号、一九五八年）。
（2）金芿石「僧朗을相承한中国三論의真理性」（『仏教学報』第一輯、一九六三年）。平井俊栄「三論学派の源流系譜」（『東方学』第二八輯、一九六四年）。

3　百済の仏教

流入と伝播

高句麗より一二年おくれた三八四年に摩羅難陀によって伝えられた仏教は、百済の王室に迎えられた。阿莘《あしん》王元年（三九二）二月には「仏法を崇信して福を求めよ」（『遺事』巻三）との詔勅が下され、民衆に仏教の信奉をすすめた。阿莘王は枕流王の子であり、その影響を受けて仏教に興味を示したのであろう。

三九二年のこの記録から聖王四年（五二六）にいたる一〇〇年以上の間、百済の仏教の記事はまったく見られない。この間、百済と高句麗との間には戦乱あいつぎ、四七五年には高句麗の大軍によって都の漢城《ハンソン》を滅ぼされ、都をはるか南の熊津《ウンジン》（忠清南道公州邑）に移した。この際、高句麗の長寿王は仏教僧を間諜として利用し、策略をもって百済の蓋鹵《がいろ》王をだました。命を受けた僧道林《トリム》が蓋鹵王に近づき、王城の修復や宮殿の造営などを進言して国庫を枯渇させたのであった。仏教僧が軍事謀略の役割を果たした一例がここに見られる（『史記』巻二五)。

聖王四年に沙門謙益《キョミク》が『五分律』の梵本をたずさえてインド求法の旅から帰り、これを翻訳した。そのとき、インド僧倍達多《ばいたった》三蔵を同行した。また曇旭《タムク》・恵仁《ヘイン》が律疏《りつそ》三六巻を著わしたという(「弥勒仏光寺事蹟」)。これが百済の律宗のはじめである。謙益が中インドの常伽那寺に律典を求めて旅に出たことは、すでに南海航路が発達していたことを示しており、百済には江南の仏教のみでなくインド仏教が直接流入していたことが明らかである。

聖王十九年(五四一)に王は使臣を梁に派遣して朝貢し、合わせて毛詩博士、涅槃などの経義および工匠・画師などを要請すると、これを与えられた(『史記』巻二六)。当時、梁では『涅槃経』に関する研究が集大成されており(『涅槃経集解』など)、おそらくそれに類した書を百済にもたらしたのであった。それは梁の仏教文化の摂取につらなり、ここに百済において大規模な寺院建築が行なわれる用意がととのったのである。

法王元年(五九九)一二月、王は勅令を下して殺生を禁じた。民家が飼っている鷹と鷂《はいたか》を集めて放し、漁猟の道具を焼いた。仏教の不殺生戒《ふせっしょうかい》を実施したもので、中国の北斉の諸帝が行なったことをそのまま取り入れたものと思われる。

翌正月、王は王興寺《ワンフンサ》を創建し、僧三〇人を度した。日照りが続いたため自ら漆岳寺《チラクサ》に行幸して雨を祈ったという。五月、王が没すると諡号《しごう》を法王と称したことは、仏法を深く信奉していたためであろう(『史記』巻二七)。この王興寺は、武王三十五年(六三四)二月に完成した。江水(錦江の支流)に臨んだ壮麗な伽藍であり、新羅の皇龍寺とならぶ百済の国立大寺院であった。王はつねに舟に乗って寺に入り行香《ぎょうこう》したといわれ、寺址は扶余郡窺岩面新九里にある。

百済も滅亡に近づいた義慈王（六四一―六六一）の代になると、寺院をめぐって不思議な事件が続出したといわれる。十五年（六五五）五月には赤馬が北岳の烏合寺《オハプサ》（烏会寺）に入り、いななきながら回って数日後に死んだ。また二十年五月には暴風雨が吹きあれ、天王寺《チョナンサ》と道譲寺《トヤンサ》の寺塔および白石寺《ペクソクサ》の講堂に落雷した。翌六月には王興寺の僧たちが、船の帆のようなものが大水に乗って寺の門に入ってくるのを見た。国家を鎮護し除災の目的で建てられた仏寺にも異変がおこり、百済滅亡の前兆を知らせたとされている。

日本に渡来した百済僧

中国から伝えられた仏教は百済において発達を遂げ、やがて日本へ伝えられた。(1) 百済から来朝した渡来人によって、仏教は早くから民間レベルにおいては伝わっていたと思われるが、文献資料のうえでは五三八年、または五五二年とされる。『日本書紀』（巻一九）によると、欽明天皇十三年（五五二）、百済の聖明王（聖王）が使者を派遣し、金銅釈迦像・幡《ばん》蓋《がい》・経論などを献じたという。『上宮聖徳法王帝説』によれば、五三八年のこととされている。

十五年に曇慧《タメ》は九人の沙門とともに日本に来たが、このとき百済僧道深《トシム》などの七人の僧侶も日本に来た。曇慧らは新しく建てられた精舎に住み、沙門としては日本における始まりであるとされるが、いかなる仏教をひろめたかは不明である。曇慧、道深ともに三論・成実の学者であろうか。

また、敏達天皇六年（五七七）には経論・仏師・禅師ら数人を献じたが、これらの人は難波の大別王寺に住したという（『書紀』巻二〇）。同十二年（五八三）に、沙門日羅《イルラ》が帝の要請によって来朝した。聖徳太子は日羅を指して神人といって敬礼し、跪地再拝し、救世《ぐぜ》観世音の再来としてこれを尊んだ。日羅は後に摂州劔尾山をひらくが、新羅人によって刺殺されたといわれている。当時の百済僧は有名無名にかかわらず、荒山曠野を開拓して仏法の芽を日本に扶植するため孜々《しし》として努めたのである。

用明天皇二年（五八七）、百済の沙門豊国《プングク》は皇弟穴穂部《あなほべ》皇子に招請され、説法をした。鞍部多須奈《くらつくりのたすな》は帝のために乞うて坂田寺を建立し、百済の仏師に命じて丈六の仏像をつくり、病気の平癒を祈ったが、四月九日ついに崩じた（『書紀』巻二一）。その後に聖徳太子らの奉仏派は廃仏派を滅ぼし、四天王寺を建て、豊国を請して落慶会の供養導師とし、後に住持とした。

崇峻天皇六年（五八八）に沙門慧聰《ヘチョン》が来日し、仏舎利を献じた。このとき聆照・令威・恵衆・恵宿・道厳・令開らの沙門とともに、寺匠の太良未太《だらみだ》・文賈古子《もんけこし》の二人、鑪盤《ろばん》博士、瓦博士、画師の白加らをも献じたという（同）。この碩徳《せきとく》や工人の渡来は、法興寺の完成に大いに役立ったことであろう。また慧聰は高句麗の慧慈《ヘジャ》とともに仏法をひろめ、法興寺が成るにおよんでこの寺に住したといわれている。

推古十年（六〇二）に百済の三論学者観勒《クァルルク》が来た。このとき歴史・天文・地理の書や、遁《とん》甲《こう》方術などの書を持ち来たった。帝の勅許によって元興寺に住しながら、選抜された書生三四人を教えた。陽胡史《やごのふびと》の祖《おや》、玉陳《たまふる》は暦法を習い、大友村主《すぐり》高聡は天文遁甲を学び、山背臣《やましろのおみ》日立は方術を修め、それぞれ学習を完成したといわれている（『書紀』巻二二）。観勒は三十一年には僧正に任ぜられ、高句麗の徳積《トクチョク》も僧都に任ぜられた。これがわが国の僧綱《そうごう》のはじめである。

同十七年（六〇九）四月、百済沙門慧弥《ヘミ》・道欣《トフン》ら一一人の僧が肥後の葦北津に漂着した。彼らは命をうけ呉に赴こうとした人々であるが、海上風波のために流されて日本に着いた。州吏は大宰府にこれを報告したが、僧たちは帰化をもとめ、五月、元興寺に住したという。

持統二年（六八八）七月、天下に大旱がおこり、帝が白鳳年間に日本に来ていた道蔵《トジャン》に雨を祈らしめたところ、たちまち大雨が降ったという（『書紀』巻三〇）。道蔵は成実宗の学者で『成実論疏』を撰した。後の東大寺の学者は『成実論』を研究するに当たって、必ずこの疏を参考にして、大いに役立ったという。

このように、百済の仏教と文化の伝来は百済が新羅に滅ぼされるまで続き、多くの僧の渡来があったといわれている。舒明帝十一年（六三九）には百済大寺が建てられるほど、日本初期仏教において百済の僧侶たちの果たした役割は大きい。

またこの頃、日本の尼僧が百済に留学している。崇峻元年（五八七）に善信・禅蔵・慧善の三尼が百済にいたり、戒六法や具戒三重などを学び、三年（五九〇）三月に帰朝した。これによって日本にはじめて律が伝来した。後に桜井寺に住し、これより出家受戒を受ける者が出た。鞍部多須奈は出家して徳斉と称し、善聴・善通・妙徳・法定照・善智聡・善智恵・善光の七人があいついで出家受戒し、また善徳・善妙・妙光らの尼僧も受戒したのである（『書紀』巻二一）。

仏教がはじめてわが国に伝来してから、約一〇〇年あまりの間、百済仏教と日本との関係はあまりにも密接であった。天智帝の二年、百済が滅亡してからは、帰化人の渡来とともに沙門の来日も多く、日本の初期仏教は彼らによって拓かれたと見てよい。

（1）黄寿永・田村圓澄『百済文化と飛鳥文化』（吉川弘文館、一九七八年）。田村圓澄『古代朝鮮仏教と日本仏教』（吉川弘文館、一九八〇年）二「日本の仏教伝来」。金煐泰『百済仏教思想研究』（東国大学校出版部、一九八五年）、「善光寺縁起를통해본百済의請観音経信仰과그日本伝授――百済仏教의日本伝授考1」（『仏教学報』第一九輯、一九八二年）。金東華「百済仏教의日本伝授」（『百済研究』第二輯、忠南大学校百済研究所、一九七一年）。

4　新羅の仏教

新羅の歴史は大きく前期・中期・後期の三つに分けられる。前期とは建国より真徳女王（六四七―五四）に至る二八代であり、中期とは武烈王（六五四―六一）より恵恭王（七六五一八〇）に至る八代であり、後期とは宣徳王（七八〇―八五）より新羅の最後の王である敬順王（九二七―三五）に至るまでをいう。

前期は新羅の国運が次第に隆盛に向かい、興国の気運が盛りあがりつつある時代であった。中期は唐の高宗の永徽五年（六五四）から徳宗の建中元年（七八〇）間でまさしく唐の盛時にあたり、唐の文化や宗教・学芸などが伝来し、東アジア文化圏のもっとも栄えた時代である。新羅もまた高句麗・百済を滅ぼして三国統一を成就し、その全盛時代を誇ったのであった。時あたかもわが国においては奈良時代にあたり、唐風文化の華を咲かせた頃であった。さしも盛時を誇った新羅も、しかし末期になるや国運衰退し、貴族の間に王位の争奪が行なわれ、ついに高麗によって滅ぼされるに至る。

本節はこの前期、三国分立の新羅の仏教[1]について述べる。まず、仏教が公認されるためには一人の血を流さなければならなかったが、これがさきに述べた有名な異次頓《イチャドン》の殉教である。『三国遺事』巻三所引の『新羅本紀』や崔致遠《チエチウオン》撰の「鳳巌寺智証大師碑」および高麗の「大覚国師霊通寺碑」などでは、法興王の十四年にこの事件が起こったことになっている。なお『三国史記』新羅本紀では十五年となっているが、これは法興王の紀年が一年誤っていたことから生じたもので、正確には十四年（五二七）である[2]。

異次頓の殉教は伝説であるが、この伝承が生まれる背景には、在来の固有信仰を奉ずる氏族と新来の進歩思想である仏教を国教としようとする法興王との間の対立があった。仏教を公認させるために殉教的な活動をした人が現われ、法興王を助け、諸氏族の反対をおさえることができたのであろう。法興王は、なぜ仏教公認に踏みきったのか。国内的には、諸部族を統一する必要性から外来思想を利用しようとしたのであり、直接の動機は八年（五二一）、百済の使臣を介して使者を梁に派遣して朝貢したことが大きな引き金になったと思われる。武帝の仏教による国家統治の現実が、法興王に大きな影響を与えたものと思われる。すでに五一九年に律令を公布しており、律令によって国家統治を、仏教によって部族統一国家の理念を確立しようとしたのであった。

十四年には国家公認の寺院として興輪寺《フンニュンサ》の創建が開始されたが、やがて工事は中断され、再開されたのは二十一年（五三四）、完成したのは次の真興王の五年（五四四）であった（『遺事』巻三）。仏教を国教とすることは承認されたものの、おそらく実際の創建となると多くの障害や抵抗があったものと思われる。また十六年（五二九）に王の命令によって殺生を禁じた。

諸王の奉仏

真興王　法興王による仏教の公認から紆余曲折があり、実際に仏教が社会の各層に浸透していったのは真興王の時代になってからであった。五年（五四四）二月、興輪寺が慶州《キョンジュ》に竣工されると翌月、国民に対し出家して僧や尼となることを許した（『史記』巻四）。実際に新羅仏教はこの興輪寺の完成から始まるとみてよい。

ついで十年（五四九）の春、留学僧覚徳《カクドク》とともに梁からの使者が仏舎利を下賜し、王は百官を遣わして興輪寺の前の路でこれを奉迎した（同）。つづいて梁の使者、沈湖も舎利をもたらした（『遺事』巻三）。初期に梁の仏教の影響があったことは、新羅仏教の性格を考えるうえに重要である。

翌十一年には安蔵《アンジャン》法師を大書省に、十二年には高句麗の恵亮《ヘリャン》法師を国統（寺主）に、さらに宝良《ポリャン》法師を大都維那に任じた（『遺事』巻四）。こうして真興王の時代に僧官制度が整備された。なお、恵亮を新羅に迎えたのは居柒夫《コチルブ》であり、ここにはじめて百座講会《ひゃくざこうえ》と八関斎会《はっかんさいえ》が開かれたことは後に述べる。

十四年（五五三）、新宮を月城の東に築いたところ、そこに黄龍が現われたという。王は不思議を感じてこの新宮を仏寺に改め、皇龍寺《ファンニョンサ》の号を賜った（『史記』巻四）。

新羅に大寺院が建立されるのとあいまって、経論が整備・充実された。二十六年（五六五）には、陳から使者の劉思が僧明観とともに来朝し、経論千七百余巻をもたらした（同）。これによってかなり大部の大蔵経がこれらの寺に安置されることになった（明観については中国側の『高僧伝』には記録がなく、不明である）。

仏寺の造立はいよいよ盛んとなり、二十七年には祇園寺《キウオンサ》と実際寺《シルチェサ》が建立され、また皇龍寺が完成した。王は二人の子を金輪《クムニュン》、銅輪《トンリュン》と名づけた。これは仏教の転輪王の思想によったものであり、銅輪王子を皇太子としたが、五七二年に夭逝した（同）。

三十三年（五七二）一〇月二〇日、戦死した将兵のために八関筵会《はっかんえんえ》を外寺に設け、七日間の法会が行なわれた。その二年後の三月には、皇龍寺の丈六の仏像が鋳造され、銅の重量が三万五〇〇七斤、鍍金《めっき》の重量が一万一九八分（一分は一斤の一六〇〇分の一）あったという（同）。

三十七年（五七六）、安弘《アンホン》法師が陳に求法留学し（『史記』が隋とするのは誤り）、帰国に際して胡僧の毗摩羅《ひまら》（Vimala）など二人の僧をともない、『稜伽』『勝鬘経《しょうまん》』および仏舎利を王に献上した（同）。稜伽はおそらく『楞伽経《りょうが》』を指すのであろう。

このように真興王はその三六年にわたる治世において、仏寺の創建、出家の公認、法会の開催、仏像の鋳造、僧官制の実施、留学僧の派遣、梁・陳からの仏舎利および経論の受け入れなど、数多くの仏教興隆事業を推進させたのである。王は晩年には髪を剃り、僧衣をまとい、自ら法雲と号したばかりでなく、王妃もまた尼僧となり永興寺《ヨンフンサ》に住した。

真平王　真興王の太子、銅輪の子である真平王は在位五三年にわたったが、留学僧を中国に派遣することに積極的であった。七年（五八五）七月には高僧の智明《チミョン》を陳に遣わし、さらに十一年（五八九）には円光《ウォングァン》を送った。十八年（五九六）には曇育《タミュク》が入隋して仏法を求めた。これらの高僧はいずれも帰国してから大いに活躍している。

十八年に永興寺が延焼した折には、王自ら現場に出向いてこれを救った。三十六年（六一四）、この永興寺の塑像がひとりでに壊れたが、まもなく尼僧となって住していた真興王妃が没した。三十五年七月には隋の使臣、王世儀が皇龍寺に来て百高座を設け、円光などの法師を迎えて経文を講義した。国立大寺院である皇龍寺には王自ら行幸している（六二二年正月）。

善徳女王　六三二年、真平王の長女、善徳女王が即位した。年号を仁平に改めた六三四年、芬皇寺《プナンサ》が、翌年には霊廟寺《ヨンミョサ》（霊妙寺）が完成した。五年（六三六）三月、女王は病気にかかり、医薬や祈禱の効果もなかったので、皇龍寺に百高座を設け、僧を集めて『仁王経』を読誦させた。さらに一〇〇人に限定して僧となることを許した。七年には、新羅仏教の一方の雄として活躍した慈蔵《チャジャン》が入唐求法しており、五年後（六四三）に帰国した。慈蔵の願いによって皇龍寺の九層塔が十四年三月に完成した。さきの円光や慈蔵の働きについては、次に項を改めて述べたい。

六四七年正月八日、善徳女王は没して狼山（慶州市）に葬られた。忉利天《とうりてん》（場所は狼山の南側）に葬るようにとの遺言であった。その後、十余年を経て文武王は四天王寺《サチョンナンサ》を王陵の下に建てた。仏経では四天王天の上に忉利天があると説いていることから、このような処置をとったのである（『遺事』巻一）。

真徳女王　同年、真徳女王が即位し、三年（六四九）正月、新羅でははじめて唐の衣冠を着用し、唐制にならった。新羅が唐制を採用するにあたっては、金春秋《キムチュンチュ》（武烈王）が入唐して百済征討の兵を起こすことを要請し、つぶさに唐の制度を見聞したことが影響している。

六五四年、武烈王が即位した。王がもっとも心を砕いたのは、唐の協力のもとに百済と高句麗を攻略することであった。そのため苦心惨憺して兵を動かしたが志を達成することなく没し、その遺志は文武王に受けつがれた。文武王は唐軍と連合して六六三年に百済を、六六八年には高句麗を滅ぼし、ここに朝鮮半島統一の偉業が達成されたのである。こうして新羅時代の第二期が開幕する。従って、三国時代の新羅の帝王の奉仏は真徳女王までで筆をおき、武烈王以後の帝王については次章で記述したいと思う。入唐していた義湘《ウィサン》が六七〇年に帰国してから、仏教界に大改革が行なわれ、新しい統一新羅にふさわしい仏教が打ち立てられていったからである。

円光——世俗の五戒

臨戦不退　円光の伝記(3)は中国の『続高僧伝』『三国史記』『三国遺事』などに見られるが、その記述は一致しない点もある。隋の開皇元年（五八一）、円光二五歳のとき、儒教を学ぶために中国に渡り金陵（南京）に入ったが、仏教の教えを聞いて僧となり、成実・涅槃・般若などの諸学を学んだ。九年（五八九）、長安において『摂大乗論』を講じて天下に名声を博した。新羅国王の命令により六〇〇年に帰国し、上下に敬仰せられ、真平王五十二年（六三〇）七五歳で没した（『遺事』は六四〇年、九九歳とする）。

円光は新羅の一僧として、国家非常の際に身を挺して人々を導いた。高句麗の来攻を防ぐために隋に援兵を頼む「乞師表《こっしひょう》」を出そうとして、真平王がその表文を作ることを命じたところ、彼は「自存を求めて他を滅するは、沙門の行に非ず。貧道は大王の土地に在りて、大王の水草を食す。敢て惟命に従わざらんや」といってその命に従った。

また、箕山《キサン》・箒項《チュハン》の二人の武士が生涯守るべき終身の戒を求めたのに対して、「世俗の五戒」を示した。これは仏教徒としての国民の心得を諭したもので、「一に曰く、君に事《つか》うるに忠をもってす。二に曰く、親に仕うるに孝をもってす。三に曰く、友に交わるに信あり。四に曰く、戦いに臨みて退くことなかれ。五に曰く、殺生に択《えら》ぶ有り」（『遺事』巻四）の五戒である。箕山らが、第五の殺生に択ぶ有りという戒めだけはわかりかねると言ったところ、円光はこれを説明して、「六斎日と春夏の月には殺さず。これは時を択ぶなり。使畜を殺さずとは、馬牛鶏犬を謂《い》うなり。細物を殺さずとは肉の一臠《れん》に足らざるを謂うなり。これは物を択ぶなり。これはまたただ其の用いるところのみにして、多殺を求めざるなり。これはこれ世俗の善戒なり」と答えた。後にこの二人は、戦場に出て百済軍に包囲されたとき、「戦いに臨みて退くことなかれ」という教えを思い出し、敵中に突進して奮闘した。これによって新羅軍の士気が大いにあがり、ついに敵を撃滅することができたという。二人は負傷のために凱旋の途中に死んだのであった。

隋への「乞師表」を作ったことから、円光が政治外交の面においても真平王の顧問であったことが知られる。また彼の世俗の五戒のなかで、「君に事うるに忠をもってす」とあることは、君主に対する忠誠を重んじたのであり、さらに「戦いに臨みて退くことなかれ」という臨戦思想は、彼の熱烈な護国思想を示すものである。仏教で普通、五戒といえば不殺生《せっしょう》・不偸盗《ちゅうとう》・不邪淫《じゃいん》・不妄語《もうご》・不飲酒の五つを指し、どこまでも不殺生であるが、国家の危機に直面して、円光はあえて世俗の五戒を主張しなければならなかった。

占察法　当時、中国の広州を中心として『占察善悪業報経』にもとづいた占察法会《せんざつほうえ》が流行していたが、円光はこれをはじめて新羅に伝え、嘉栖寺《カソサ》に占察宝を置いた。占察宝とは、この法会を恒常的に運営してゆくための寺院の経済的な組織をいうのである。『占察経』にもとづく塔懺法《とうせんぼう》（皮で二枚の帖子《じょうし》〔布きれ〕を作り、一枚に善という字を他の一枚に悪の字を書く。この二枚の布きれを人に投げさせ、善の字の帖子が当たれば幸運が生じ、悪の字が当たれば悪運になるという簡単な占い）や自撲法（男女が五体投地の礼拝法を行ない、自らの手で頭を叩いたり身体を撲《なぐ》ったりして罪を懺悔《さんげ》する法）は、中国の広州から青州（山東省益都県）に伝播し、さらに朝鮮半島に伝播した。

真平王のときの伝承に、智恵《チヘ》という尼僧が安興寺《アヌンサ》に住していたが、新しく仏殿を修理しようとしても資力がなかった。夢に、仙桃山（慶州の西岳）の神母が現われて黄金を施与してくれ、この黄金で主尊の三像を飾り、壁に五十三仏・六類の聖衆・天神・五岳の神君を描き、毎年春秋の二季の一〇日に善男善女を集めて一切の衆生のために占察法会を設けることを恒規とせよ、とのお告げがあったという（『遺事』巻五、感通七）。

慈蔵——護法の菩薩

入唐と活躍　善徳女王代に活躍し、人々に大乗戒を伝えるとともに仏教教学にも通暁し、円光についで新羅の仏教を発展させたのが慈蔵（生没年不詳）[4]である。彼の伝は『続高僧伝』巻二四および『三国遺事』巻四の「慈蔵定律」にある。それらによれば、父は王族であり高官であったが、跡つぎのないのが悩みであった。仏の加護を求めて一〇〇〇部の観音を作り、子が生まれその子が成長しては生類を救う大導師となることを願った。やがて母が、星が墜ちて懐《ふところ》にはいる夢を見て懐妊し、四月八日に一子が生まれた。幼少より才能に恵まれていたが、青年時代にこの両親を失ったため深く無常を感じて出家を願った。邸宇・田園のすべてを捨てて、単身もって林谷に投じ、素服をまとい、わら靴をはき、山間のけわしい静かな場所でひたすら坐禅を行じた。睡魔におそわれても挫けず、白骨観を修して怠ることがなかった。

慈蔵は衆望の帰するところ宰相の位につかねばならなかったが、あえて仏道修行の道を択《えら》んだ。深山に隠れて、いっさいの来往を絶った彼は、ある夜、夢に天人を見た。天人は彼に五戒を授け、これによって衆生を利益せよと言った。この天人は忉利天から彼に戒を授けるために来たのであった。慈蔵は山を下り、一月の間に、国中の男女に戒を授けたが満足できず、王に奏上して入唐することを願った。唐の貞観十二年（六三八）、門人僧実《スンシル》など十余人とともに長安に着き、終南山の雲際寺にこもった。三年後に山を下り、長安の都へ入ると太宗より慰問され、絹二〇〇匹を賜った。六四三年、本国に帰ることを許され、たくさんの土産品を下賜された。慈蔵はその厚遇に報いるために、法会を設けた。新羅には仏像や経典が乏しかったので、大蔵経と仏像・幡蓋《ばんがい》などを持って帰った。

新羅では善徳女王はじめ国をあげて彼を迎えたが、「一代の仏法、ここにおいて興顕す」といわれるように、慈蔵が新羅仏教の興隆に果たした力は大きかった。女王は彼を大国統に任じて芬皇寺《ブナンサ》に住まわせ、また別に立派な寺院を造り、侍者一〇人をつけた。王のために宮中において『摂大乗論』を講義する一方、また慶州の街の中心にある大刹、皇龍寺において七日七夜にわたって『菩薩戒本』を講じた。講義が終わるや戒を受ける者が数多《あまた》、雲集したという。あるいは当時、近くの狼山の皇福寺《ファンボクサ》にいて出家したばかりの義湘も、その講義を聴いたかもしれない。

新羅に仏法が伝わってからまだ一〇〇年あまり、戒律や僧制が十分に整備されていなかったので、慈蔵は僧統を置き、春秋二回は僧侶に考試を課して戒律を厳正に守らせた。また巡察使の制度を設けて諸寺をまわり、説法を奨励し、仏像を彫造し、僧侶の生活を正した。寺塔を十余ヵ所に建立したが、彼が建てた寺、例えば通度寺《トンドサ》などは国をあげて崇敬された。さらに経や戒律に注釈を書いたばかりでなく、『観行法』という書物を著わした。唐の道宣は慈蔵を評して一言、「護法の菩薩は即ちこの人なり」(『続高僧伝』巻二四)と言ったが、このように新羅の仏教は慈蔵によって一大飛躍を遂げた。

慈蔵がとった仏教興隆の方法は、たえず国家の観念と結びつけられていた。新羅の国土は仏教有縁の地で、かつては諸仏のいた所であり、仏教は決して新しく来た宗教ではなく、もともと新羅の国土に存在していた、国民がふたたび仏教の信仰をとりもどすことによって、新羅の国家は仏の加護を受け国運が興隆するであろう、と説いた。ここに彼の護国思想が見出される。とりわけ、新羅国王は普通の人ではなくインドの王種であるとし、新羅月城現の特別の国土だとしたところに彼の国家意識が働いている。『三国遺事』には、「新羅月城の東、龍宮の南に迦葉《かしょう》仏の冥坐石有り。其の地即ち前仏時の伽藍の墟なり。今、皇龍寺の地、即ち七伽藍の一なり」とある。皇龍寺はこのような思想によって建立されたのであった。その九層塔は隣国を降伏させ、新羅の王祚《おうそ》の永遠に安らかならんことを願って建立されたものである。また江原道の五台山に文殊をまつり、月精寺《ウォルチョンサ》を建立した。

皇龍寺九層塔　皇龍寺創建に関する説話のうち、『三国遺事』巻三では、「皇龍寺丈六」「皇龍寺九層塔」という題のもとに皇龍寺の縁起を記している。新羅仏教の護国仏教としての性格が強かったことを知るのに重要な説話である。

中国の五台山に登り、文殊菩薩の霊験を受けた慈蔵がさらに太和池の付近を通ったとき、神人が現われた。そこで、帰国したら何をたよりにして新羅の国を守ったらよいかと尋ねたところ、「皇龍寺の護法龍は私の長子であり、梵天の命令によってこの寺を守護している。皇龍寺のなかに九層塔を建立すれば、隣国は降伏して新羅に朝貢し、王祚は永久に安泰であろう。さらに九層塔を建てた後、八関斎会を行ない、罪人を赦免すれば、外敵は新羅に害を加えることはできない。さらに私のためには都の南岸に寺を建てて幸福を祈ってくれれば、私もまたその徳に報いるであろう」と言い終わるや、玉を献じてたちまち隠れて姿を消したという。慈蔵は、唐の天子より下賜された経典・仏像・袈裟《けさ》・幣帛《へいはく》などを持って帰国するや、ただちに塔を建てることを献言した。善徳女王は群臣にこの旨を議論させたところ、寺大工を百済から送ってもらえば完成することができるとして、工匠阿非知《アビジ》を百済に頼み、ついに九層塔を建造することができた。

慈蔵は五台山で文殊菩薩より授かった舎利百粒を塔柱のなかに祀り、さらに通度寺の戒壇および大和寺《テファサ》の塔に分けて奉安し、地龍の要請に応えた。皇龍寺の九層塔が完成するや、新羅の天下は泰平になったという。

のちに高句麗王が新羅を討とうとしたが、「新羅に三宝あり。犯す可からず」といってその計画を中止したといわれる。新羅の三宝とは、皇龍寺の丈六仏像と、この九層塔と、真平王が天から賜った聖帯にほかならない。

『三国遺事』巻三では、『東都成立記』という書物を一然《イリョン》が割注のなかに引用して、皇龍寺の九層塔の第一層は日本、第二層は中華、第三層は呉越、第四層は托羅（済州島）、第五層は鷹遊《ようゆう》（鶯遊山。江蘇省東海県にある）、第六層は靺鞨《まっかつ》（中国東北地方の東南部に住んだ種族）、第七層は丹国（契丹）、第八層は女狄《じょてき》（女真）、第九層は獩貊《わいはく》（東北から朝鮮にかけて住んだ民族）を表わすという。この九層塔に祈願をこめれば、これらの諸国の攻撃をかわすことができるし、戦争となればこれらの諸国に打ち勝つことができるのである。このように見れば、新羅の首都慶州の中心地に建てられた皇龍寺の九層塔こそ、護国仏教のシンボルでなければならない。

護国仏教の展開

百座講会と八関斎会　新羅仏教は真興王以来、護国仏教としての性格を強めていった。新羅の仏教行事として重要な百座講会および八関斎会は、真興王十二年（五五一）に高句麗に進攻した将軍居柒夫《コチルブ》が連れて帰った高句麗の高僧恵亮《ヘリャン》が始めたものである。居柒夫ははじめ僧となり、高句麗に潜入して恵亮の説経を聴講した。恵亮は彼の非凡の才を認め、他日、将軍となることを予言したという。将軍となった居柒夫が百済兵とともに高句麗に侵入、十郡を取った。そのとき、かつて師恩を受けた恵亮を新羅に連れ帰り、王に会見させたのである（『史記』巻四四、『東史会綱』巻二）。恵亮は、高句麗の命運尽きることを知って新羅に亡命したのであろう。

恵亮が勅命によって始めた百座講会とは、護国経典の一つである『仁王経』を講読して、国家の安定と万民の豊楽を祈り、天変地異や疾病の流行を禳《はら》うための法会(6)である。百座を置き百法師を請じて行なうために、百座道場・百座法会ともいわれる。中国において仁王会が行なわれたのは護国経典の『仁王般若経』が訳出された以後となるが、そもそも疑経の『仁王経』そのものの成立が不明である。ただ梁の武帝がこれを疑経としているので、梁代頃、北地において成立したのかもしれない。

記録のうえで仁王会が開かれたのは南朝の陳の武帝の永定三年（五五九）であり、ついで至徳三年（五八五）、智顗《ちぎ》を招じて太極殿において百座講会が開かれたことになっている。おそらく北朝の北斉においても行なわれていたのではなかろうか。それが高句麗に伝わり、さらに恵亮によって新羅にもたらされたものと思われる。新羅がはじめて百座講会と八関斎会を開いた五五一年五月には、高句麗は北斉に遣使朝貢しており、その五年前には東魏に朝貢している。従って東魏・北斉の制度や仏教文化が高句麗に伝えられていたはずであり、あるいは東魏・北斉の都である鄴都《ぎょうと》でも百座講会が行なわれていたかもしれない。当時の北斉は、北は突厥《とっけつ》、西は北周に侵され、仏力によって護国を祈願しなければならない危機意識をもっていたからである。

百座講会と並んで置かれた八関斎会は、中国の南北朝においても盛んに行なわれていた。俗衆が受ける一日一夜の八戒を守る斎会であるが、南斉の武帝の永明元年（四八三）、華林園において行なわれたという記録がある（『資治通鑑』巻一三五）。句麗に入り、恵亮によって新羅にもたらされたのである。百座講会と同時に設けられたことから、八関斎会もまた、護国思想の色彩を持つに至った。五七二年に行なわれた八関斎会は戦死した士卒の霊を弔うものであり、七日間にわたった。これが一〇月に行なわれたことは、新羅古来の一〇月の祭天の行事と習合したものであろう。中国の戒会としての八関斎会が新羅において変質をとげ、護国のための国家的規模の行事となったのである。

なお、これが八関斎会という名においてなされたことは、弥勒信仰にもとづいている。弥勒の弟子となるためには八戒斎を受けることが重要であると弥勒経典が説いているため、新羅をして弥勒が下生《げしょう》する理想国土たらしめるため、この名称によって護国の英霊を祀る法会が行なわれたのであった。[7]

花郎と弥勒信仰　真興王以後、統一新羅に至る六、七世紀の新羅は、上下を通じて国家意識がきわめて旺盛であって、祖国のためには身命を顧みないという気風がみなぎっていた。国家的精神の涵養《かんよう》を目的として有為《うい》の青年を錬成するため、真興王によって「花郎《ファラン》」団が作られた。[8]三品彰英氏[9]はその特徴として、(1)花郎集団は歌舞遊戯を行なう青年の社交クラブ風のもので、⑵花郎は神霊と交わる呪術的な儀礼を行ない、⑶国家有事の際には国難に赴く青年戦士団であり、⑷青年に国家的・社会的教育を受けさせること、などをあげている。真興王代に制定されたこの花郎制も、当然、貴族的性格をもっていたことが考えられる。

この花郎集団の精神的な教育は、新しく新羅に流入した儒・仏・道の三教の思想をもって行なわれたが、とくに仏教の影響が強かった。すでに述べた円光の「世俗の五戒」を見ても、仏教は国家目的の遂行に奉仕する教えとして利用されていたのであり、花郎の精神的バックボーンも護国仏教の理念に裏打ちされていた。そして国家に枢要なる人物の養成と集団訓練のための指導原理とされたものが、弥勒信仰であった。『三国遺事』巻三、弥勒仙花の条には、興輪寺の僧真慈《チンジャ》が常に堂主である弥勒像の前にぬかずき、「願わくば我が大聖、化して花郎となり、世に出現せんことを」と祈願したことを伝えている。真興王に継ぐ真智王の代に、弥勒菩薩が下生して花郎とならんことが願われ、その願いによって弥勒が下生したことが語られている。

新羅統一の際の第一の功臣である金庾信《キムユシン》は、『三国史記』によれば一五歳で花郎集団に入り、しかも「龍華香徒」であった。龍華とは弥勒の教え、香徒とは結社のことであるから、花郎集団で教育された弥勒教徒であった。彼は智勇兼備の勇将であったが、戦いに臨んでは仏寺に詣で、壇を設けて祈ったり、斎戒して霊堂に入り香を焚いたといわれる。

花郎集団は『弥勒下生経』の信仰によって団結しているのであり、集団の中心人物である花郎は弥勒の化生《けしょう》と信じられていた。弥勒を信じ、弥勒によって守られているという確信をもっていたため、彼らは戦場においても退くことを知らなかった。

花郎は修養方法として山野を跋渉《ばっしょう》したり、呪術による怨敵退散をはかったが、これらの修養方法と弥勒信仰とが習合したのである。山野を跋渉するとき、断崖があれば弥勒像を印刻することもあるし、洞窟があれば弥勒像を祀ったりした。現在、国立慶州博物館に収蔵されている南山三花嶺の弥勒石仏は善徳女王のときに造られたといわれるが、相貌可憐な弥勒像であり、相好には古代人の笑みを浮かべている。この弥勒石像はもと南山《ナムサン》の長倉谷に残存していたものといわれる。

怨敵退散のために作られた呪文はまた、郷歌《ヒャンガ》として唱われたことであろう。そのなかには弥勒の兜率天《とそつてん》を歌った兜率歌《トソルガ》もある。花郎たちは弥勒像を造ったり、弥勒歌を唱和しながら、新羅の山野を跋渉しつつ、身心を錬成したに違いない。しかし「賢佐忠臣此れよりして秀で、良将勇卒是《こ》れよりして生ず」(『史記』巻四)といわれた花郎集団も、文武王の三国統一がなり国家が安泰になるとともに、創立当初のきびしい精神が失われ、歌舞遊戯を事とするに至り、次第に衰退に向かったのである。

新羅の仏教統制

新羅の僧官制を説明した基本史料の一つに『三国遺事』巻四、慈蔵定律の条がある。[10] そのなかに「蔵に勅して大国統と為し、凡そ僧尼一切の規猷は総《す》べて僧統に委ねて之を主《つかさど》らしむ」とあり、その割注に、中国における僧官の発達を述べ、ついで真興王十一年(五五〇)

には安蔵法師一人を大書省に任じ、ほかに小書省二人がいたという。翌年には高句麗の恵亮《ヘリャン》法師を国統にしたが、この国統を寺主ともいった。さらに宝良《ポリャン》法師を一人の大都維那に任じ、ほかに州統九人と郡統一八人などを設けた。慈蔵に至ってふたたび大国統一人を置いたが、これは常任職ではなかったという。

つぎに新羅の僧官制度について述べている『三国史記』巻四〇、職官下の国統にも、全国の僧尼を統制する僧官である国統は一人、恵亮法師で、大都維那も一人、宝良法師がこれに任ぜられた。真徳女王元年（六四七）に至って大都維那に一人を増員し、大書省も同年、安蔵法師のほか一人増員したとある。州統・郡統の記述は前と同じである。

大都維那は男僧を統轄する職であるのに対し、尼僧を統轄する都維那娘《といなじょう》という職があり、一人の阿尼（尼僧）が任ぜられた。しかも都維那娘が大都維那よりも上位に位置する。僧官に尼僧が就任する例は、中国や日本では見られない新羅独特のものである。

一方、仏寺や僧侶を統制する俗人の官として、大道署と政法典の二つがあった。真平王四十六年（六二四）に置かれた大道署は、寺典とも内道監ともいわれたもので、宮廷所属の寺院をつかさどる官司として礼部に属していた。大正一人の下に大舎二人がいたともいわれる。主書は二人、史は八人からなっていた（『史記』巻三八、職官上）。これは俗人の官であり、貴族集団が、王権と僧尼との過度の結合を牽制するために設けた官司ともいわれている。

真興王のときに設けられた国統・大都維那・大書省などの僧官は、僧尼統制の権力を行使する職名ではなく、多分に栄誉職的なものであったといわれる。これが真徳女王時代の官制の大改革にともなって、僧統以下の僧官が実質的に統制機関としての実力を具えなければならなくなり、僧官が新羅独自の名称である政官の呼称で呼ばれるようになった。従来、俗人が任命されていた寺典は、大正・大舍・主事・史よりなる大道署に改組されてその機能を充実していったものと思われる。

真徳女王代に定められたこの統制機関はそのまま統一新羅にまで持ちこされたが、元聖王元年（七八五）に及んで、俗人が任官されていた政法典の大舍・史も、僧侶が任命されていた国統・大都維那・大書省のなかに組み入れられた。僧侶のなかで才能と品行のすぐれたものが任命され、事故があれば交替し、その期限も一定しないような制度に改正されていったのである。

新羅の僧官制度の変遷は、資料の制約が多く、その実態は容易に把握できない。その初期においては北斉の制度に摸して始められたのであったが、真興王以後、その実態は新羅独自の制度を作りあげたのであった。こうして新羅の僧官制度は、仏教統制の機関として僧侶の政官と、俗人の官で礼部に属する大道署と政法典とが複雑にからみあって存在していたのである。

そのほか統一新羅時代には、寺の修理や営繕その他をつかさどる官司として四天王寺成典(11)・奉聖寺成典・感恩寺成典・奉徳寺成典・奉恩寺成典・霊廟寺成典・永興寺成典などが設けられ、それぞれ役人が置かれた（『史記』巻三八、職官上）。

また僧侶以外の者が、寺院の経営その他の俗事に従事したが、これらの人々を寺隷と呼び、男を寺奴、女を寺婢と称した。寺隷とはいわゆる奴隷ではなく、王族や貴族の子女がなったが、後には逆臣の家族を寺隷としたこともある。梁の武帝の「三宝の奴《やっこ》」にならったものであろう。

伽耶国の仏教

洛東江《ナクトンガン》の下流域に位置した伽耶《カヤ》連盟は六つの部族国家からなっていた。六伽耶とは金官伽耶（金海）、阿羅伽耶（咸安）、古寧伽耶（晋州？　咸昌？）、大伽耶（高霊）、星山伽耶（星州）、小伽耶（固城）である。この伽耶連盟は百済や新羅・倭の諸勢力の角逐のなかで独自な発展をとげてきたが、新羅の圧力がかかり、金海《キメ》地方の金海伽耶は法興王十九年（五三二）に、高霊地方の大伽耶は真興王二十三年（五六二）にそれぞれ滅ぼされ、他の国も滅亡したが、文化的には新羅におとらぬ高度な発展をとげていた。

『三国遺事』巻二の「駕洛国記」によると、始祖首露王の八代孫である金銍《きんちつ》王は仏教を尊び、世祖の母、許皇后の冥福を祈るため、四五二年に首露王と皇后が結婚した場所に寺を建立した。その寺を王后寺《ワンフサ》と名づけた王は、使者を送って寺の近くの平田一〇結《ゆい》（結は土地面積の単位）を三宝を供養する費用にあてさせた。この寺が建立されてから五〇〇年後に長遊《チャンユ》寺《サ》が建てられ、寺田は三〇〇結に達したが、やがて廃寺となったという。

金銍王は四五一年に即位し、四九二年に没したが、この時代は新羅では訥祇《とつぎ》王・慈悲王・

炤知王《しょうち》の時代、百済では蓋鹵王・東城王の時代にあたっている。中国では劉宋（四二〇―七九）末から南斉（四七九―五〇二）の時代にあたり、仏教が江南の地で隆盛の一途をたどっていた頃である。造寺造塔の多かった百済の影響を受けて、伽耶国においても寺院が創建されたことは当然であったといえよう。

日本との仏教交流

新羅仏教と日本仏教が交流を始めるのは六世紀末期である。地理的位置からみると新羅は朝鮮半島の東南に位置しており、いちばん日本と近い環境におかれていながらも、日本は海路を通じて百済との文化交流を深めていたため、新羅とはそれほど密接ではなかった。統一新羅になって日本と新羅が交流を深めるが、それ以前には、真平王元年（五七九）一〇月、王が釈迦仏像を枳叱政奈末《きしさなま》（奈末は新羅の官位）にもたせて来日したというのが、その始まりであるといわれている（『書紀』巻二〇）。

真平王三十八年（六一六）七月、新羅は奈末《なま》竹世士《ちくせいし》を派遣し、黄金仏像を送った（『書紀』巻二二）。

さらに四十五年（六二三）七月、新羅は大使奈末《なま》智《ち》洗爾《せんに》を遣わし、仏像・舎利・金塔・灌《かん》頂幡《じょうばた》を送った（同）。このとき、唐に留学の旅を終えて帰朝中であった日本僧、恵斉・慧光の二師と、医師の慧日および福因なども新羅使に従って帰朝したのである。仏像は葛野《かどの》秦寺《はたでら》に安置され、舎利と塔幡や大小十二旒《りゅう》などは四天王寺に納められたという。

また善徳女王八年（六三九）九月、入唐していた恵隠・恵雲の二師が、新羅の使者に従って帰朝した（『書紀』巻二三）。さらに翌年一〇月、推古朝のとき唐で勉学した学問僧請安および学生の高向漢人玄理《たかむくのあやひとげんり》が新羅を経て、百済・新羅の使者とともに帰国した。

日本法相宗の伝来については、四伝あるといわれるが、そのなかで新羅経由で伝えられたのは第二伝と第三伝とである。第二伝である智通・智達は、斉明帝四年（六五八）七月に、新羅の船で入唐した。その前年、日本は使を新羅に派遣して、沙門智達・間人連御厩《はしひとのむらじみうまや》・依網連稚子《よさみのむらじわくご》らを新羅の入唐国使に付して大唐に送ってくれることを願ったが、これは受け入れられなかった。その後、智通と智達は新羅の便船があるを幸い、勅を奉じてその船に乗って唐に入ったのである。彼らは玄奘と慈恩大師につき、もっぱら唯識を学び、帰朝した後、智通は和州観音寺をひらいて唯識を伝え、皇鳳六年三月に僧正に任じられた。また第三伝は新羅僧智鳳《チボン》と日本僧智鸞・智雄の三師であるが、大宝二年（七〇三）に大唐に入り、中国法相宗の三祖である智周について唯識を学び、七〇五年頃に帰朝したという。

朝鮮古代三国の仏教との交流は、日本の仏教美術に大きな影響を与えた。建築物では、法隆寺の金堂・五重塔・中門、法輪寺の三重塔、法起寺の三重塔、薬師寺の三重塔など、仏像等の彫刻では、法隆寺金堂内の釈迦三尊、夢殿の観音、塔内の鳥仏師《とりぶっし》作の諸像、法輪寺の薬師、薬師寺の本尊、中宮寺の如意輪観音、広隆寺の菩薩像などが、三国の仏教、なかでも百済仏教の影響を強く受けていることがわかる（第五章2節、参照）。

（1）蔡澤洙「新羅における中国仏教の受容形態」（『東洋文化研究所紀要』第七一号、一九七七年三月）。
（2）末松保和「新羅仏教肇行の紀年」（『新羅史の諸問題』東洋文庫、一九五四年）。
（3）今西龍「新羅円光法師伝」（『新羅史研究』一九三三年）。
（4）江田俊雄「新羅の慈蔵と五台山」（『文化』第二一巻、一九五七年九月）『朝鮮仏教史の研究』に収録。辛鍾遠「慈蔵의仏教思想에대한再検討——新羅仏教初期戒律의意義」（『韓国史研究』三九、一九八二年一二月）。
（5）拙著『中国仏教史』第三巻（東京大学出版会、一九八四年）第五章二節「北斉の仏教」参照。
（6）二宮啓任「朝鮮における仁王会の開設」（『朝鮮学報』第一四輯、一九五九年）。
（7）蔡印幻『新羅仏教戒律思想研究』（国書刊行会、一九七七年）。
（8）金東旭「兜率歌研究」（『서울大学校論文集』人文社会科学、第六輯、一九五七年）。金煐泰「新羅真興王의信仏과그思想研究」（『仏教学報』第五輯、一九六七年）、「僧侶郎徒考」（『仏教学報』第七輯、一九七〇年）。金庠基「花郎과弥勒信仰에대하여」（李弘稙博士回甲記念『韓国史学論叢』一九六九年）。八百谷孝保「新羅社会と浄土教」（『史潮』第七巻第四号、一九三七年）。
（9）池内宏「新羅の花郎について」（『東洋学報』第二四巻第二号、一九三六年四月）。三品彰英『新羅花郎の研究』（平凡社、一九七四年）。なお花郎については鮎貝房之進「花郎攷」（『雑攷』第四輯、近澤出版部、一九三二年）。
（10）井上光貞『日本古代国家の研究』（岩波書店、一九六五年）二「新羅の仏教統制」。中井真孝「新羅における仏教統制機関について——特にその初期に関して」（『朝鮮学報』第五九輯、一九七一年四月）。李弘稙「新羅僧官制와仏教政策의諸問題」（自性郁博士頌寿記念『仏教学論文集』一九五九年）。李成市「新羅時代の国家と仏教」（『東洋史研究』第四巻第三号、一九八三年一二月）。

（11）邊善雄「皇竜寺九層塔誌의研究――成典과政法典問題를中心으로」（『国会図書館報』第一〇巻第一〇号、一九七三年一二月）。浜田耕策「新羅の寺院成典と皇龍寺の歴史」（『学習院大学文学部研究年報』第二八輯、一九八一年）。蔡尚植「新羅統一期의成典寺院의구조와기능」（『釜山史学』第八輯、一九八四年一月）。

第二章　統一新羅の仏教

古代三国の仏教の伝統を受けつぎながら、それらを総合し統一した仏教が統一新羅の仏教である。それは中国から伝来した仏教が、民族の血の中に受容され、定着した仏教であり、ここにはじめて朝鮮民族の仏教が成立したのである。

新羅仏教の盛期は、武烈王から恵恭王までの中期であり、宣徳王から敬順王までの後期は衰退期にあたる。新羅仏教の盛期には華厳・法相などの唐の仏教教学の精華が受容されるとともに、石窟《ソック》庵《ラム》に代表される絢爛たる仏教文化が慶州《キョンジュ》を中心として花開いた。

統一新羅の仏教は、国家仏教・貴族仏教として国家統一の精神的支柱となり、民族精神となり、元暁《ウォンヒョ》のような偉大な思想家を輩出させたばかりでなく、民族固有のシャーマニズムと習合した浄土信仰や弥勒信仰が、民衆のなかに深く浸透していった。

1　諸王と仏教

中期――武烈王から恵恭王へ

武烈王　百済・高句麗を滅ぼし、新羅が三国を統一したのは文武王の八年（六六八）で

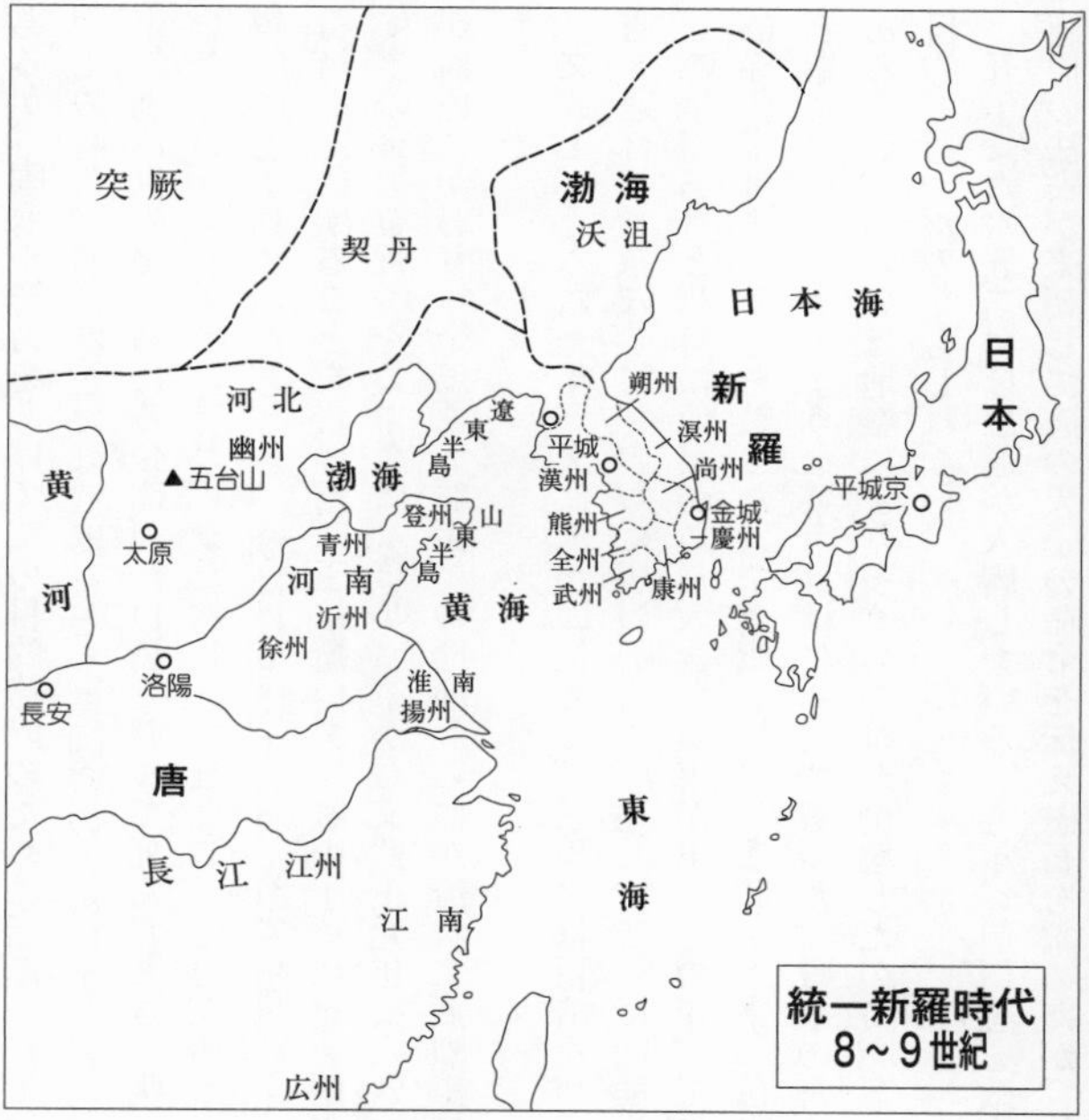

突厥
契丹
渤海
沃沮
日本海
日本
新羅
朔州
溟州
尚州
金城
慶州
康州
武州
全州
熊州
漢州
平城
遼東半島
平城京
河北
幽州
五台山
黄河
太原
渤海
登州
山東半島
青州
河南
沂州
黄海
徐州
洛陽
長安
淮南
揚州
唐
長江
江州
江南
東海
広州
統一新羅時代
8～9世紀

あるが、国家の総力をあげてこの目的達成のために活躍したのは前代の武烈王であった。武烈王の時代、僧のなかには武器をとって国家のために戦った者もあった。二年（六五五）、奈勿《なぶつ》王八世の孫にあたる金歆運《キムフムン》が百済と戦って死んだとき、実際寺の僧道玉《トオク》も従軍して戦死したという（『通鑑』巻七）。また六年（六五九）一〇月、唐から援兵の返信がないため王が憂色に包まれていたところ、今は亡き臣下の長春《チャンチュン》と罷郎《パラン》の二人の霊が現われ、援軍が来て百済を征伐することを告げた。王は驚いて二家の子孫に賞を賜り、漢山州に荘義寺《チャンウイサ》を創建してその冥福を祈った（『史記』巻五）。しかし文武王元年（六六一）六月、大官寺《テグアンサ》の井戸の水が血色にかわり、金馬郡（益山）の地面から血が流れて武烈王は没し、永敬寺《ヨンギョンサ》の北に葬られた。

文武王　六六一年、文武王が即位した。三年には百済を、八年（六六八）には高句麗を唐と連合して滅ぼして、のちに唐の勢力を駆逐してここに朝鮮半島を統一した。

四年、三月と八月に地震があり大きな被害が出たその年、王は人々が勝手に財貨や田地を仏寺に寄付することを禁じた（『史記』巻六）。法興王以来、仏寺の造営に力をつくしてきた新羅において、このような禁令ははじめてであった。戦争のため国家財政が窮迫したためであろうか、あるいは地震により多くの寺院が倒壊したので、急速な復興のための浪費を防ぐ目的であったのかもしれない。

五年（六六五）には恵通《ヘトン》が入唐している。九年、僧信恵《シネ》を政官大書省に任じた。この年、唐僧の法安が来朝して唐の天子の命令を伝え磁石を求めたが、彼は翌六月、高句麗遺民の牟《モ》岑《ジャム》によって唐の官吏とともに浿江《ペガン》（大同江）の南で殺害された。唐に恨みをもった遺臣の復讐を受けたのである。十年、入唐していた義湘《ウィサン》が帰国し、仏教界も統一新羅にふさわしく大きく改変されるに至った。

十一年（六七一）七月には唐の総管薛仁貴《へんじんき》が僧林潤を派遣して親書を呈上し、文武王は答書をもって応えた。僧官の整備も行なわれ、十四年九月には義安《ウィアン》が大書省に任ぜられた。この年七月、大風のため皇龍寺《ファンニョンサ》の仏殿が毀れた。

十六年（六七六）二月、王の勅命を奉じた義湘は浮石寺《プソクサ》（栄州郡浮石面）を建立した。華厳十刹の一つが創建され、新しく義湘によってもたらされた華厳宗が新羅の国家仏教となった。また十九年には、四天王寺《サチョナンサ》が慶州の狼山の東南麓に建てられた（『史記』巻七）。

二十一年（六八一）五月には地震があり、流星が見られ、六月にも星が落ちて不吉の兆候がつづいた。文武王が慶州の風気を一新しようと義湘に下問したところ、彼は「たとえ草野、茅屋《ぼうおく》にいても、正しい道が行なわれていれば、福業は永久に続くことでしょう。もしそうでなければ、大勢の者を煩わして城を築いても、何らの利益も得られないでしょう」と答えた。そのため、王は南山城の増築工事を中止させた（『史記』巻七）。都城の増築について下問していることから考えて、義湘は国事に関しても発言できる立場にあり、国政に関与していたことがわかる。

文武王が没すると、遺言によって東海の湾口にある大きな岩の上に葬った。この岩を大王岩という。王は化して龍となり、国土の守護にあたったという。子の神文王は、父王のために東海のほとりに感恩寺《カムンサ》（慶州郡陽北面龍堂里）を建てた（六八二年完成）。この感恩寺の階下に東に向いた一つの穴があるが、これは龍がここから入るためであるといわれる。文武王は海龍となって倭兵を鎮圧しようとしたのである（『遺事』巻二）。

神文王　六八一年に神文王が即位し、翌年、感恩寺に行幸した。東海に浮かんだ山の竹で笛を作り、その笛を、「万波息笛」（災いを禳い福をもたらす笛）と名づけ、国宝として月城の天尊庫に蔵した。この笛を吹けば、敵兵は退散し、病いは癒え、旱《ひでり》には雨が降り大雨は晴れあがり、風もおさまって波浪も静まったと言い伝えられている。六九三年、孝昭王のとき狄賊《てきぞく》（東濊）に捕えられていた花郎《ファラン》の夫礼郎《プイェラン》が生きて帰った奇跡によって、この笛は「万万波波息笛」と改称された（『遺事』巻二、紀異第二）。五年春三月、奉聖寺《ポンソンサ》が完成し、四月には望徳寺《マンドクサ》（慶州狼山の東南）が建立された。

孝昭王　六九二年、孝昭王が即位した。このころ唐は則天武后の王朝にあたり、法蔵の華厳宗が栄えていた。新羅の勝詮《スンジョン》は唐から帰国し、法蔵の章疏《しょうそ》を義湘のもとに届けた。また、法相宗の円測《ウォンチュク》の門人である道証《トジュン》も唐から帰り、天文図を献上した。

翌年、栢栗寺《ペギュルサ》の大悲像（観音像）が奇瑞を現わして先の夫礼郎を助けたともいわれ、重さ五〇両の金銀の五器・摩衲《まどう》袈裟五領・大綃（きぎぬ）三〇〇〇疋（疋は布の長さの単位）・田一万頃《けい》（頃は土地面積の単位）を同寺に施納した（『遺事』巻三、塔像第四）。

六年（六九七）には望徳寺の落成会が開かれ、孝昭王は親しく寺に参り供養した。その末席に一人の粗末ななりをした比丘《びく》がいたが、この比丘は真身《しんじん》の釈迦の化身であったという。

そのため比丘のいた琵琶岩の下に釈迦寺《ソッカサ》を、また比丘の姿が消えた場所に仏無寺《プルムサ》を建立し、真身の釈迦を祀った。ちなみにこの望徳寺は、唐の王室の福を祈るために建てられたものであり、景徳王十四年（七五五）、この寺の塔が揺れ動いたのは、この年、安禄山の乱が起こったためであるという（『遺事』巻五、感通第七）。七年六月には地震のため皇龍寺の塔が壊れた。

聖徳王　七〇二年、聖徳王が即位した翌年、慶州は洪水に見舞われ霊廟寺《ヨンミョサ》が焼けた。三年（七〇四）三月、遣唐使の金思譲《キムサヤン》が帰国して『最勝王経』を献上したがこれは『金光明最勝王経』のことで、七〇三年（長安三）一〇月四日、義浄が西明寺において訳出したものである（『開元録』巻九）。それが翌三月に新羅に献上されたことから考えても、当時、唐と新羅との交流がいかに密接なものであったかがわかる。

四年には殺生を禁じ、さらに十年（七一一）五月には屠畜を禁じて仏教の不殺生戒を実行した。十一年八月、三国統一を果たした名将金庾信《キムユシン》の功績に報いるため、その妻を夫人（爵名）に任じ、毎年穀一〇〇〇石を賜った。彼女は落髪して尼となった（『東史会綱』巻三）。十七年に、皇龍寺の塔に落雷があって壊れたが、二年後には修復している。

七三七年、孝成王が即位したが在位五年で崩じた。遺命によって柩を法流寺《ポムニュサ》の南で焼き、遺骨を東海に散じた。

景徳王　つづいて七四二年、景徳王が即位した。四年四月に、禺金里《ウグムニ》に住む貧女の宝開《ポゲ》の子で長春《チャンチュン》という者が海商について難破し、呉に流された。宝開が敏蔵寺《ミンジャンサ》の観音の前で七日間祈禱したところ、長春のところへ故郷から来たような不思議な僧が現われ、またたくまに彼を新羅に連れ帰ったという。この話を聞いた景徳王は敏蔵寺に田を施し、財貨を納めた(『遺事』巻三、塔像第四)。翌年四月、王は囚人を大赦し、臣民に酒食を賜り、僧一五〇人を度した。

十年(七五一)には、金大城《キムデソン》によって仏国寺《プルグッサ》および石仏寺《ソクプルサ》(石窟庵)の建立が始まった。現世の両親のために仏国寺を、前世の父母のために石仏寺を建て、それぞれ神琳《シルリム》と表訓《ピョフン》の二人の聖師を招いて住させたのであった(『遺事』巻五、孝善第九)。

十二年夏は旱が続いたので、沙門太賢《テヒョン》に詔し、内庭において『金光明経』を講じさせて雨を祈らせた。また宮中の井戸が涸れたとき、太賢が講義の際に香炉を捧げて黙念すると高さ七丈ほども水が上がったので、この井戸を金光井と名づけたという(『遺事』巻四、義解第五)。この『金光明経』は、七〇四年に金思譲がもたらしたものであろう。護国経典の同経の呪力と太賢の神通力の偉大さを述べた伝承である。翌年夏、王は大徳法海《ポペ》を招請して皇龍寺において『華厳経』を講じさせた。法海も王の下問に答えて神通力を発揮し、海水を溢れさせた。『華厳経』もまた大きな呪力を発揮すると信じられていたのである(同)。景徳王はこの年に皇龍寺の鐘を鋳造した。鐘の高さは一丈三寸、厚さは九寸、重さは四九万七五八一斤であり、施主は孝貞伊王と三毛夫人であった。

その翌年(七五五)には芬皇寺《プナンサ》の薬師銅像を鋳造したが、重さは三〇万六七〇〇斤であった。王はさらに黄銅一二万斤を喜捨して、亡父の聖徳王のために巨鐘を鋳造したが完成を見ることなく没した（『遺事』巻三、塔像第四）。また唐の開元・天宝年間（七一三―五五）、新羅の王族出身の金地蔵《キムジジャン》（金喬覚）は、安徽省の九華山に来て地蔵道場を開いた。

十七年（七五八）七月、仏寺一六ヵ所に雷が落ち、十九年四月一日には太陽が二つ現われて一〇日間も消えなかったという。王は、月明師《ウォルミョンサ》を呼んで郷歌の兜率歌《トソルガ》を作らせて散華の供養を行ない、この天変を禳《はら》うことができたと伝えられる（『遺事』巻五、感通第七）。

二十二年（七六三）には、王の寵臣であった大奈麻（新羅の官位）の李純《イスン》が突然に出家して深山に入り、断俗寺《タンソクサ》を建てて住した。しかし王が音楽を好むと聞くや山を下り、王を諫めたという（『史記』巻九）。

翌年、霊妙寺《ヨンミョサ》の丈六の仏像を金色に塗りかえたが、その費用は租（稲）二万三七〇〇石であったといわれる（『良志法師伝』ではその費用は仏像を最初に造った費用という。『遺事』巻三、塔像第四）。

恵恭王　七六五年、恵恭王が即位した。六年（七七〇）一二月に先の奉徳寺《ポンドクサ》の大鐘が完成したが、この寺は七三八年に孝成王が聖徳王の冥福を祈って建てたもので、鐘には「聖徳大王神鐘之銘」と書かれていた（『遺事』巻三、塔像第四）。

十四年（七七八）四月、金庾信の墓から旋風が起こり、三国統一の功をなした自分の子孫が、罪なくして殺されたことを恨む声が聞こえた。王はこれを聞いて驚き、大臣の金敬信《キムギョンシン》を庾信の陵に遣わして過ちを謝した。さらに庾信が平壌を討伐した後、福を願って建てられた鷲仙寺《スソンサ》には、田三〇結を与えて冥福を祈ったという（『遺事』巻一、紀異第一）。

翌年三月には、都に地震があって死者百余人が出たり、太白星が月を侵したりする天変地異が起こったので、王はこれを禳《はら》うために百座法会を開いた。災厄を禳うために百座法会を開くことは歴代王朝の伝統であったのであろう。

後期――宣徳王から敬順王まで

七八〇年に即位した宣徳王は在位五年にして病いにかかったが、死生は天命であるから何も恨むことはないといい、死後は仏式によって火葬して骨灰を東海にまき散らすことを遺言した（『史記』巻九）。七八五年、元聖王が即位した。新王の諱《いみな》は敬信、前王のときに上大等の位にあった。この王も七九八年一二月二九日に没するや遺命によって霊柩を奉徳寺の南において火葬した。二王つづいて火葬が行なわれたことになる（『史記』巻一〇）。

哀荘王　昭聖王についで八〇〇年に哀荘王が即位し、その三年八月、伽耶山海印寺《ヘインサ》(1)が建立された（『史記』巻一〇）。唐に求法留学して帰国した順応と利貞によって創建されたものである。王后の病気平癒を祈願して建てられた海印寺を一躍有名にしたのは、大覚国師義天《ウィチョン》（一九四ページ参照）や崔致遠《チエチウオン》が住したからであるが、この寺が仏法僧のなかの法宝をあらわす寺とされるのは、実に高麗大蔵経の版木を今日に至るまで連綿として保管・収蔵していることによる（第三章3節）。この海印寺は高麗の顕宗（一〇〇九―三一）以後、七回にわたって火災を受け、現在の建物はほとんど李朝（朝鮮王朝）末期に再建されたものである。しかし石造建物である三重石塔や幢竿《とうかん》支柱などは開創当時のもので、新羅の面影を今に残してくれている。

海印寺を創建した哀荘王は七年には教令を下して、屋根などの修理を除き仏寺の創建を禁じ、また錦繡を用いて仏事をしたり金銀で器具を作ることを禁じた（『史記』巻一〇）。

憲徳王　二年（八一〇）一〇月、王子の金憲章《キムホンジャン》を唐に遣わして金銀の仏像と経典などを献上し、亡くなった順宗の冥福を祈るためであると言上した（『史記』巻一〇）。唐の順宗は崇仏天子であり多くの沙門と交遊をもったが、とくに華厳宗の第五祖、澄観からは『心要』を奉呈されている。ともかく唐に献上できるだけの仏像が新羅で数多く造られていたのである。

興徳王　つぎの興徳王の代にも唐との間に僧侶の往来があった。二年（八二七）三月、益山に封じられた高句麗王のもとに仕えていた丘徳《クドク》が入唐し、経典をたずさえて帰国すると、王は各寺の僧を集めて出迎えさせたとある（『史記』巻一〇）。新羅から経典が唐に送られたり、唐から新羅にも下賜されたり、仏教を通じての文化交流がさかんに行なわれたことがわかる。

こうして哀荘王（八〇〇―〇八）から文聖王（八三九―五六）の九世紀には、新羅から多くの僧が入唐した。たとえば八〇四年には慧昭《ヘソ》（真鑒国師）が、八一四年には恵哲《ヘチョル》が唐に入っている。そして八三〇年には慧昭が帰り、八三九年には恵哲が、その翌年には体澄《チェジン》が、八四五年には無染《ムヨム》が、八四七年には梵日《ポミル》がそれぞれ帰国した。唐では、時あたかも八四五年（会昌五）に会昌の廃仏が断行され、僧尼二六万五〇〇〇人が還俗《げんぞく》させられ、寺院が破壊された。この弾圧を逃れるように新羅僧は続々と帰国したのであった。

二年八月、二人の太子が五台山で草庵を結ぶという事件が起こった。この中台には毗盧遮那《びるしゃな》を主尊とする一万の文殊が常住していたが、浄神太子宝叱徒《ポジルド》とその弟の孝明太子とは五台山に入り、身を隠して文殊の化身を拝んでいた。ところが新羅の都にいた浄神太子の弟、副君《プグン》が王位の争いに負けて殺されたため、将軍四人を五台山に遣わして二人の太子を連れ帰ろうとした。しかし宝叱徒太子はどうしても帰らず、孝明太子だけを連れ帰って王位につかせたという（『遺事』巻三、塔像第四）。確かな史実は不明であるが、王子の身分である者が仏教の修行をした事実があったのか、あるいは実際に太子の一人が出家して山に隠れ、一生、仏道を修したのであったのかもしれない。

五年（八三〇）には王の健康がすぐれなかったので祈禱を行ない、一五〇人の僧を度した。また翌六年二月には王子の金能儒《キムヌンユ》と僧侶九人を唐に派遣した（『史記』巻一〇）。興徳王自身、崇仏の天子であったのかもしれない。

文聖王　十三年（八五一）四月には、入唐使の阿飡《アチャン》・元弘《ウォンホン》が下賜された仏経と仏牙を持って帰り、王は郊外に出てこれを迎えた（『史記』巻一一）。

景文王　四年（八六四）、王は感恩寺に行幸して山川の神を遠く望んでこれを祀った。また六年正月には、皇龍寺に行幸して燃燈会《ねんとうえ》を開き、百官に宴を賜ったという。こうした行幸は王の定例的な行事であったのかもしれない。八年六月、皇龍寺の九層塔に雷が落ちて壊れたので改造工事が始まり、十三年（八七三）九月に完成したが、高さは二二丈であった。

この皇龍寺は国家の精神的な拠りどころであった。

憲康王　二年（八七六）二月、皇龍寺において斎会を開いて僧を供養し、また百高座を設けて経を講義させ、王は親しく行幸してこれを聴いた（『史記』巻一一）。百高座は法興王以来、連綿として続いていたのである。のち十二年（八八六）六月にも、王の病気平癒を祈って行なわれ、さらに定康王二年（八八七）正月にも、次の真聖女王の代（八八七）にも皇龍寺で開かれている。百高座会は新羅の時代、このように王や王妃の病気平癒や禳災《じょうさい》のために開かれたもので、皇龍寺は国立寺院として重要な役割を果たした。五年、霊鷲山（慶尚南道蔚山）の東麓に龍のために寺を建て、望海寺《マンヘサ》（または新房寺とも）と名づけた（『通鑑』巻一一、『遺事』巻二、紀異第二）。

真聖女王　二年（八八九）二月、女王は通じていた角干（新羅の官位）の魏弘《ウィホン》に命じて、大矩《テゴ》（大炬または大居）和尚とともに郷歌を編集させた（『史記』巻一一）。女王は病気にかかったが、罪人を赦し六〇人の僧を度したところ、治ったという。度僧もまた病気平癒のために利用されたのである。四年正月一五日には皇龍寺において燃燈会を見た。しかし、女王は美丈夫三人を宮中に入れて通じ、彼らに国政を委ねたため政治は公平を欠き、世の中が乱れた。盗賊がはびこり、反乱があいつぎ、いまや新羅の命運も尽きかけていた。真聖女王は、盗賊が蜂起し百姓の困窮するのは自らの不徳であるとし、位を孝恭王に譲った。その後、新羅は景明王―景哀王―敬順王とつづいたが、九三五年、滅亡するに至った。

新羅は法興王以来、一貫して仏教を奉じてきたが、その弊害に気づくことなく巷には塔廟が列《なら》び、人民は寺刹に逃げて僧になったため、兵隊と農民が次第に減少し、国力が衰えて滅亡したのであるという（『史記』巻一二、論）。

後三国と仏教匪の反乱

統一新羅の末期には王権の衰退にともなって政治が乱れ、泰封《テボン》（後高句麗。九〇一―一八）と後百済《フベクチェ》（八九二―九三六）の二国が起こり、後三国の時代となった。

まず泰封を建国したのが弓裔《クンイェ》である。真聖女王五年（八九二）一〇月、北原（原州）の賊の首領、梁吉《ヤンギル》は僧の善宗《ソンジョン》を派遣して北原東側の部落と酒泉（寧越郡西辺面）など十余の郡県を襲った（『史記』巻一一）。この善宗は俗名を弓裔といい、景安王の子とも景文王の子ともいう。生まれながらにして歯があり、国家に害をなすとして殺されかけたところ、たまたま乳母がこれを育てた。発見されるのを怖れる母のために世達寺《セダルサ》（興教寺）に行き、出家して善宗と名のった。新羅末の動乱のなかで賊の梁吉のもとへ身を投じ、諸所を攻撃して占領したが、やがてその梁吉の軍を破り、孝恭王五年（九〇一）には自ら王と称して新羅に敵対した。同八年、国号を摩震《マジン》とし、年号を武泰と定めた。さらに国号を泰封と改め、松岳郡に都を置き、さらに新都を鉄円城として勢力をふるったが、悪逆非道をきわめ、奢侈に溺れ、ついに高麗の太祖、王建《ワンゴン》に殺された。

弓裔は自ら弥勒仏と称し、頭に金色の帽子を、身には僧衣を着け、長男を青光菩薩、末子を神光菩薩と称させた。外出には白馬に乗り、馬を彩色の絹で飾りたて、童男童女に傘と香花を持たせて前導させ、比丘二百余人に梵唄を唱わせて随行させた。また経文二十余巻を自ら書いたが、その内容は偽妄なものであったとされる。ときには講説することもあったので、僧の釈聰《ソクチョン》が邪説を教えてはならぬと諭すと、彼を打ち殺した。また八関会を行なったりしており、僧としての一面も有していた（『史記』巻五〇、弓裔伝）。この乱は、あたかも中国における北魏の仏教匪《ひ》や唐の弥勒教匪《ひ》のような、仏教反乱の性格を持っていたものと思われる。

さらに翌六年には、完山（全州）の甄萱《キョンフォン》も反乱を起こし、後百済を建国した。彼は尚州《サンジュ》の加恩県（聞慶郡加恩面）の人で武勇にすぐれ、やがて叛心を抱いて九〇〇年には都を完山《ワンサン》に定めて後百済王と称した。新羅の景哀王を滅ぼし、高麗の太祖としばしば戦ったが、九三六年に病死したため、後百済は滅んだ。

日本との仏教交流

天武天皇の白鳳十四年（六八五）五月、日本の観常と雲観が新羅留学の旅を終えて帰朝した。その翌年九月には智隆が新羅から帰った。また持統天皇の朱鳥二年（六八七）九月に新羅王子の金霜林《キムサンニム》が仏像・鉢・幡・仏具などを送り、翌々年には新羅沙門の詮吉《チョンギル》ら五十余人が来た。同年八月には、入唐留学僧である智宗・美徳・浄願の三人が新羅の船で帰朝している。

また文武天皇の慶雲四年（七〇七）には学問僧の義法・義基・総集・慈定・浄達らが新羅

から帰朝したとあり、これらは新羅留学ではないかと思われる。浄達は帰朝の翌年、維摩会《ゆいまえ》において不比等《ふひと》の招筵《しょうえん》に際して上首に登った人であるといわれている。

審祥《シムサン》(2)は聖武天皇の天平十二年(七四〇)一〇月八日、日本に来て、金鍾道場(3)(東大寺羂索堂、法華堂)において『華厳経』の講会を開き、後に慈訓小僧都・鏡忍僧都・円証大徳の三師の複師となり、一年に二〇巻を講じ三年にして『六十華厳』を講じおわったという。このとき雲集する者は、都下一六院の名匠や畿内の学賓らであったといわれ、聖武天皇はその無礙《むげ》自在の講説を賞讃し、綵帛《さいはく》一〇〇〇疋を賜ったという。審祥は天平十四年に示寂《じじゃく》し、後に良弁《ろうべん》をはじめとして幾多の弟子を輩出した。

やがて新羅末期に至るにつれて、集団的な帰化僧が現われた。孝謙天皇の天平勝宝四年(七五二)六月に、新羅王子の金泰廉《キムテリョム》が来朝して大安寺や東大寺などを参礼したともいわれるが、その後、天平宝字二年(七五八)八月には、新羅の渡来僧三二人と尼僧二人、男一九人、女二一人が武蔵野の閑地に移住し、はじめて新羅郡をひらいた。また嵯峨天皇の弘仁九年(八一八)の冬、新羅の沙門二六人が来朝した。

この後に新羅明神に関する奇怪な伝説が現われた。すなわち天安二年(八五八)、円珍が留学を終えて唐より帰るとき、海の中から一人の老翁が船舷に現われて、自分は新羅国の神であるが師の教法を永久に護持するものである、と予言して姿を消した。さて円珍が入京し、将来した経典を尚書省に収めようとしたところ、ふたたび新羅明神が現われて、ここは経典を置くにはよくない場所だと告げた。比叡山に帰り山王院に至ったところ、山王明神が現われて、伝来した経典はここに収めなさいと言うや新羅明神がまた現われて、この地は将来喧争が絶えないので、ここに置いてはならない、南へ行くこと数里によい場所があると言った。そこで円珍は、新羅明神や山王明神といっしょに滋賀郡園城寺に行ったという。新羅明神のすぐれた霊能がここに語られている。

渤海国の仏教

高句麗遺民である大祚栄《テジョヨン》によって建国された渤海は、(4)唐朝に遣使入貢したためその文物制度が伝わり、「大抵、中国の制度に憲象す」(『新唐書』巻二一九、渤海伝）といわれたように、唐の官制を模倣した。仁安十八年（七三七）、大欽茂《テフンム》（文王）は即位すると都を上京龍泉府（牡丹江省寧安県東京城）に遷した。

渤海の仏教については、七一三年一二月、靺鞨《まっかつ》王子来朝の際、その上奏文のなかに、交易と入寺礼拝を請求している記事がある（『冊府元亀』巻九七一）。また八一四年、渤海国王大《だい》元瑜《げんゆ》のとき、遣使高礼進ら三七人が朝貢し、金銀仏像各一を献じたという（『冊府元亀』巻九七二。『渤海国記』下篇）。

日本の文献資料によると、七七六年、朝貢の史都蒙一行が翌年帰国の折に「水精念珠四貫」などを加附したとある（『続日本紀』巻三四）。八一四年、朝貢使節の王孝廉一行のなかに録事釈仁真の名が見えている（『日本後紀』巻二四）。王孝廉は弘法大師空海と詩文の往復をしたという。(5)これらの記事によって、渤海に仏教が存在したことは明らかである。

そのほか日唐交通の裏街道的な役割として渤海経由が利用され、日本の遣唐使が往還した。七九五年一一月、出羽国に漂着した渤海使節呂定琳が、在唐留学僧永忠の上書を奉呈した（『類聚国史』巻一九三）。また『大乗本生心地観経』の翻訳の際、筆受ならびに翻語の役にあった霊仙三蔵[6]に対して、日本朝廷から渤海使節に託して黄金一〇〇金を賜ったことなどが、渤海僧貞素の霊仙を哭《こく》した詩のなかにある（『入唐求法巡礼行記』巻三）。これらによって渤海仏教の一断面を知りうる。

以上述べたように、文献的にはわずかな記事しかなく、渤海仏教の真相は理解できないが、幸いなことに遺跡の発掘の結果、その仏教文化の様相を知ることができる。上京龍泉府の遺趾の全貌は、一九三三、三四年の東亜考古学会の発掘と、その報告書『東京城』によって知られるようになった。寺趾の遺物を通じて、寺院は壁画をもって飾られていたこと、石仏は釈迦と多宝仏の二仏並座石像であることから、法華経信仰の存在が推定される[7]。

（1）崔源植「新羅下代의海印寺와華厳宗」（『韓国史研究』一九八五年六月）。
（2）谷省吾「円融要義集の逸文――華厳宗の草創に関する史料」（『南都仏教』第三号、一九五七年）。堀池春峰「華厳経講説よりみた良弁と審詳」（『南都仏教』第三一号、一九七三年）。結城令聞「華厳章疏の日本伝来の諸説を評し審祥に関する日本伝承の根拠と審祥来日についての私見」（『南都仏教』第四〇号、一九七八年五月）。
（3）堀池春峰「金鐘寺私考」（『南都仏教』第二号、一九五五年五月）。

（4）鳥山喜一『渤海国小史』（満日文化協会、一九三九年）。
（5）鳥山喜一『渤海史上の諸問題』（風間書房、一九六八年）。
（6）NHK取材班・鎌田茂雄『仏教聖地・五台山――日本人三蔵法師の物語』（日本放送出版協会、一九八六年）。
（7）駒井和愛『遼陽発見の漢代墳墓』附録「渤海の仏像――特に二仏竝座石像について」（東京大学文学部考古学研究室、一九五〇年）。

2　仏教教学の隆盛

新羅僧の海外雄飛

新羅では覚徳《カクドク》が梁に留学して以来、安弘《アンホン》・智明《チミョン》・円光《ウォングァン》などが陳に留学し、さらに曇育《タミュク》が入隋、つづいて明朗《ミョンナン》・慈蔵《チャジャン》が入唐求法して唐の仏教を新羅に伝えた。善徳女王から武烈王の時代にかけて、新羅は統一国家としての精神的基盤を仏教に求めていたため、さらに円測《ウォンチュク》・義湘《ウィサン》・道倫《トゥルリュン》・道証《トジュン》・神昉《シンバン》・太賢《テヒョン》などのすぐれた仏教者が唐に渡り、最新の仏教を取り入れることに情熱を注いだ。

宋の賛寧《さんねい》の書いた『宋高僧伝』にはこれら入唐新羅僧の伝記が収録されているが、日本から唐へ留学した空海・最澄・玄昉《げんぼう》など日本僧の名は見えない。しかも新羅の学者はその業績が讃えられている。元暁《ウォンヒョ》のように入唐せず一生、半島で過ごした人ですら、その伝記が収録されており、『宋高僧伝』の撰者の目から見れば中国人と新羅人との区別はほとんどなかったのであろう。

文化交流は唐と新羅だけではなかった。新羅僧慧超《ヘチョ》は、南海から海を渡ってインドに行き、釈迦の遺跡を参拝し、五天竺(天竺の東西南北の各部と中央部)をめぐって中央アジアを経由し、ついに唐の都長安に帰ったのである。彼の旅行記は『往五天竺国伝』として伝えられているが、この書は玄奘の『大唐西域記』とともに当時のインドの風俗・地理・宗教を記録した重要な資料である。この紀行文はマルコ・ポーロの『東方見聞録』に先立つこと五〇〇年であり、彼の業績は大きい。この『往五天竺国伝』は散佚して知られていなかったが、一九〇八年フランスの東洋学者ペリオがこれを敦煌石窟より発見したことによって世に知られるに至った。新羅人の著書が西域の敦煌石窟に一二〇〇年の間、眠っていたことに深い感慨をおぼえる。

このようにしてもたらされた唐の仏教学は、新羅の仏教の発展に大きく貢献し、朝鮮史上、仏教の黄金時代を現出させた。それは唐の教学に優るとも劣らないものであり、日本の奈良仏教にも多大の影響を与えた。

統一新羅は高麗王朝の成立(九三六)に至るまでの約二六〇年間であるが、仏教史から見ると大きく二つに分かれる。前期においては、法相宗や華厳宗などの教学仏教が移植されたが、後期になると、中国の南宗禅が本格的に流伝し、ここに実践を重んじる禅仏教が朝鮮仏教の主流を形成するに至った。

民衆仏教の展開

新羅の仏教は貴族仏教の性格が強かったが、民衆仏教(1)の流れも無視できないものがある。すでに真平王代から善徳女王代にかけて、民衆教化に活躍した恵宿《ヘスク》と恵空《ヘゴン》がいた。恵宿ははじめ花郎《ファラン》であったが、やがて赤善村に隠居して二十余年を過ごした。ある日、国仙の瞿旵公《クチャムゴン》が狩りをしていた折、恵宿は自分の股の肉を切りとって差し出し、瞿旵公の残忍さを戒めたという。その話を聞いた真平王が恵宿を迎えようとしたが、彼は大寺に住せず恵宿寺という小さな寺に留まって民衆を教化した。

恵空は天真公の家に雇われていた女の子供で幼名を憂助といった。さまざまな霊威を現わしたため出家して僧となり、名を恵空と改めた。小さな寺に住み、分別なく大酔しては簣《あじか》を背負って歌舞しながら歩いたため、負簣《プグェ》和尚と呼ばれた。寺の井戸のなかに入っていたが、着物がぬれることがなかったという。晩年には恒沙寺《ハンササ》(吾魚寺。迎日県)に住し、次に述べる元暁《ウォンヒョ》と交遊した。神印宗の開祖である明朗が金剛寺を建てたとき、招かれて行き雨に降られたが、ぬれることなく足に泥もついていなかった。さまざまな神異を現わし、東晋の名僧僧肇《そうじょう》の後身といわれた(『遺事』巻四、義解第五)。

元暁と同じ頃に活躍した神異僧に大安《テアン》がある。特異な服装をした彼は、市中にあって銅鉢をうち「大安、大安」と唱えながら歩いていた(『宋伝』巻四)。これらの三人は宮廷に近い大寺には住せず、田舎や市街で仏教を民衆にひろめ、さまざまな霊威を現わしたと伝えられる。村々を歌舞して教化した元暁も、民衆仏教の担い手として活躍したのである。

元暁――和諍思想の成立

統一新羅の初期の仏教界で華々しく活躍したのは、元暁と義湘である。わけても元暁は朝鮮仏教史のなかで、もっとも独創的な思想家といえる。彼は義湘とともに唐へ遊学の途についたのであったが、途中でその志を翻して入唐を放棄した。このときの事情は次のような説話として伝えられている。

二人は入唐求法の旅に出、ある夜、塚の間で野宿したとき渇きをおぼえて水を飲んだ。ところが翌朝、それは髑髏《どくろ》の中に入っていた水であったことがわかり、急に吐き気をもよおした。そこで夜、何とも思わなければ飲めた水も、ひとたび髑髏の水とわかるとこれを飲むことができないのは、いっさいのものが心によって生ずるためである、と悟ったという。唯心所造の道理を悟った元暁は、国内に留まっていっさいの経論を研究し、ついに中国の教学者にも負けない偉大な仏教学者、独創的な思想家になった。入唐の放棄こそ、彼を不朽の仏教者たらしめたのであった。

元暁に関する朝鮮所伝の資料には、(2)「高仙寺誓幢和上塔碑」、『三国史記』巻四六の薛聡《ソルチョン》伝、『三国遺事』巻四の元暁不覊、「和諍国師塔碑」、『新編諸宗教蔵総録』などがある。また中国資料としては先の『宋高僧伝』がある。このなかで一九一四年五月、慶尚北道慶州市、内東面、暗谷里止淵より発見された「高仙寺誓幢和上塔碑」(3)は、新羅の恵恭王(七六五―八〇〇)末から宣徳王(七八〇―八五)代に建立されたと推定される元暁の断碑であり、第一級の根本史料である。元暁の誕生から示寂に至るまでの一代の経歴を述べたもので、下半部の断石のみが残存し、その全体を詳らかにすることはできないが元暁の寂年その他、重要なデータを得ることができた。

元暁は真平王三十九年（六一八）、新羅の押梁郡（章山郡）仏地村《ブルチ》で生まれた。姓は薛《ソル》氏、父は談㮈乃末（奈麻）であり、幼名は誓幢《ソダン》といった。誓幢とは軍号であり、元暁もしくは父の談㮈が軍職と関係があったという。[4] 生まれながら穎異《えいい》であり、師につかずに仏法を学んだ。また花郎の徒に類するような奇驕の行動もあり、瑤石宮《ヨソックン》の寡公主と婚を通じ、薛聡をもうけた。この子は字《あざな》を聡智、天性明敏で知恵があり、吏読《イドゥ》（漢字の音訓を借りて朝鮮語を表記する方法）で九経を解読し、学生を教育して学者たちの宗主として崇められたという（『史記』巻四六、薛聡伝）。また孫の薛仲業《ソルジュンオプ》は宝亀十一年（七八〇）新羅使節の随員として日本に来朝している。

元暁は、破戒してからは俗服を着て、自ら小姓（性）居士と名のった。芝居の役者が用いる大瓢《ふくべ》で遊び道具をつくり、『華厳経』の「一切無碍《むげ》の人、一道に生死を出ず」から命名してそれを「無碍」と名づけ、これを持って多くの村々を歩き、歌ったり舞ったりして民衆を教化した。そのため無学な人々も仏の名を知り、南無阿弥陀仏を唱えるようになった。彼の偉大なる教化力によって民衆のなかに仏教が浸透することができたのである。彼の生まれた村の名は「仏地」であり、寺名は初開寺《チョゲサ》であり、「元暁」という名は初めて仏日を輝かすという意味である。

元暁はかつて芬皇寺《ブナンサ》に住し『華厳経』の疏《そ》を編纂していたが、第四十廻向品に至って絶筆した。また訴えに応じて四方八方に超人的な活躍をしたため、人々は彼を初地《しょじ》（仏教で言う十地の中の第一位）の階位に入った人であるとした。ちなみに、インド仏教で生存中に初地に入った人は、弥勒（Maitreya）と龍樹（Nāgārjuna）の二人だけである。

中国の『宋高僧伝』巻四の元暁伝は史実かどうか不明であるが、次のように述べている。新羅の国王が『仁王経《にんのうきょう》』の百高座の法会を開くために碩徳《せきとく》を求め、そのとき推挙されたのが元暁であった。しかし元暁の人となりを悪《にく》む人々によって、容れられなかった。たまたま国王の夫人に悪性の腫物ができ、医療を尽くし、霊祠にも祈ったところ、巫覡《ふげき》が、人を他国に派遣して薬を求めれば癒えるであろうと言った。王は使者を唐に派遣し薬を求めさせた。すると海中から一翁が現れて舟に上がり、使者を龍宮に連行した。龍王にまみえると、「汝が国の夫人は青帝の第三女である。この宮殿に『金剛三昧経』がある。この経を新羅の国に流布させたい」として三〇紙の散経を使者に授け、さらに「大安聖者に散らばった経を綴らせ、元暁法師に疏《そ》を造らせてこれを講釈させれば夫人の病いは治癒すること疑いなし」と告げた。龍王に送られた使者はふたたび舟に乗って帰国した。国王はこの話を聞いて歓喜し、大安聖者に経を編次させたところ八品《ほん》の経ができた。大安は、余人でなく元暁にこの経を講じさせるよう進言した。そのとき元暁は生まれ故郷の湘州《サンジュ》にいたが、「この経は本始二覚を宗旨としているのであり、自分のために角乗を具えよ」と言った。筆と硯《すずり》を牛の二つの角《つの》の間に置き、牛車に乗ってこれを講義し、かつ書いたのであった。国王は皇龍寺においてこの経を講説させた。ところが、こうして完成させた『金剛三昧経疏』五巻を盗んだ者があった。そこで元暁は三日間の延期を願い、再び略疏三巻を著述した。これが現存の『金剛三昧経論』であるという。

元暁の『金剛三昧経疏』が中国に伝えられると、そのあまりにみごとな出来ばえのために、これは菩薩が書いたものであろうといい、『金剛三昧経論』と呼ばれた。普通の人間が書いたものなら「疏」であるが、菩薩が書いたものだから「論」と呼ばれたのである。この『金剛三昧経』とは禅宗の開祖、菩提達摩《ぼだいだるま》（Bodhidharma）の「二入四行論」の教えを採用して、七世紀の前半すなわち初唐の頃、中国で成立した疑経とされているが、あるいは新羅で偽作されたものかもしれない。中国の仏教者はこの経に何ひとつ注疏を書かず、元暁の注釈が現存する唯一つのものである。『金剛三昧経論』は中国のみならず日本においても愛読された。

『宋高僧伝』の著者の賛寧から見ると元暁は、自由無碍にふるまいながらさまざまな奇瑞を現わした杯渡和尚（『梁伝』巻一〇）か、同じく斉・梁代に神異を現わした保誌の倫《たぐい》と映じたようである。元暁は神文王六年（六八六）三月三〇日、穴寺において没した。時に七〇歳であった（「高仙寺誓幢和上塔碑」）。

元暁の著作は八六部を数えるが、現存しているものは次の二二部である。

大慧度経《だいえどきょう》宗要　一巻　（正蔵三三）
法華経宗要[5]　一巻　（正蔵三四）
金剛三昧経論[6]　三巻　（正蔵三四）

華厳経疏　一〇巻（あるいは八巻）（序、巻三存）　（正蔵八五）
無量寿経宗要　一巻　（正蔵三七）
阿弥陀経疏[7]　一巻　（正蔵三七）
涅槃経宗要　一巻（あるいは二巻）　（正蔵三八）
弥勒上生経宗要　一巻　（正蔵三八）
解深密経疏《げじんみっきょうしょ》　三巻（序のみ存）　（東文選八三）
梵網経《ぼんもうきょう》菩薩戒本私記　二巻　（上巻存）　（続蔵九五套二冊）
菩薩戒本持犯要記　一巻　（正蔵四五）
菩薩瓔珞《ようらく》本業経疏　三巻　（あるいは二巻）（序、下巻存）　（続蔵六一套三冊）
大乗六情懺悔[8]　一巻　（正蔵四五）
発心修行章　一巻　（韓国仏教全書、巻一）
中辺分別論疏　四巻　（巻三存）　（続蔵七五套一冊）
判比量論[9]　一巻　（続蔵九五套四冊）
大乗起信論疏[10]　二巻　（正蔵四四）
起信論別記[11]　一巻（あるいは二巻）　（正蔵四四）
二障義[12]　一巻　（韓国仏教全書、巻一）
十門和《わ》諍《そう》論[13]　二巻　（韓国仏教全書、巻一）
遊心安楽道　一巻　（正蔵四七）

証性歌・無㝵歌《むげか》一篇　（万徳山白蓮社円妙国師碑銘『東文選』『総覧』上）

このなかで元暁の如来蔵・仏性思想を知るのにもっとも重要なのは『金剛三昧経論』『起信論疏』『涅槃経宗要』などであろう。浄土教については『遊心安楽道』であるが、これについては真偽問題を含めて種々問題がある。

その著書のなかで、唐の華厳宗の完成者、法蔵の教学にもっとも大きな影響を与えたものであった。『起信論疏』である。この書は「海東疏」とも呼ばれ、中国において高い評価を受けたもので あった。法蔵はこの影響を強く受け、部分的にはほとんどそのまま引用して『起信論義記』という書物を完成させた。古来、『起信論』は法蔵の『義記』によって読まねばならないといわれるくらい権威があるが、その『義記』が拠りどころとしたものがまさしく元暁の「海東疏」であったのである。

そのほか元暁の『二障義』は法蔵の『華厳五教章』の「断惑義」に、『十門和諍論』の「空有の会通《えつう》」は同じく『五教章』の「空有の交徹《きょうてつ》」の思想に、影響を与えている。遠く海を隔てた万里の彼方にあって、唐と新羅の仏教学が相互に交流していたことに大きな驚きを感じる。

元暁の仏教は海東宗・中道宗・法性宗・芬皇宗・華厳宗などとさまざまに呼ばれているが、その宗旨の根本は融会《ゆうえ》（和会《わえ》）の思想にある。とくにそれは「和諍《わそう》」という言葉によって表わされる。彼のあらゆる著書を貫く思想はまさしくこれであり、この根本思想がそれぞれの著書にさまざまな形で現われているにすぎない。たとえば『大慧度経宗要』では実相と無相とが、『涅槃経宗要』では涅槃の体と用とが説かれ、『金剛三昧経論』では一切衆生同一本覚を、『起信論疏』では一心の本源を、『起信論別記』では真俗平等を説いている。元暁がさまざまな経典に注釈したのは、全仏教を和会・綜合するためであった。

彼は仏教全体を四つに分けて、⑴三乗別教（四諦教の如し）、⑵三乗通教（般若深密などの如し）、⑶一乗別教（瓔珞梵網《ようらくぼんもう》の如し）、⑷一乗満教（華厳経）という教相判釈[14]を立てている。三乗通教において空観と唯識を一つに見る考え方は、そのまま法蔵の五教判のなかの大乗始教の教判に見られるものである。また慧苑《ヘウォン》が立てた、⑴迷真異執教（小乗教）、⑵真一分半教（始教）、⑶真一分満教（終教）、⑷真具分満教（円教）の四教判（諸宗派の位置づけ）も、元暁の四教判と通ずるものがある。ただし、四教の第三を元暁が『瓔珞経』『梵網経』に説かれる一乗戒とするのに対して、慧苑は如来蔵縁起をもって第三教としている点が異なる。元暁が四宗判のなかの第三教に右の二経をあげているのは、一乗戒を重視した証拠である。こうした彼の思想は新羅の義寂や太賢に継承されるが、さらに日本仏教の戒律思想に大きな影響を与えた。

義湘――海東華厳の初祖

義湘[15]は、朝鮮華厳の基《もとい》を開いた人であり、朝鮮仏教史上に重要な役割を果たした。彼は中国の華厳宗の第二祖、智儼《ちごん》の弟子であり、華厳宗を大成した法蔵とは兄弟弟子の関係にあった。

その伝記資料には『三国史記』『三国遺事』『円宗文類』『宋高僧伝』などがあるが、最後の『宋高僧伝』は、後述するように善妙伝説に多くをさき、伝記資料としては信用することができない。

義湘の俗姓は金《キム》氏、韓信《ハンシン》の子である（一説、俗姓は朴氏、鶏林府の人）。二〇歳で出家した（「浮石本碑」）。六五〇年、元暁とともに高句麗経由で入唐を志したが、途中、難にあったため帰国を余儀なくされた。これが第一回の入唐である。このとき入唐できなかったのは、遼東のあたりで諜者と疑われ、数旬の間、囚閉されたためであった。『宋高僧伝』では第一回、第二回の区別がなく、六六九年（唐・総章元年）、元暁とともに出発し、元暁はその途中において土龕《どがん》に宿泊したとき、万法唯心の道理を悟ったため帰国したが、義湘は入唐の志を変えることがなかったと記述されているのみである。

入唐の経路についても『宋高僧伝』は、商船に乗って山東半島の登州（山東省蓬莱県水城付近）に達し、文登県の一信士宅において供養を受けたと述べているが、唐の使者の帰国の船に便乗して揚州に達したという『三国遺事』の「義湘伝教」の説が正しいと思われる。

六七一年（「浮石本碑」による）、帰国した義湘は勅命により太伯山浮石寺《プソクサ》を創建した。さらに伽耶山海印寺《ヘインサ》、毗瑟山玉泉寺《ピスルサンオクチョンサ》、南嶽華厳寺《ファオムサ》などいわゆる華厳十刹（『法蔵和尚伝』）を建立した。

『宋高僧伝』が強調している善妙伝説[16]すなわち、義湘を恋した善妙尼が龍となって彼を守護したという説話は、『三国遺事』その他の朝鮮側資料にはなく、わずかに『宋高僧伝』の記事にもとづいて書かれたと見られる高麗《コリョ》の文宗朝、朴寅亮《パクイルリャン》の撰述になる「海東華厳始祖浮石尊者讃」や、はるかに後代の『新増東国輿地勝覧』巻二五の栄州郡浮石寺の条にその片鱗があらわれているにすぎない。貿易港として、また海上交通の要地として栄えた登州付近の文登県には赤山法花院と呼ばれた寺があり、そこでは講経・礼懺《れいざん》は新羅の風俗に拠っていた。黄昏と寅朝の二時の礼懺だけは唐風で法会が行なわれたが、その他は新羅の語音に拠ったのである。その法会に集まる道俗、老少、尊卑はすべて新羅人であったという（円仁『入唐求法巡礼行記』巻二、開成四年六月七日条）。

　この登州付近には当然のこと新羅の娘たちもいたことであり、あるいは遊女もいたかもしれない。このような舞台を背景に善妙伝説が生まれたのであろう。ちなみに善妙という名についてであるが、『日本書紀』の崇峻天皇の条下に百済媛《ひめ》妙光と並んで新羅媛善妙という名が見えるので、善妙という名の尼僧が実在したことは確かである。なお『宋高僧伝』の善妙伝説は日本の鎌倉時代、明恵上人（高弁）に着目され、その意志によって「華厳縁起絵巻」[17]という華麗な絵巻物が描かれるに至った。

　義湘の弟子には十大弟子といわれる悟真《オジン》・智通《チトン》・表訓《ピョフン》・真定《チンジョン》・真蔵《チンジャン》・道融《トユン》・良円《ヤンウォン》・相源《サンウォン》・能仁《ヌンイン》・義寂《ウィジョク》をはじめとして三千門徒があったとされる（『遺事』巻四、義解第五）。また真定・相円（相源）・亮元（良円）・表訓は四英とされた（『法蔵和尚伝』）。義湘は小伯山の錐《すい》洞《どう》で草庵を結び、九〇日にわたって『華厳経』を講じたが、そのとき門人の智通はその枢要をとって両巻とし『錐洞記』（華厳要義問答）と名づけた（『遺事』巻五、孝善第九）。これは現存していないが、道身の『華厳一乗問答』（道身章）の一部は『法界図記叢髄録』のなかに引用されており、これによって義湘の思想の一端を推測することができる。

著書としては『華厳十門看法観』『一乗法界図』『入法界品鈔記』『阿弥陀経義記』の四種（『義天録』）があり、『白花道場発願文』一篇が義湘のものであるかは疑問である。右の四種のうち、もっとも重要なのは『華厳一乗法界図』[18]である。『華厳経』および『十地論』によって華厳円教の宗要を記したもので、師の智儼の没する三ヵ月前（六六八年七月一五日）に完成されたものであり、義湘が彼から学んで理解した華厳教学の宗要が述べられている。本書の注釈書には珍嵩《チンスン》の『一乗法界図記』、高麗均如《キュニョ》の『一乗法界図円通鈔』および『法界図記叢髄録』（正蔵四五）などがある。

唐の法蔵の華厳教学の核心に、義湘の教学は大きな影響を与えている。たとえば法蔵の『華厳五教章』のなかの法界縁起を説く部分が『一乗法界図』の思想の影響によってできたものであることは、両者を比較することによって明らかである。義湘の華厳学を法蔵のそれと比較すると、理論よりも実践を重んじたものであって、それは朝鮮華厳の伝統となった。

義湘と法蔵とは、ともに華厳宗第二祖の智儼に師事した。法蔵は義湘に兄事し、書簡を送った。それが「賢首国師、海東に寄する書」[19]（『円宗文類』巻二二）で、義湘が新羅において華厳の奥義を開演し仏国土を建設していることを心から喜んでいる、と伝えている。この書簡と法蔵の著書とを義湘のもとに届けたのは、新羅の勝詮《スンジョン》であった。法蔵が送った書には『華厳探玄記』『一乗教分記』『起信論義記』『法界無差別論疏』『十二門疏』などがあり、先輩の義湘に対して、これらの書の善悪・可否を批判して教えを垂れ給え、と述べている。義湘はこの要請に答えて、『華厳一乗教分記』すなわち『華厳五教章』の章の立て方について意見を述べたという（均如『釈華厳五教章円通鈔』巻一）。

そのほか新羅の華厳学者には、『華厳一乗成仏妙義』『大乗起信論同異略集』などを著わした青丘沙門見登《キョンドウン》、および『海印三昧論』を著わした明皛《ミョンヒョ》、『華厳経文義要決問答』を著わした表員《ピョウォン》がある。

円測――在唐の唯識学者

新羅の元暁は入唐せずにあれだけの大学者になったが、新羅に帰国することなく異域で没した円測《ウォンチョク》[20]（六一三―九六）もまた、偉大なる唯識学者であった。玄奘が将来した唯識の経論にもとづいて法相宗を樹立したのは慈恩大師基《き》（六三二―五八）であるが、同時の先輩で、自家の識見にもとづき玄奘の唯識を宣揚した俊才がこの西明寺《ソミョンサ》円測であった。しかし基と学説を異にしていたため、慈恩派からは敵視された。玄奘が基のためにとくに新訳の『成《じょう》唯識論』を講ずるや、円測は門衛に贈賄してひそかにその講義を盗聴し、基より先にこれを発表したというような伝承（『宋伝』巻四）が生まれたが、これは慈恩派の中傷から出たもので事実無根であり、彼はその性、高雅であり、慈恩大師のように権勢に心を寄せる人ではなかった。

円測の資料として『宋高僧伝』の円測伝は信用することができず、新羅の崔致遠撰「故翻経証義大徳円測諱日文」（『智異山大華厳寺事蹟』）および宋の貢士、宋復の撰した「大周西明寺故大徳円測法師仏舎利塔銘並序」（『金石萃編』巻一四六、および大日本続蔵経所収「玄奘三蔵師資伝叢書」）によってその伝記を考察すべきである。

諱《いみな》は文雅《ムナ》、円測は字《あざな》である。新羅国王の孫で、六一三年に生まれ、三歳にして出家し、一五歳にして入唐遊学した。長安に入って法常・僧弁二師について唯識を研究したが、両師ともに真諦《しんだい》三蔵訳出の『摂大乗論』に通じていた。真諦……曇遷―法常―円測、ならびに真諦―法泰―靖嵩―智凝―僧弁―円測、または真諦―道尼―道岳―僧弁―円測と系統をたどることができる。後に円測は著書のなかに多く真諦の訳書を引用している。

彼は天資聡明であり、とくに記憶にひいで、六種の言語に通じた。貞観中（六二七―四九）、唐の太宗に度されて僧となり、長安の元法寺に住して『毘曇《びどん》』『成実《じょうじつ》』『倶舎《くしゃ》』『婆沙《ばしゃ》』等の諸論を学び、そのほか古今の章疏《しょうそ》に通暁した。その後、名声いよいよあがり、勅命によって長安の西明寺の大徳となった。円測を西明と呼ぶのはこのためである。

玄奘三蔵が天竺（インド）から帰国しようとしたとき、円測は婆羅門《ばらもん》から果を授けられて懐中に充ちた夢を見たというが、玄奘が帰朝してひとたび彼と会見するや深く契合《けいごう》し、玄奘は『瑜伽《ゆが》論』『成唯識論』および新訳の大小乗経論などを彼に示した。円測はこれらの経論を研究し、多くの注疏を著わした。彼が新訳のこれらの経論を講じて好評を博したため、慈恩一派に中傷されたのであろう。

円測は則天武后に崇拝され、新羅の神文王が彼の帰国を要請しても、武后はこれを拒んだ。円測はまた武后の命により、インドの高僧、地婆訶羅（Divākara）や実叉難陀（Śikṣānanda）の訳場に参じた。地婆訶羅が長安・洛陽の東西太原寺、長安の弘福寺において『大乗顕識論』『大乗密厳経』『大方広仏華厳経入法界品』などを訳出したとき、円測は嘉尚・霊辯・道成・薄塵・明恂・懐度などとともに証義の役にあたった（『開元釈教録』巻九）。

また実叉難陀が六九五年（唐・証聖一）三月一四日より洛陽の大内大遍空寺において八〇『華厳経』の訳出を開始するや、円測もまたその訳場に列した。しかしその完成を見ることなく、六九六年（唐・万歳通天一）七月二二日、洛陽の仏授記寺において八四歳で没した。二五日、龍門の香山寺の北谷で火葬に付し白塔を建てたが、長安にいた西明寺の慈善と大薦福寺の勝荘とが分骨して、終南山豊徳寺の東嶺上に別葬した。この地は円測がかつて隠棲した旧跡であった。一一一五年（宋・政和五）四月八日、終南山麓にある興教寺《フンギョサ》の玄奘塔の左側に新たに分骨して新塔が建てられ、これが現存する興教寺の円測塔である。

円測の著作として『義天録』『東域伝燈目録』『諸宗章疏録』などに記載されているものをあげると、次の一八種である。

般若心経疏　一巻

般若心経賛　一巻　（存）　（正蔵三三）

仁王経疏　三巻（あるいは六巻）（存）　（正蔵三三）

解深密経疏　七巻（あるいは一〇巻）（存）　（続蔵三四套・三五套）

成唯識論疏　二〇巻（あるいは一〇巻）
成唯識論別章　三巻
二十唯識疏　二巻
百法論疏　一巻
広百論疏　一〇巻
無量義経疏　三巻
観所縁縁論疏　二巻
六十二見章　一巻
大因明論疏　二巻
因明正理門論疏　二巻
阿弥陀経疏　一巻
瑜伽論疏（巻数欠）
倶舎論釈頌抄　三巻
無量寿経疏　三巻

このうち現存しているのは『般若心経賛』『仁王経疏』『解深密経疏』の三書である。『般若心経賛』は詳しくは『仏説般若波羅蜜多心経賛』といい、⑴教起因縁、⑵弁経宗体、⑶訓釈題目、⑷判文解釈の四章によって注釈されている。このなかで般若心経は、⑴四諦法輪、⑵無相法輪、⑶蓮華蔵等浄穢土のなかで深密《じんみつ》の了義大乗を説く教えとしている。また宗にも、⑴随病別宗、⑵部別顕宗、⑶約時弁宗の三宗をたてる。ついで題目を解釈し、最後に本文について一言一句ずつ詳しい解釈をほどこしている。

『仁王経疏』は鳩摩羅什訳とされるが、実際は中国で偽作された『仁王般若経』の注釈であり、そのなかで真諦《しんだい》三蔵（Paramārtha）の同経の訳出および六巻の『疏』について述べているばかりでなく、彼が訳出した『三無性論』や『部執記』など真諦の説を多く引用している。本疏も、⑴説経の趣意と経の題目とを解釈し、⑵能詮《のうせん》の教体と所詮《しょせん》の宗旨とを弁じ、⑶教法の所依と所為の有情とをあらわし、⑷翻訳時代を説いた後に経文の解釈に移る、という四門から成り立っている。般若の思想を唯識の教義によって解釈しているところに本疏の特色がある。

　現存する著書のなかで、彼の名を不朽ならしめたのは『解深密経疏』である。本書の第一〇巻は散佚して九巻になっていたが、一九一七年（民国六）、南京の金陵刻経処より、道倫《トリュン》の『瑜伽倫記』によって第一〇巻を補った『解深密経註』が刊行され、さらに現在では散佚部分がすべてチベット訳から還元されている。[21] この『解深密経疏』は法成によってチベット語に訳されたのであった。チベット大蔵経はインド原典からの翻訳が大部分を占め、漢語からの翻訳は少なく、それもインドの原典から漢訳された『大般《だいはつ》涅槃経』のような経典をふたたびチベット語に重訳したものである。純粋に中国で撰述された経疏でチベット語に訳されたものは少なく、その意義は大きい。円測系の唯識説は、慈恩派からは圧迫されたが、敦煌で活躍した曇曠によって継承され、栄えたのであった。

『解深密経疏』とともに重要なのは『成唯識論疏』であるが、本書は残念ながら散佚して見ることができない。しかしその学説は慧沼の『成唯識論了義燈』、太賢の『成唯識論学記』など多くの論書に引用されている。(22)

円測の著書を通じていえることは、あらゆる異説を網羅し引用していることであり、その博識ぶりをうかがうことができる。また、勅命によってしばしば訳場に列していることから明らかなように、語学に深く通暁していた。その著書のなかで梵本を検《しら》べており、造詣の深かったことがわかるが、梵語のみならず西域の諸胡語にも通達していたのである。

その法系を受けた新羅の学者に道証《トジュン》がある。その伝記は不明であるが、孝昭王一年（六九二）、唐より帰国して『天文図』を献上したという。(23) 道証の学系を受けたのが次の名僧太賢である。

太賢――新羅瑜伽の祖

海東の慈恩といわれた太賢《テヒョン》は法相宗を中心とするが、その学問は経・律・論の三蔵にわたり多くの著書を著わした。

太賢(24)の伝記については、日本の謙順の『諸宗章疏録』のなかに『太賢法師行状録』一巻が著録されているが、現存しない。諱が大賢《テヒョン》または太賢であり、太賢とは「太《はなは》だ賢し」の意味であるという（照遠『梵網経下巻古迹記述迹抄』巻一）。自らは青丘沙門《チョングサムン》と号した。円測の弟子道証から法相学を学んだことを証する資料は現存しないが、「有る人の云《いわ》く、玄奘の三千の門徒、七十人の達者のうちの随一たる円測法師の門弟なる道証の弟子にして、今の太賢なり」（同）という伝承がある。

彼は名誉を好まず隠棲した賢者であったため、生没年・郷貫《きょうかん》などのいっさいが不明である。ただ、慶州の南山の茸長寺《ヨンジャンサ》に住んでいたことが知られている。その寺には弥勒の石造仏像があり、太賢が像のまわりを回ると仏像も太賢につれて顔をめぐらしたという。また景徳王一二年（七五三）の夏、旱《ひでり》がつづいたときに『金光明経』を講じて涸れ井戸をよみがえらせたという。恵恭王八年（七七四）、茸長寺から仏国寺《プルグッサ》に移錫《いしゃく》した（『遺事』巻五）。

太賢の著書[25]は五十余部百十余巻といわれるが、現存しているのはつぎの五部である。

成唯識論学記　八巻　（続蔵八〇套一冊）
菩薩戒本宗要　一巻　（正蔵四五）
梵網経古迹記《こしゃくき》　二巻　（正蔵四〇）
薬師経古迹記　二巻　（正蔵三八）
起信論内義略探記　一巻　（続蔵七一套四冊）

彼の著者には「古迹記」という名がつけられているのが特徴である。それは各家の釈するところの蹤跡《しょうせき》から要を取ってこれを記録し、己れのほしいままにすることなく拠りどころを受けて経論を注釈したからである。

太賢の教学は唯識教学が中心であるが、当時流行した華厳教学の影響と、元暁《ウォンヒョ》の和諍《わそう》思想を継承したため、一乗思想に対して調和的な態度をとった。またどの学派の学説に対しても公平な態度でこれに接し、取るべきは取り捨つべきは捨て、自分の師である円測や道証の学説に対しても厳正な態度で取捨選択している。太賢の唯識説は、円測や慈恩の両派の長所をとって集大成したものといえる。[26]

憬興の浄土教学

憬興《キョンフン》[27]の伝記は『三国遺事』巻五、「憬興遇聖」にある。神文王代の大徳で姓は水《ス》氏、熊川州の人である。一八歳で出家し、経・律・論の三蔵に通じ、名声が高かった。六八一年、文武王は亡くなるとき憬興を国師とすべきことを遺言した。王はこの遺志を守り、国老に任じて三郎寺《サムナンサ》に住させた。国老とは国事に関する最高の顧問であり栄職であった。文武王は崇仏の天子で、死するや龍となって新羅の国土を守ろうと感恩寺《カムンサ》に出入りしたという伝承は前に述べた通りである。この文武王には元暁亡きあと知義《チウィ》法師が側近にいたが、神文王のときには憬興が国老となったのである。

憬興には霊験譚が多い。彼が病いにかかったとき一人の尼僧が仮面をかぶって舞い、病いを癒したが、その尼僧は観音大士の化身であったという。また彼が馬に乗っていたところ文殊の化身の僧が現われ、乗馬を戒めたことが「憬興遇聖」に述べられている。彼の遺徳は玄本の撰述した「三郎寺碑」に書かれたが、現存しないため不明である。

玄奘帰国後の唐土における新しい唯識教学の隆盛に刺激され、憬興はその研究を深めていった。すでに慈恩の『成唯識論述記』や円測の『成唯識論疏』、道証の『成唯識論綱要』、太賢の『成唯識論学記』など大著が陸続として現われた学界の傾向を受けて、憬興もまた『成唯識論貶量』『成唯識論記』『成唯識論枢要記』など新訳の『成唯識論』に関する注釈書を著わしている。また玄奘訳の『瑜伽論』についても、慈恩の『瑜伽師地論略纂』、新羅の道倫《トリュン》の『瑜伽論記』や円測の『瑜伽論疏』につづいて、彼もまた『瑜伽師地論記』『瑜伽師地論疏』を著わした。これらの唯識関係の書は散佚して現存しないが、いかに彼が唯識学に通達していたかが理解される。

さらに彼の散佚書のなかに、『大乗起信論問答』(『義天録』巻三)とか『顕識論記』(『東域伝燈目録』巻上)というような、真諦三蔵の訳書についての書があることは注目すべきである。『起信論』にしろ『顕識論』にしろ真諦の如来蔵説や唯識説を表わす重要な論書であり、これらの憬興の書が現存していたならば、『起信論』についての新羅の高度な情報が得られたかもしれない。

憬興の現存書はつぎの通りである。

無量寿経連義述文賛　三巻(正蔵三七、続蔵三二套三冊)

三弥勒経疏　一巻(正蔵三八、続蔵三五套五冊)

新羅の『無量寿経』の注釈書のなかで現存しているのは、元暁の『無量寿経宗要』、玄一の撰述とされる『無量寿経記』上巻と、憬興のこの『無量寿経連義述文賛』の三種があるだけである。その上巻は如来浄土の因果を、下巻は衆生往生の因果を明らかにしている。なお『無量寿経』を講釈するにあたっては、(1)来意、(2)釈名、(3)解本文の三門に分けて論じている。彼は経文の下に「述云」として自らの解釈を述べてゆくのであるが、帛延《はくえん》・支謙・法護・慧遠・世親・安慧・法位・元暁・義寂など多くの人々の学説を縦横に援用して、経文を注釈した。また本書は、日本の鎌倉時代の浄土真宗の開祖、親鸞の『教行信証』にしばしば引用され、深い尊敬を払われており、日本の浄土教の発展に大きな影響を与えた。

『三弥勒経疏』とは、『弥勒上生《じょうしょう》経料簡記』『弥勒下生《げしょう》経疏』『仏説弥勒成仏経疏』よりなっている。まず『弥勒上生経料簡記』は、劉宋の沮渠京声《そきょきょうしょう》訳の『仏説観弥勒菩薩上生兜率《とそつ》天経』を注釈したもので、(1)教の興起の縁起、(2)宗体を弁じ、(3)経の単経と重訳・真偽を説き、(4)題目を釈し、(5)本文の解釈と、五門に分けて論述している。『弥勒下生経疏』は、(1)来意、(2)釈名、(3)講文の三門に分けて講述し、『仏説弥勒成仏経疏』もまた、(1)来意、(2)題目の解釈、(3)本文の解釈の三門からなっている。

これらの経疏においても玄奘・慈恩大師基《き》・文備などの唐代諸家の学説が縦横に引用されており、その経典注釈には玄奘によって伝えられた新訳唯識の学問がみごとに反映している。こうして彼は四五部にわたる多方面な経論に注疏を書いたのであるが、その通仏教思想や綜合仏教の態度は元暁の流れを汲むものである。また浄土教については、隋の慧遠、唐の懐感の学説を多く受けている。宗派と学派を超越した憬興の学問は、瑜伽唯識を中心としながら通仏教の立場にたって仏教学を宣揚したものといえる。

道倫の『瑜伽倫記』

玄奘訳の『瑜伽師地論』の注釈で現存しているものが二つある。一は慈恩大師基の『瑜伽略纂』であり、他の一つはここに述べる道倫の『瑜伽論記』である。しかも『瑜伽略纂』が『瑜伽論』一〇〇巻のうち巻一より巻六六までであるのに対して、『瑜伽論記』は全巻にわたって注釈し、しかも唐代の『瑜伽論』研究者の諸説を集成したものである。

『瑜伽論記』の作者については道倫または遁倫《トウルリュン》の二説があるが、今日では学者の研究[28]によって道倫が正しいとされている。また彼が新羅僧であることについては、一九三三年、中国の山西省趙城県広勝寺舎利塔より発見された金蔵のなかの『瑜伽論記』に「海東興倫寺道倫撰」とあり、その刊記によると、慈恩大師基の弟子とされている。[29]また日本の法相宗の学僧、仲算が「新羅遁倫師」（『法相宗賢聖義略問答』）と呼称していたことや、『瑜伽論記』に引用されている二一人の唐代の諸家のうち一一人名が新羅僧であって、これら多くの新羅僧を引用できた著者は新羅人でなければならないという理由から、道倫は新羅僧であったとされる。[30]ここに引用された新羅僧のなかで国名を冠した人には、新羅元暁師・新羅玄法師・新羅因法師・新羅証法師・新羅国法師・新羅晶法師・新羅昉法師・新羅興法師があり、人名がはっきりしている人は、元暁・僧玄《スンヒョン》・道証・明晶《ミョンジョン》・神昉《シンバン》・憬興である。そのほか、新羅人とは明記されていないが景師（恵景）・測師（円測）・達師（行達?）・範師（玄範）などの学説も引用されている。

この『瑜伽論記』が現存していることによって、新羅の唯識学者の学説の一端を知ることができる。慈恩大師の弟子とされた道倫は、玄奘門下の法系に属する慧沼・智周よりも先輩であり、七〇〇年前後に唐で活躍したものと思われる。『瑜伽論記』は七〇五年から数年の間に撰述されたのかもしれない[31]。

なお右に引いた新羅学僧たちは、中国僧にまさるとも劣らぬ活躍をしている。なかでも神昉は、玄奘の訳場に列席して諸経論の翻訳に従事し、弘福寺訳場の証義大徳一二人の一人にあたり、法海寺沙門神昉と称された。また玄奘門下の四英として基・普光・嘉尚とともに名声を博し、玄奘から大乗菩薩戒を受けて「大乗昉」と称せられ、『成唯識論要集』『地蔵十輪経疏』などを著わした人である。「十輪経序」によれば、彼は玄奘の訳本がでる以前にすでに北涼失訳の『十輪経』を読んでおり、玄奘の新しい訳を懇望し、その訳出には助力を惜しまなかった。『十輪経』は三階教の所依の経典であって、神昉自身も三階教に深い関心を払っており、彼を通じてこの教えが新羅に流入した可能性も否定できない。さらには新羅人と密接な関連をもった日本の奈良の行基の活動や彼の集団に、三階教の影響を看取することができるのである。

真表――占察法会《せんざつほうえ》

真表《チンピョ》[32]の伝記資料には『三国遺事』巻四の「真表伝簡」と「関東楓岳鉢淵藪石記」ならびに『宋高僧伝』巻一四の「百済国金山寺真表伝」がある（『六学僧伝』および『神僧伝』巻七の真表伝は『宋高僧伝』による）。ところで問題なのは『三国遺事』巻四の二つの伝記が著しく異なることである。

まず「真表伝簡」によって述べると、真表は完山州（全羅北道全州）万頃県の人、姓は井氏である。一二歳のとき金山寺《クムサンサ》の崇済《スンジェ》法師の講席に参じて出家した。この崇済は、入唐して浄土教の善導（六一三—八一）に師事し、五台山に入って文殊菩薩から五戒を受けた人である。崇済に励まされた真表は名岳を訪ね、仙渓山《ソンゲサン》の不思議庵にとどまって亡身懺悔《ぼうしんさんげ》して戒を得ることができた。まず彼は七日間にわたって修行したが、聖人の感応がないのでさらに七日間、捨身の修行を終えると、地蔵菩薩が現われて浄戒を授けた。これは唐の開元二十八年（七四〇）三月一五日の明け方であった。ときに二三歳であったという。真表はさらに霊山《ヨンサン》寺《サ》において修行をつづけると弥勒菩薩が感応して現われ、『占察《せんざつ》経』と證果《しょうか》の簡子一八九枚を授かった。彼は聖人の莂《わりふ》（符）を受けたので金山寺に住み、毎年、戒壇を開いて法施を行なったが、その壇席の精厳さは末世においていまだかつてないものであったという。

この真表は諸方に遊説して阿瑟羅《アスルラ》州に至り、魚鼈《ぎょごう》（魚と大すっぽん）に迎えられて水中に入り、戒を授けたと伝えられる。唐の天宝十一年（七五二）二月一〇日のこととされる。この話を聞いた景徳王は彼を宮中に迎えて菩薩戒を受け、租七万七〇〇〇石を与えた。後宮や外戚みな戒を受け、絹五〇〇端と黄金五〇両を施した。これを受けた真表は諸山寺に布施して仏事をおこした。真表の舎利は、海族に戒を授けた地の鉢淵寺《パリョンサ》にある。弟子には永深《ヨンシム》・宝宗《ポジョン》・信芳《シンバン》・体珍《チェジン》・珍海《チネ》・真善《チンソン》・釈忠《ソクチュン》などがおり、それぞれ一寺の開祖となった。なかでも俗離山《ソンニサン》に住した永深《ヨンシム》は真表より簡子を受けた人であった。

次に、これとは異なる伝記が「関東楓岳鉢淵藪石記」に見える。この記は一一九九年、鉢淵寺の寺主の瑩岑《ヨンジャム》が立てた碑文であるが、真表は全州碧骨郡の郡山村大井里の人であるという。一二歳で出家し、金山寺の順済《スンジェ》（「真表伝簡」では崇済）の弟子となった。彼は沙弥《しゃみ》戒を授け、さらに『供養次第秘法』と『占察善悪業報経』を与えるとともに、弥勒・地蔵の両聖を訪ねて懺悔し戒法を受けてそれを世にひろめよ、と命じた。

　二七歳のとき、真表は広く名山をまわり、七六〇年には保安県（全羅北道扶安）に行って辺山の不思議房に入った。弥勒像の前で三年、戒法を授けてくれることを願ったが授記されず、発憤して岩下に身を投げると青衣を着た童子が彼の身を捧げて石上に置いたという。さらに三七日（二一日）の間、日夜修行し、石をたたいて懺悔すること三月、手と臂《ひじ》が折れて落ちたが、七日たった夜、地蔵菩薩が手当てを加えると、もとどおりの身体に直った。菩薩から袈裟と法鉢をもらい、さらに三七日修行すると地蔵と弥勒の二菩薩が姿を現わした。不惜身命《ふしゃくしんみょう》の決意をもって戒を求めて懺悔した彼を讃え、地蔵は戒本を、弥勒は二つの木簡を与えた。ときに七六二年四月二七日であった。

　教法を受け終わった真表は、龍王と八万の眷属《けんぞく》に守られて金山寺を建て、高さ一六尺の弥勒像を鋳造して金堂に安置した。七六六年のことであった。やがて彼はこの寺を出て俗離山に入ったが、吉祥草の生えているのを見つけて標《しるし》をつけた。さらに溟州《ミョンジュ》（江原道江陵）の海辺に行き、魚やすっぽんに戒を授けたとされる。また高城郡の皆骨山《ケゴルサン》（金剛山）に入り、そこに鉢淵寺を建て占察法会を開いた。やがて真表は鉢淵寺から出て、ふたたび不思議房にもどり、さらに故郷へ帰った。

俗離山の大徳永深は、融宗《ユンジョン》・仏陀《プルタ》らとともに真表のところへ来て戒法を求めた。しきりに懺悔するので真表は灌頂《かんじょう》を授け、袈裟や鉢とともに『供養次第秘法』と『占察善悪業報経』、簡子一八九札を与え、さらに弥勒の真札のなかで九者と八者の二枚を与えて「九者は法爾《ほうに》種子《しゅうじ》を、八者は新熏《しんくん》種子をあらわすものである。これを汝らに付与する。これをもって俗離山に帰り、吉祥草の生えているところへ精舎を創建し、この教法をひろめよ」と告げた。永深らは俗離山に帰り、その場所に吉祥寺《キルサンサ》を建て、ここにおいて占察法会を設けた。真表は父とともに鉢淵寺に行き、孝をつくした。その地において遷化し、その墓には双樹が生えたという。

以上『三国遺事』が伝える「真表伝簡」と「関東楓岳鉢淵藪石記」とでただ一つ一致しているのは、一二歳出家ということである。「真表伝簡」では浄戒を受けた年を七四〇年、二三歳のときとしているので生年は七一八年となり、「石記」では七六〇年のとき二七歳と記されているから、生年は七三四年となる。両記録において一六年の隔たりがある。

没年は不明であるが、正確にわかる年代は「真表伝簡」では（七一八―七五二？年）となり「石記」では（七三四―七六六？年）ということになる。どちらをとるか傍証する資料がないため今は併記するにとどめておく。両伝の生年は一致しないものの、懺悔求戒の修行と占察法会については共通した内容が述べられており、真表こそ八世紀の新羅において占察法会を大成した人であったことが理解される。

なお、『宋高僧伝』巻一四の金山寺真表伝では、とくに求法懺悔の説話を中心に述べている。『宋高僧伝』は九八八年に撰述されたもので、他の二伝よりも早くできたのであるが、真表の類を絶した修懺求戒の行蹟と、占察戒法によって教えをひろめ新羅の人々を感化した状況が、遠く唐にまで伝わったことを意味する。

（1）金煐泰「新羅仏教大衆化의歴史와ユ思想研究」（『仏教学報』第六輯、一九六九年）。
（2）元暁についての研究論文は多いが、そのなかの伝記に関するものを挙げると次の如くである。今津洪嶽「元暁大徳の事蹟及び華厳教義」（『宗教界』一一巻一一号、一九一五年）。本井信雄「新羅元暁の伝記について」（『大谷学報』四一巻一号、一九四六年）。八百谷孝保「新羅僧元暁伝攷」（『大正大学学報』第三八輯、一九五二年七月）。李鐘益「元暁의生涯와思想」（『韓国思想史古代篇』）。金煐泰「伝記와説話를통한元暁研究」（『仏教学報』第一七輯、一九八〇年）。石井公成「元暁と中国思想」（『印度学仏教学研究』三一巻二号、一九八三年三月）。
（3）葛城末治「新羅誓幢和上塔碑に就いて」（『青丘学叢』第五号、一九三一年）。
（4）末松保和「新羅の軍号『幢』に就て」（『史学雑誌』第四三編一二号、一九三二年一一月）。八百谷孝保「新羅僧元暁伝攷」（『大正大学学報』第三八輯、一九五二年七月）。金煐泰「元暁의小名誓幢에대하여」（『韓国仏教学』第五輯、一九八〇年）。
（5）金昌奭「元暁の法華宗要について」（『印度学仏教学研究』二七巻二号、一九七九年三月）。任禹植「法華宗要における一乗説について」（『印度学仏教学研究』三一巻二号。一九八三年三月）。
（6）小野玄妙「元暁の金剛三昧経論」（『新仏教』一一巻六号、一九一〇年）。

(7) 高崎直道「元暁の『涅槃宗要』について」(大正新脩大蔵経会員通信、第七五号、一九七五年九月)。木村宣彰「元暁の涅槃宗要——特に浄影寺慧遠との関連」(『仏教学セミナー』第二六号、一九七七年)。李平来「『涅槃宗要』の如来蔵説」(『印度学仏教学研究』三〇巻二号、一九八二年三月)。木村清孝「元暁の闡提仏性論」(古田紹欽博士古稀記念論集『仏教の歴史的展開に見る諸形態』創文社、一九八一年)。

(8) 木村清孝「『大乗六情懺悔』の基礎的研究」(『韓国仏教学 SEMINAR』第一号、一九八五年一二月)。

(9) 富貴原章信『判比量論の研究』(神田喜一郎刊、一九六七年九月)。李英茂「元暁의判比量論研究」(『建大史学』四号、一九七四年)。

(10) 李平来「新羅元暁の大乗起信論疏を中心として」(『印度学仏教学研究』二八巻一号、一九七九年一二月)。

(11) 高翊晋「元暁의起信論疏別記를통해본真俗円融無碍観과그成立理論」(『仏教学報』第一〇輯、一九七三年)。

(12) 横超慧日『二障義』研究篇(平楽寺書店、一九七九年)。

(13) 李鐘益『元暁의根本思想——十門和諍論研究』(大韓仏教元暁宗、一九七七年九月)。拙稿「『十門和諍論』の思想史的意義」(『仏教学』第一一号、一九八一年六月)。

(14) 坂本幸男「元暁の四教論」(『華厳教学の研究』(平楽寺書店、一九五六年)第四章五節五項。

(15) 古田紹欽「義湘の行業と教学」(『宗教研究』新第一四巻第二号、一九三七年六月)。八百谷孝保「新羅僧義湘伝考」(『支那仏教史学』第三巻第一号、一九三九年四月)。坂本幸男「新羅の義湘の教学」(『華厳教学の研究』第二部第四章)。拙稿「日本華厳における正統と異端——鎌倉旧仏教における明恵と凝然」(『思想』五九三号、一九七三年一一月)。木村清孝「韓国仏教における理理相即論の展開」(『南都仏教』第四九号、一九八二年一二月)。吉津宜英『華厳禅の思想史的研究』(大東出版社、一九八五年)第一章第五節二「義湘の成仏論」。
(16) 金煐泰「説話통해본新羅義湘」(『仏教学報』第一八輯、一九八一年)。
(17) 梅津次郎「義湘・元暁絵の成立」(『美術研究』一四九号、一九四八年八月)。八百谷孝保「華厳縁起絵詞とその錯簡に就いて」(『画説』第一六号、一九三八年四月)。
(18) 拙著『国訳一切経』諸宗部四(大東出版社、一九七九年)。
(19) 神田喜一郎「唐賢首国師真蹟『寄新羅義湘法師書』考」(『南都仏教』第二六号、一九七一年七月)。李丙燾「唐法蔵寄新羅義湘에対하야」(海圓黃義敦博士古稀記念『史学論叢』一九六〇年)。
(20) 趙明基「円測의思想」(『震檀学報』第一六号、一九四九年)。稲葉正就「朝鮮出身僧『円測法師』について」(『朝鮮学報』第二輯、一九五一年)。申賢淑「唐窺基와新羅円測의相違説研究」(『仏教学報』第一七輯、一九八〇年)。
(21) 稲葉正就『円測解深密経疏の散逸部分の研究』(法蔵館、一九四九年)。
(22) 申賢淑「新羅円測伝の二三の問題について」(『印度学仏教学研究』第二六巻第一号、一九七七年一二月)。
(23) 李能和『朝鮮仏教通史』上編、九〇ページ。
(24) 金南允「新羅中代法相宗의成立과信仰」(『韓国史論』一一、서울大学校人文文学国史学科、一九七七年一二月)。
(25) 蔡印幻『新羅仏教戒律思想研究』(国書刊行会、一九七七年)第三章「大賢の戒学」参照。
(26) 趙明基『新羅仏教의理念과歴史』(新太陽社出版局、一九六二年)。
(27) 渡辺顕正『新羅・憬興師述文賛の研究』(永田文昌堂、一九七八年)。安啓賢「新羅僧憬興의弥勒浄土往生思想」(『震檀学報』第二五・二六・二七号、一九六四年一二月)、「憬興의弥陀浄土往生思想」(『仏教学報』第一輯、一九六三年一〇月)。

(28) 結城令聞「『瑜伽論記』の著者名に対する疑義」(『宗教研究』新第八巻五号、一九三一年九月)。
(29) 塚本善隆「仏教史料としての金刻蔵経」(『東方学報』京都第六冊、一九三六年二月)。
(30) 江田俊雄「新羅の遁倫と『倫記』所引の唐代諸家」(『宗教研究』新第一一巻三号、一九三三年五月)『朝鮮仏教史の研究』所収。
(31) 勝又俊教「瑜伽論記に関する二三の問題」(『仏教研究』二巻四号、一九三八年)。
(32) 金煐泰「新羅占察法会와真表의教法研究」(『仏教学報』第九輯、一九七二年)。蔡印幻『新羅仏教戒律思想研究』(国書刊行会、一九七七年)第四章「真表の懺悔戒法」。

3 実践仏教の展開

統一新羅の占察法会

新羅時代、真表以外にも占察法会が行なわれた記録を見ることができる。慶州の万善北里にいた寡婦が生んだ蛇福《サボク》という者が、蓮華蔵世界《トジャンサ》に入ったまま土中に閉じこめられたので、彼のために金剛山の東麓に寺を建てて道場寺と称した。この寺では毎年三月一四日に占察法会を行なうことを規則に定めたという(『遺事』巻四、義解第五)。

また同じ慶州において、漸開《チョムゲ》という一僧が興輪寺で六輪会《ろくりんえ》を催そうと施主を求めたところ、福安《ポガン》が布五〇疋をもって応じた(『遺事』巻五、孝善第九)。この六輪会とは占察法会のことである。布施を好む者は天神によって常に護持され、一つを布施すれば万倍の利を得ることができ、安楽と長寿を得ることができると漸開が告げたのを聞いて、福安の家に雇われていた前世の金大城が貧乏な母にすすめ、稼いで得たわずかな田をこの六輪法会のために布施したのだという。

また新羅の浄神王の太子、宝川（宝叱徒）が臨終の日に、後日に五台山のなかで行なうべき行事を記し残したが、そのなかに占察法会の例が見える。すなわち、南台の南側に地蔵房をおき、円像地蔵と、赤地に八大菩薩を首とした一万の地蔵像を描いて奉安し、福田《ふくでん》（僧侶）五人に昼には『地蔵経』と『金剛般若経』を読ませ、夜には占察礼懺を念じさせ、それを金剛社と名づけよ、と命じたという。さらに五台山の東台の下には観音大師の円通社、西台の南側には弥陀如来のための水精社、北台の南側には釈迦如来のための白蓮社を、中央の中台の真如院には毗盧遮那《びるしゃな》仏のために華厳社をおくこと、また宝川庵を改創した華厳寺において華厳会を開き、法輪社を設けることを命じたのであった（『遺事』巻三、塔像第四）。

密教の伝来

朝鮮半島に密教[1]が伝来したのは、七世紀の中頃である。まず新羅の密教、神印宗を開いたのは明朗《ミョンナン》であった。

善徳女王元年（六三二）、明朗は入唐して四年間にわたって密教を学び、六三五年に帰った。その帰途、海龍の要請によって龍宮に入り、秘法を伝えて黄金一〇〇〇両を施され、地下に潜行して自分の家の井戸の底から出てきたと伝えられている。そこで私宅を喜捨して寺とし、龍王から施された黄金で塔像を飾った。光輝ひときわ輝いたために、その寺を金光寺《クムグァンサ》と名づけた。

その後、三十余年をへて文武王八年（六六八）に、唐の将軍李勣《りせき》が大兵を率いて高句麗を討伐し、さらに新羅を滅ぼそうとした。文武王は軍隊を発して防戦したが、唐の高宗はこれを聞いて激怒し、薛邦《せっぽう》に命じて新羅を討たせようとした。王はこれを知って恐れ、明朗に要請して秘法を行じて禳《はら》わせたという（『遺事』巻五、神呪第六）。

この点については『三国遺事』巻二、紀異第二、「文虎王法敏」の条に詳しく述べられている。それによると高宗は兵一〇万の大軍を発して新羅を討伐しようとした。このことを金《キム》仁問《イムン》から聞いた入唐中の義湘は、ただちに帰国して文武王に報じた。王が家臣を集めて防衛策を下問すると、角干の金天尊《キムチョンジョン》が、明朗が龍宮へ行って秘法を学んできたことを伝えた。さっそく下問したところ、狼山（慶州市）の南側の神遊林に四天王寺《サチョナンサ》を建てて道場を開くよう進言した。そのとき、唐軍はすでに海上より迫っていた。明朗は彩帛（色とりどりの布）で仮の寺を造り、草で五方に神像を作って、瑜伽宗の僧一二人とともに文豆婁《ムンドゥル》（mantra）の秘法を修した。すると、まだ交戦もしないうちに風浪がおこり、唐船はみな沈没したという。この寺は後に四天王寺と改称された。六七一年ふたたび唐軍が攻めてきたが、この秘法を用いてまたも船を沈めることができたという。

明朗は後に神印宗の開祖とされた。彼が唐で誰について雑密《ぞうみつ》を学んだかははっきりしないが、マントラを用いて秘法を修したことは明らかで、とくにその咒力《じゅりょく》が護国仏教の一環として機能したところに密教の存在意義があったといえよう。

明朗と同時代に密本《ミルボン》がいた。善徳女王の病いが治らぬので、興輪寺の僧法惕《ポプチョク》にかわって祈禱するようになった。宮中に迎えられた密本が王の寝所の外で『薬師経』を読んだところ、持っていた六環杖が室内に飛びこみ、老狐一匹と法惕とを刺して庭に投げだし、まもなく病いは癒えたという。そのとき密本の頭上に五色の神光がさして人々を驚かせた（『遺事』巻五、神呪第六）。そのほか、種々の奇蹟を現わして民衆に帰依された。

その頃、同じく入唐して密教を学んだ者に恵通《ヘトン》がある。彼の伝は『三国遺事』巻五、神呪第六、「恵通降龍」の条に見える。それによれば、氏族は不明であるが、家は南山《ナムサン》（慶州）の西麓の銀川洞の入口にあった。出家して恵通と名を変え、入唐して無畏《むい》三蔵に三年間師事し、印訣を伝授された。

ところで、この無畏三蔵を善無畏《ぜんむい》三蔵（Śubhakarasiṃha 六三七―七三五）とすれば問題が生じる。『三国遺事』によれば恵通が帰国したのは唐の高宗の麟徳二年（新羅の文武王五年、六六五）であり、一方、善無畏三蔵は、師の達摩掬多（Dharmagupta）の命により中国へ密教を伝えるため迦湿弥羅（カシミール）より西域に入り、天山北路を通って七一六年に長安に到着して玄宗に迎えられている。恵通が入唐していた六六五年には、まだ来朝していないことになる。恵通が確実に善無畏三蔵に師事したとすれば、『三国遺事』が記す帰国年代は誤りということになるし、逆に帰国年代を正しいとすれば、善無畏三蔵に師事しなかったことになる。師事したことを史実と認め、帰国年代を訂正した説もあるが、しかし唐の高宗の王女の病魔のもとである蛟龍を追い払ってその病いを治した降龍伝説や、神文王（六八一―九二）、孝昭王（六九二―七〇二）の時代の説話が『三国遺事』に記されていることから見て、六六五年の帰国は動かないところであろう。

そうなると、入唐して師事したという無畏三蔵は、善無畏三蔵とはまったく別人となる。しかし七世紀の後半に無畏三蔵という密教者は存在せず、当時はわずかに智通《チトン》が『千眼千臂《せんぴ》観世音菩薩陀羅尼神呪経《だらにしんじゅ》』や『観自在菩薩怛随《だつずい》心経』を訳出し（『開天録』巻八）、はじめて本尊観・字輪観・種字《しゅうじ》観を説いた密教経典が伝えられていたにすぎない。さらに永徽五年（六五四）四月一五日には、中インドから来朝した阿地瞿多（Atikūta）が『陀羅尼集経』を訳出した。唐の高宗代には仏陀波利がインドより将来した『仏頂尊勝陀羅尼経』も存在したが、これらはすべて雑密であり、体系的な純密の渡来は、善無畏・金剛智（Vajrabodhi）・不空（Amoghavajra）の来朝を俟《ま》たなければならなかった。ところで七世紀の後半、入唐してこれらの雑密を新羅にもたらしたという『三国遺事』の「恵通降龍」の説話は、唐の善無畏三蔵に師事した別の密教者と、恵通とを混同したとも考えられる。

ついで則天武后の聖暦三年（七〇〇）には、新羅の明暁《ミョンヒョ》が遠方より来朝し、まさに本国に帰らんとして総持門の密教に意を留め、北インドから来朝した婆羅門（バラモン）の李無諂に『不空羂索陀羅尼経』の訳出を請うたところ一本を得たという（『開元録』巻九）。このように善無畏や金剛智が正統密教を中国に伝える前から、新羅には雑密が流行しており、正純密教の流入を可能ならしめる土壌は十分に醸成されていたのである。

正純密教をはじめて新羅に伝えたのは、霊妙寺《ヨンミョサ》（霊廟寺）の僧不可思議《プルガサウィ》である。その事蹟はほとんど不明で、ただ彼が撰したといわれる『大毘盧遮那経供養次第法疏』がある。これは『大日経』第七巻の「供養次第法」を抄記したもので「小僧不可思議、多幸にして和尚に面諮し、聞く所の法要をば、分に随《したが》って抄記す」（正蔵三九・七九〇中）とあるように、善無畏三蔵に就いて『大日経』の秘奥を究めたものと思われる。はたして不可思議が新羅人であるかどうかはっきりしないが、三蔵に就いた人であることは確かである。恵通の伝に無畏三蔵に師事したとあるのは、あるいはこの不可思議伝と混同したのかもしれない。

同じく善無畏三蔵に師事した玄超《ヒョンチョ》の伝もまた明らかではないが、大悲胎蔵毘盧遮那大瑜伽大教、蘇《そ》悉地《しつじ》大瑜伽法および諸尊瑜伽などの法を、青龍寺の恵果《けいか》に親しく授けたといわれる（『大唐青龍寺三朝供奉大徳行状』）。あるいは後に新羅に帰国したとすれば、三蔵の純正密教を恵果に授けたほどの人であるから、新羅に『大日経』を伝えたことも考えられる。

唐の一行の法弟にあたる義林《ウィリム》阿闍梨は鎮国道場の大徳であり、善無畏三蔵に師事した。三蔵より大悲胎蔵曼荼羅《まんだら》の妙法を付嘱された人で、一〇三歳でありながら、新羅国にあって大法をひろめていたという（「順暁和上付法記」『内証仏法相承血脈譜』所収）。義林はおそらく新羅人であろうが、ただし玄超・義林ともに新羅側の資料にはまったく見えない。

『往五天竺国伝』を著わした慧超《ヘチョ》は、インドを周遊して帰ってから、七三三年（唐・開元二十一）、金剛智三蔵のもとに入室し、八年にわたって密教を学んだ。金剛智が長安の薦福寺道場において訳経に従事したときには、筆受の任にあたった。不空三蔵が来朝するや授法の弟子六人のうちの一人となり、本格的な密教の受法者となった。七八〇年（唐・建中元）四月一五日、慧超は五台山の乾元菩提寺に行き、訳経に従事した。在唐すること五四年の長きにわたった（『慧超伝考』）。二〇歳前に入唐し、ついで五天竺をめぐり、さらに在唐して活躍したが、おそらくは新羅に帰国することなく唐で没したものと思われる。しかし彼が受けた密教の経典は新羅の故地に伝えられ、金剛智・不空の正純密教を受けいれる基盤をつくったことであろう。

さらに正純密教を受学した人に恵日《ヘイル》および悟真《オジン》がいる。悟真は、恵果より胎蔵毘盧遮那および諸尊持念教法を授かったが、七八九年（唐・貞元五）に中インドへ向かい、途中、吐蕃国（チベット）で病没した（『大唐青龍寺三朝供奉大徳行状』）。恵日は七八一年、恵果に師事し、胎蔵界・金剛界、『蘇悉地経』および諸尊瑜伽三〇本を授与されて本国に帰り、密教をひろめたとされる（同書）。おそらく『大日経』『金剛頂経』『蘇悉地経』の三部経を新羅に伝えたことは確実であり、不空の訳出経典や密呪が、彼によって大量に新羅にもたらされた可能性が強い。それは空海が日本に密教経典を多くもたらしたことと似ているが、恵日は空海の嗣法の兄弟でもあった。

新羅に真言陀羅尼《だらに》が流行したことも記録に見える。真聖女王（八八七―九六）が乳母の鳧《ふ》好《こう》夫人とその夫の魏弘《ウィホン》など三、四人の寵臣と権勢をほしいままにして悪政を行なったとき、王居仁《ワンゴイン》は、密教の陀羅尼の形式で「南無亡国、刹尼那帝、判尼判尼、蘇判尼、于于三阿干、鳧伊娑婆訶」と書いてこれを路上に捨て、王と権臣の目に入るようにした。刹尼那帝というのは女王をいい、判尼判尼・蘇判尼とは二人の蘇判（匝干、잣한の音写語。城の長官のこ

と）をいい、于于三阿干とは二、三の寵臣のことであり、鳧伊は鳧好夫人をさす。このように悪政を諷刺するのに仏教の陀羅尼の形式がとられたということは、それだけ民衆の間に普及していたのであろう（『遺事』巻二、紀異第二）。また、胎蔵界曼荼羅の蘇悉地院に配置された十一面観音菩薩に対する信仰も強く、その石像も造られた。

禅宗の伝来と諸宗派

新羅の前半期にあっては唐でもっとも隆盛をきわめた法相、唯識、華厳、密教が伝来したが、後半期になると事情を異にした。それは唐の中頃、八世紀に中国禅が勃興してきたためである。中国禅は五世紀のはじめ菩提達摩（Bodhidharma）の渡来によって始まるが、大きな勢力となるのは六祖慧《え》能《のう》（六三八—七一三）の南宗禅の出現による。唐の禅宗には、南宗、北宗、牛頭《ごず》宗、浄衆宗、荷沢《かたく》宗、洪州宗などがあったが、新羅に本格的に伝来したのは洪州宗の馬祖道一《ばそどういつ》（七〇九—八八）の系統である。しかしそれに先立って海東の禅[2]は、東山宗の道信（五八〇—六五一）の系統に属する法朗《ポンナン》に始まる。法朗は入唐して四祖道信に嗣法して帰国し、その法を神行《シンヘン》に伝え、その法系は神行—遵範《チュンボム》—慧隠《ヘウン》—智証《チジュン》と伝えられた（崔致遠撰「鳳巌寺智証大師寂照塔碑」）。すなわち、法朗は踋踞山に隠遁して法を神行（信行・慎行、七〇四—七九）に伝えた。神行は東京《トンギョン》（慶州）の人、姓は金氏。法朗から印可を受け、さらに入唐して北宗（中国北部の禅の一派）の普寂（六五一—七三九）の弟子の志空に参ずること三年、道を究めたのち新羅に帰り、北宗禅を伝え、恵恭王十五年（七七九）に断俗寺で没した（金献貞撰「海東故神行禅師之碑并序」）。

迦智山派　本格的な南宗禅の伝来は道義《トウィ》に始まる。俗姓王氏、北漢郡の人、法号は明寂。宣徳王五年（七八四）に入唐して五台山に行き、文殊に感応した。広州宝壇寺において受戒し、のちに曹渓《チョゲ》に行って祖師堂を拝し、ついで江西の洪州開元寺において馬祖道一の高弟、西堂智蔵（七三五―八一四）の法を受け、名を道義と改めた。さらに百丈懐《え》海《かい》（七二〇―八一四）にも参じ、在唐すること三七年、憲徳王十三年（八二一）に新羅に帰った（『祖堂集』巻一七）。道義が南宗禅を伝えたが、当時の教界は華厳・法相などの教学仏教が主流を占めていたために、実践を尊ぶ禅は受け入れられなかった。そのため雪岳山陳田寺《ソラクサンチンジョンサ》に隠棲し、法を廉居《ヨムゴ》に付した。廉居は雪岳山億聖寺《オクソンサ》に住し、法を体澄《チェジン》に伝えた。道義―廉居―体澄の一派を迦智山派といい、高麗時代には禅門九山の一つになる。雪岳山陳田寺で道義の霊塔に参じた人に、無師独語の真空《チンゴン》（八五五―九三七）がある。

実相山派　道義とともに西堂智蔵に師事した人に洪陟《ホンソプ》がある。彼は帰国して南岳に住し、無修無証の馬祖禅をひろめ、興徳王（八二六―三五）と宣康太子が帰依した。また智異《チリ》山実相寺《サンシルサンサ》を開創し、実相寺派を開いた。入唐求法は道義よりおくれたが帰国後、伽藍を創建し、門派を形成したのは実相山派が九山の最初となった。そのため海東の禅は洪陟をもって初祖とするのである。弟子秀徹《スチョル》（澈にも作る。八一六―九二）は実相山の第二祖であるとともに、密陽の瑩原寺の開祖となった。景文王と憲康王の帰依を受け宗風大いにふるい、門下に飲光《ウムグァン》など数百人があった。景文王は秀徹に教禅の同異を問うたといわれる（「深源寺宗徹和尚碑」)。

第四二代興徳王の代に活躍したのが慧照《ヘジョ》(恵昭、七七四—八五〇)である。俗姓崔氏、全州金馬(全羅北道益山郡)の人。八〇四年に入唐し、滄州(河北省滄県)の神鑑(馬祖の門人)に落髪して印戒を受け、さらに嵩山《すうざん》少林寺において具足戒を受けた。道義と出会い道友となったが、彼が先に帰国したため慧照は終南山に入って一三年間、止観を修し、さらに三年の布施行をおこない、八三〇年に帰国した。興徳王は道義とともに慧照を慰労し、その功を讃えた。彼は尚州露岳の長栢寺《チャンベクサ》に住したが、さらに智異山に至り、花開谷に堂宇を建てて住した。第四四代閔哀王から慧照という号を下賜された。のち南嶺の勝地に玉泉寺《オクチョンサ》を創建、六祖慧能の影堂を建てたが、この寺が有名な雙渓寺《サンゲサ》である。

曦陽山派　海東の禅は馬祖系統の禅が多いが、四祖道信の系統を受けたのが智詵《チソン》(八二四—八八二)である。俗姓は金氏、王都郷の人で、浮石寺の梵体《ポムチェ》より華厳を学び、一七歳のとき瓊儀《キョンウィ》より具足戒を受けた。入唐することなく慧隠に師事して禅を学んだ。その法脈は四祖道信—法朗—慎行(神行)—慧隠—智詵と継承されており、道信の傍系をなしている。景文王より招かれたが固辞し、四一歳のとき賢渓山安楽寺《アルラクサ》に移った。その後、弟子の礼をとった沈忠の要請によって曦陽山《ヒヤンサン》に鳳巌寺《ポンアムサ》を建立した。憲康王の信任あつく、没するや智証大師と諡《おくりな》された(「鳳巌寺智証大師碑」)。弟子に楊孚《ヤンブ》・性蠲《ソンイク》・敏休《ミニュ》・継徽《ケフィ》などがいる。智詵の一派は禅門九山の一つ曦陽山派を形成し、慶北聞慶郡の義陽山鳳巌寺を本山とする。

桐裏山派　恵哲《ヘチョル》(恵徹、七八五—八六一)、字は体空、姓は朴氏、慶州の人である。浮石寺で華厳を学び、二二歳のとき受具した。憲徳王六年（八一四）に入唐、襲公山《きょうこうざん》において西堂智蔵に師事し心印を受けた。智蔵の入滅後、なにゆえか西州（新疆ウイグル自治区吐魯番）の浮沙寺に行き、三年にわたって大蔵経をひもといた。八三九年に帰国し、武州桐裏山（全南谷城郡）の大安寺《テアンサ》（泰安寺）で法をひろめた。四六代文聖王は彼の名声を聞き、使者を遣わして経国の要を問うた。入寂するや王は寂忍禅師と諡した（「大安寺寂忍禅師碑」）。その法系に高麗太祖の信任を得た允多《ユンダ》（八六四―九四五）、高麗仏教の方向を定めたともいえる道詵《トソン》（八二一―九八）、入唐して曹洞宗の洞山良价の法嗣、疎山匡仁の法を伝えた慶甫《キョンボ》（八六八―九四八）などが輩出し、禅門九山の一である桐裏山派を形成した。

鳳林山派　玄昱《ヒョヌク》（七八七―八六八）の伝は『祖堂集』巻一七にある。姓は金氏、新羅の冠族で父の諱《いみな》は廉均、官は兵部侍郎になった。八〇八年に具足戒を受け、八二四年入唐し、馬祖道一の法嗣、章敬懐暉に師事した。八三七年、王子の金義宗《キムウィジョン》に随って本国に帰り、南岳実相寺に住した。閔哀・神武・文聖・憲徳の諸王が師資の礼をとり、景文王は彼を慧目山（京畿、驪州）高達寺《コダルサ》に住せしめた。八二歳で没し、僧臘《そうろう》六〇年であった。

その弟子、審希《シミ》（八五五―九二三）は俗姓は金氏。幼より仏事を好み、九歳にして慧目山の玄昱に謁《えつ》して修行、その法を受けた。一九歳で受具し、名山勝境を訪ね、八八八―九七年にかけて松渓《ソンゲ》とともに雪岳に隠棲して学人を接化した。真聖王の招請に応じることなく溟州託山寺に隠棲し、ついで進礼（慶南、昌原郡）に行くや、城主の金律熙《キムリュリ》が草庵をつくって迎えいれた。ここは修禅に適するため禅寺を創建し、鳳林寺《ポンニムサ》と号した。知金海府、明義将軍金仁匡が功徳主となり、寺坊を修築した。第五四代景明王は師資の礼をもって審希を遇し、法膺大師の尊号を賜った（「鳳林寺真鏡大師碑」）。弟子に璨幽《チャニュ》（八六九—九五八）が現われて法系は栄え、玄昱—審希—璨幽の一派を鳳林山派という。鳳林山の遺址は、慶南の昌原郡上南面にある。

聖住山派　無染《ムヨム》（八〇〇—八八）、姓は金氏、武烈王の八代の孫で、一二歳のとき雪岳山五石寺《オソクサ》で出家、ついで法性《ポプソン》に師事すること数年、さらに浮石寺の釈澄《ソクチン》から華厳を学んだ。八二一年、王子金昕《キムフン》に随って入唐し、終南山至相寺に行き華厳の講席に列席した。ついで洛陽の仏光寺に行き、馬祖の嗣である如満と対面した。さらに蒲州（山西省永済県西、蒲州）の麻谷宝徹に参禅し、その心印を受けた。在唐二十余年をへて文聖王七年（八四五）に帰国した。王子昕《フン》の要請によって熊州烏合寺《オハプサ》を重修してそこに住し、多くの門人を集めた。王がこれを聖住寺《ソンジュサ》と改名し、大興輪寺《テフンニュンサ》に編録した。憲安王・景文王・憲康王・定康王など諸王の礼遇あつく、憲康王は「広宗」という法称を下賜した。没するや、真聖女王は大朗慧の諡号《しごう》を賜った。弟子二〇〇〇人を数え、詢乂《スネ》・円蔵《ウォンジャン》・霊源《ヨンウォン》・玄影《ヒョンヨン》の四大弟子をはじめとし、僧《スン》亮《ニャン》・善信《ソンシン》・僧光《スングァン》・深光《シムグァン》などがいた（「聖住寺朗慧和尚白月葆光塔碑」）。著書に『無舌土論』がある。また深光の弟子に法鏡大師玄暈《ヒョンウン》（八七九—九四一）がいる。無染の法系は禅門九山の一つである聖住山派を形成した。

闍崛山派　梵日《ポミル》（八一〇—八七）は鳩林の冠族金氏の出身で一五歳で出家、二〇歳で具足戒を受けた。興徳王（八二六—三五）の王子金義宗とともに入唐し、馬祖門下の塩官斉安に参じて大悟し、さらに薬山惟厳にも問法した。会昌四年（八四四）の廃仏事件のとき商山に隠れ、ひとり坐禅を修し、さらに韶州（広東省韶関市）に行って祖師塔（六祖慧能）を礼拝した。八四七年八月帰国し、八五一年正月、白達山において宴坐したが、溟州都督金公が崛山寺《クルサンサ》（江陵五台山）に招請したので同寺に住した。その間、景文王・憲康王・定康王より帰依を受けて礼遇され、国師に任ぜられた。通暁大師と諡され、塔名を延徽と称した（『祖堂集』巻一七）。弟子に開清《ケチョン》（朗円大師）および行寂《ヘンジョク》があり、梵日の一派は闍崛山《サグルサン》派を形成した。

開清（八五四―九三〇）は八歳で儒学を習い、のち華厳寺で出家し、『華厳経』を学んだ。受具ののち蓬島の錦山で修禅し、看経した。梵日の道声を聞き、五台山に上って入室して心印を受けた。梵日の示寂後、普賢山寺《ポヒョンサンサ》に招請され化門を開いた。第五五代景哀王は国師の礼を賜った。七七歳で没し、朗円大師を諡された（崔彦撝撰「溟州普賢山地蔵禅院朗円大師碑銘」）。

行寂（八三二―九〇六）、俗姓は崔氏、出家して伽耶山海印寺《ヘインサ》に行き、華厳を学んだ。八五五年に具足戒を受け、崛山寺に行って梵日に参じ、数年にわたって入室参禅した。八七〇年、三九歳のときに入唐し、長安の左街宝堂寺孔雀王院に行った。勅命により入台し、懿宗《いそう》に答問した。それより五台山華厳寺に至り、文殊を礼し、八七五年に四川成都府の浄衆精舎に行って無相大師の影堂に参拝した。ちなみに無相は新羅の出身であり、浄衆宗の一方の雄であった。ついで道吾円智の嗣、石霜慶諸に参禅し、青原系統の禅を受けた。行寂は衡岳に上り、さらに南下して南華寺の曹溪の六祖塔に参拝し、八八五年に帰国した。ふたたび梵日に謁し、さらに第五二代孝恭王の招きに応じて入内して国師の礼を賜った。九一五年、神徳王の命により南山実際寺《シルチェサ》を禅刹としてここに住し、さらに石南山寺《ソンナムサンサ》に移住した。没するや朗空の諡号を賜った。

師子山派　梵日と同年に帰国して、南泉門下の禅を伝えたのが道允《トユン》（七九八―八六八）である。姓は朴氏、漢州鵂巗《ヒュアム》の人で、一八歳で出家し、鬼神寺《キシンサ》で華厳を学んだ。八二五年入唐し、馬祖門下の南泉普願に師事した。八四七年夏、帰国して楓岳（雙峰山？）に住し、景文王に帰依された。徹鑑と諡され、塔を澄昭という（『祖堂集』巻一七）。

道允の弟子、折中《チョルジュン》（八二六―九〇〇）は五冠山の珍伝法師のもとで落髪し、一五歳のとき浮石寺において華厳を学び、一九歳のとき白城郡長谷寺《チャンゴクサ》で具足戒を受けた。ついで楓岳に道允を訪ねて師事し、東山の法門を嗣いだ。入唐僧の道潭《トダム》・慈忍《チャイン》と問答をかわしたともいう。八八二年、国統威公の奏上によって谷山寺《コクサンサ》に住し、ついで師子山（江原道寧越）の釈雲《ソグン》に招かれて興寧禅院《フンニュンソノン》に住し、学人を接化した。憲康王は師子山興寧禅院を中使省に隷し、孝恭王は澄暁大師と諡した（「新羅国師子山興寧寺澄暁大師塔碑」）。

須弥山派　新羅の禅法はそのほとんどが馬祖系であるが、曹洞宗の一派を伝えたのが利《イ》厳《オム》（八七〇―九三六）である。姓は金氏、その先祖は鶏林の勢家であった。迦耶岬寺の徳良について出家、一二歳のとき道堅《トギョン》より具足戒を受けた。八九六年に入唐し、洞山の弟子の雲居道膺（？―九〇二）から心印を受けた。九一一年帰国し、蘇律熙が施与した勝光山に住したが、賊乱を避けて霊覚山に移住して多くの弟子を接化した。高麗太祖の帰依を受け、泰興《テフン》寺《サ》に移住し、さらに開京《ケギョン》の西北、海州（黄海道）の須弥山広照寺《クァンジョサ》に移住した。諡号は真徹、塔を宝月乗空と号した。弟子に処光《チョグァン》・道忍《トイン》・慶崇《キョンスン》・玄照《ヒョンジョ》などがあった（「広照寺真澈大師碑」）。利厳の系統は九山の一つ、須弥山派と言われた。

利厳と同じく入唐して雲居道膺に師事した人に迥微《ヒョンミ》（八六四―九一七）、慶猷《キョンユ》（八七一―九二一）、麗厳《ヨオム》（八六二―九三〇）がある。迥微は八九一年に入唐し、九〇五年に帰国して無為岬寺《ムウィガプサ》で教化した。慶猷は迥微とともに入唐し、九〇八年に帰国し、高麗太祖の王師となった。麗厳は唐から九〇九年に帰国し、太祖に招かれて楊平菩提寺に住した。

馬祖系の禅が多く伝来するなかで、潙仰《いぎょう》宗の一派を伝えたのが順之《スンジ》（生没年未詳）である。俗姓は朴氏、浿江の人で先祖は地方の豪族であった。五冠山で剃髪し、俗離山で具足戒を受けた。八五八年入唐し、仰山慧寂（八〇七―八三）の弟子となり、その玄旨《げんし》（奥深い教え）を受けた。帰国して後、松岳郡の女檀越で太祖の祖母にあたる元昌王后とその子の威武大王が五冠龍厳寺《オグァンヨンオムサ》（後に瑞雲寺と改称）を施与したのでそこに住し、法をひろめ、六五歳で遷化した。諡号は了悟禅師、塔銘は真原之塔であった（『祖堂集』巻二〇）。

潙仰宗の、円相によって悟りを表わす方法は順之によって唐から新羅へ伝えられた。ちなみに、潙仰宗の円相を述べた書に高麗の志謙が集録した『宗門円相集』がある。

浄土教の受容と展開

新羅の中期から後期にかけて阿弥陀信仰と念仏が盛んになった。新羅における浄土信仰の起源[3]は善徳女王代の高僧慈蔵《チャジャン》の『阿弥陀経疏』に求められる。現存していないためにその内容は不明であるが、おそらく摂論宗系統の浄土信仰であろう。ついで大宗武烈王（六五四—六〇）のとき、宰相の金良図《キムヤンド》は深く弥陀を念じ、西方浄土を信仰して、花宝・蓮宝の二女を興輪寺の寺婢とした（『僧伝』巻一、法空伝）。

文武王（六六一—八〇）の代になると浄土信仰は次第に流行し、広徳《クァンドク》・厳荘《オムジャン》の二僧の逸話が知られている。二人は、極楽に行くときは互いに知らせあうことを約していた。広徳が極楽往生を知らせてきたので厳荘が訪ねたところ、すでに死んでいた。広徳の妻と通じようとしたが、彼女は夫と一夜も同床したことはなく、広徳はただ毎晩、端身正坐して一声に阿弥陀仏を念じ、あるいは『観無量寿経』で説く十六想観を修し、明月が上るとその月光の中で結跏《けっか》趺坐《ふざ》していたと告げた。極楽往生するには、このように努めねばならないと誡された厳荘は、恥じ入って元暁を訪ね教えを乞うたところ、元暁は「錚観《そうかん》法」を作って往生の道を教えた。厳荘は罪を悔い、ひたすら観法を修し、ついに西方往生することができたという。広徳の妻は芬皇寺の婢であり、『観音経』で説く十九応身の一人であったとされている（『遺事』巻五、感通第七）。なお、つぎに広徳の往生歌[4]を掲げておく。

　西のかた月は、いま往《い》に給うや。
　無量寿仏、その御前に伝えませ。

由縁《ゆかり》深き御仏仰ぎて掌《て》を合わせ、
唱うるは「願往生、願往生」、
かく念仏するもののありつるを、
ああ、遺《のこ》していけば、叶うまじ、
四十八大願、叶うまじ。（金思燁氏の訳による）

これは西に行く月に托して、往生極楽の宿願が西方の弥陀如来のところに達することを願ったものである。往生の願いが月に托され、また広徳の修行が月光の上に結跏趺坐して行なわれるなど、新羅人の豊かな情緒をうかがうことができる。

厳荘に「錚観法」を授けた元暁が、浄土教をひろめるうえに大きな功績のあったことは前節に述べた。村から村へ、里から里へ念仏を唱えながら踊りまわった元暁の念仏踊りは、日本の一遍の念仏踊りの源流となったかもしれない。

当時、慶州には念仏師もいた。南山の東麓の避里村に避里寺《ピリサ》という寺があり、その寺には名前もわからぬ一人の異僧が住んでいた。常に阿弥陀仏を念じ、その念仏は慶州の城まで聞こえたという。音吐朗々《おんとろうろう》として声に上下なく、人々はこの僧を念仏師と呼んで尊敬した。死んだのち、泥土で塑像を作り、敏蔵寺《ミンジャンサ》に安置したが、彼が住んでいた避里寺はその後、念仏寺と呼ばれた（『遺事』巻五、避隠第八）。この念仏師は名もない身分の低い僧であったが、その一心不乱の声が村人を感化した様が伝えられている。七世紀から八世紀の頃、慶州の里や村には念仏の声が聞こえていたのである。

南北朝時代、中国には弥陀信仰と弥勒信仰とがあわせ行なわれていたが、新羅時代においても同様であった。景徳王十九年（七六〇）四月、空に二つの日輪が現われて一〇日間にわたって消えることがなかった。天文の役人は、有縁の僧を召して散華《さんげ》の功徳を行なえば消えるであろうと進言した。朝元殿に祭壇を設け、王は青陽楼に行幸して有縁の僧を探した。そのとき月明《ウォルミョン》師《サ》は畦道を歩いていたが、さっそく王に召され修法を行なった。彼が弥勒のもとに往生できるという兜率《トソルガ》歌を唱えると空にあった二つの日輪が消え失せたという。王はこれを賞し、水晶念珠を与えた。

月明師はまた、亡き妹のために斎会《さいえ》を営み郷歌を作ってこれを祀った。たちまちつむじ風がおこり、紙銭を吹き飛ばし西方に散ったというが、このときの往生歌はつぎの如くである。

生死の路はとどめえず、
行くとも言えで逝《ゆ》くならめ。
秋告ぐ風に、ここかしこ、枝より落つる木の葉はも、
いずち行くやは知りがたし。
さあれ、行きつく果ては弥陀浄土、また逢う日もあらめ、
道を修めて期待《とき》たん。（金思燁氏の訳による）

西方弥陀浄土に往った妹に会うため、道を修めて待とうという歌であるが、深い人間的な情感がこめられている。この月明師はまた慶州の大寺、四天王寺《サチョンワンサ》でよく笛を吹いた。月夜の

晩に門前の大路を笛を吹いて通り過ぎたところ、中央に輝く月がその運行を停めたので、その路を月明里と呼んだ。このとき歌われた郷歌は単なる歌謡ではなく、天地自然を感動させる大きな力を持っていたのであった（『遺事』巻五、感通第七）。

また新羅の景徳王代（七四二―六四）にも西方往生する僧があった。歃良州《サムニャンジュ》（慶尚南道梁山）の東北二〇里のところに奇岩怪石に富む布川山という山があり、そこに五人の比丘が住んでいた。念仏して西方往生を求めること数十年、たちまち二十五菩薩の聖衆が迎えに現われた。比丘たちは蓮台に坐って空中を飛び、梁山の通度寺の門の外にしばらく留まって天の音楽を奏でた。寺僧が出て見ると、五人の比丘は無常苦空の道理を説き、遺骸を残して大光明を放ち、西方に向かって飛び去ったという。寺僧は、遺骸が捨てられた処にあずまやを建て「置楼」と名づけた（『遺事』巻五、避隠第八）。

浄土信仰は庶民ばかりでなく奴婢にも及んでいった。景徳王（七四二―六四）のとき、康州（晋州）の人々数十人が西方往生を願って弥陀寺《ミタサ》を建て、念仏法会を修した。このとき阿干（新羅の官等の第六位）の貴珍《キジン》の家の婢、郁面《ウンミョン》も主人に従って寺の中庭へ来て僧とともに念仏した。毎夕、籾《もみ》をひき終わっては寺に来て、念仏を怠ることがなかった。縄を両掌に貫通させて橛《くい》につなぎ、合掌して左右にゆり動かして念仏に励んでいたとき、空中から「郁面の娘よ、堂に入って念仏しなさい」という声がした。寺の衆がそれを聞いて堂に入らせて念仏させたところ、しばらくして西方から天の音楽が聞こえてきたかと思うと、郁面は空中高く上がり、寺の梁《はり》を貫いて西の方に飛んでゆき、郊外にいたるや肉身を捨てて真身をあらわし、蓮台に乗って大光明を放ちながらゆっくりと去っていったという（『遺事』巻五、感通第七）。この話には、念仏者が僧ではなく普通の俗人であり、しかも婢という身分の卑しい階級であった。

弥勒信仰や弥陀信仰は、文献の上のみでなく造像の面からも確かめられる。慶尚北道慶州郡内東面にある薪渓里《シンゲリ》の甘山寺《カムサンサ》址から発見された二体の石仏は、光背を負い蓮弁の台座に立った端正な仏像で、唐朝芸術の影響を受けたものである。この二仏には光背銘があり、『三国遺事』巻三、法興第三の南月山（甘山寺）の条に収録された「金堂主弥勒尊像火光後記」がその抄録であった。(5)この甘山寺は金志誠《キムジソン》一族の願寺であり菩提寺であった。彼は無著《むちゃく》(Asaṅga)の唯識や老荘に通じていた人で、七一九年、亡孝・亡妣の冥福を祈って石造弥勒像を金堂の本尊とし、石造の阿弥陀像は講堂の本尊として祀ったのであった。(6)この時代に阿弥陀像が造られたことは、弥陀信仰が浸透していたことの証左である。

新羅の仇史郡（義安郡）にある白月山《ペグオルサン》は峰高い大山であったが、この山の東南に仙川村があり、努肸夫得《ノヒルブドク》、怛怛朴朴《タルダルバクパク》という名の二人の風采非凡な親友がいた。二〇歳のとき出家して僧となり、道を修めるのに適した庵寺に妻子とともに住した。さらに俗世を捨て去るために白月山の無等谷に入り、朴朴師は北嶺の獅子岩に、夫得師は東嶺の磊《らい》石の下に草庵を造って住み、朴朴は弥陀を、夫得は弥勒を勤求《ごんぐ》し祈念した。

七〇九年のある日、観音菩薩(7)の化身である少女が朴朴の北庵に来て宿泊を申しこんだが、彼は慈悲心戒を守るためこれを拒否した。少女はつぎに夫得の南庵に行って頼んだところ、彼は慈悲心から少女を庵に入れ、自らは念仏を唱えていた。少女が産気づいて子を生んだので沐浴させたところ、湯が金色に変わり、同じく沐浴した夫得は蓮華台に坐った弥勒尊像となった。観音菩薩が彼を助けて菩提を成就させたのであった。

破戒した夫得を笑ってやろうとして南庵に来た朴朴も、金液で沐浴すると夫得と同じように無量寿仏になり、二尊が相対することになった。二聖は教えを説き、雲に乗って立ち去ったという。七五五年、景徳王が即位してこの話を聞き、その翌々年には使者を遣わして大伽藍を創建し、白月山南寺《ペグォルサンナムサ》と名づけた。七六四年七月一五日に寺が完成すると、弥勒像を造って金堂に、弥陀像を造って講堂に安置し、前者の額号を「現身成道弥勒之殿」、後者のそれを「現身成道無量寿殿」としたと伝えられている（『遺事』巻三、塔像第四）。

浄土経典の研究

新羅時代の仏教学の興隆にともなって、浄土経典に対する多くの研究者があらわれ、数多くの経典に注釈を施した。先に述べたように慈蔵は『阿弥陀経義記』を、義湘《ウィサン》は『阿弥陀経義記』（『義天録』巻一）を、元暁《ウォンヒョ》は『無量寿経宗要』『阿弥陀経疏』を撰したが、このほか円測《ウォンチュク》は『阿弥陀経疏』（『東域録』）、道倫《トリュン》は『阿弥陀経疏』（『東域録』）、法位《ポビ》は『無量寿経疏』（上巻のみ現存、石田茂作『奈良朝現在一切経疏目録』）、玄一《ヒョンイル》は『無量寿経疏』『随願往生経記』（同書）および『阿弥陀経疏』（『義天録』）を、義寂《ウィジョク》は『無量寿経疏』（『奈良朝現在一切経目録』）、憬興《キョンフン》は『無量寿経連義述文賛』（現存）、『阿弥陀経略記』を、太賢《テヒョン》は『無量寿経古迹記』『観無量寿経古迹記』『阿弥陀経疏』『称讃浄土経古迹記』を、それぞれ撰した。しかしこれらの書の多くは散佚したので、その内容を明らかにすることはできない。

元暁の『遊心安楽道』は彼の浄土思想を表わす独立した書といわれたが、そのなかに彼の示寂後に訳出された『大宝積経』「発勝志楽会」（七〇六―一三訳出）や『不空羂索神変真言経』（七〇七―〇九訳出）が引用されていることや、後輩にあたる懐感の『釈浄土群疑論』の「九品生位章」の叙述が引用されていること、元暁の『無量寿経宗要』や迦才の『浄土論』をそのまま引用していることなどによって、彼の著作ではないことが諸学者[8]によって主張されている。

義寂の『無量寿経述義記』の思想は善導の『往生礼讃』や懐感の『群疑論』の影響を強く受け、本願の念仏、口称の念仏を強調しているところにその特色がある。だからこそ義寂の浄土教が、日本の平安時代の浄土教に大きな影響を及ぼしたのであった。

彼の伝記は不明であるが、『三国遺事』巻四に海東華厳の祖である義湘の十大弟子の一人として名があげられている。また円測の弟子、道証が唯識宗の六家として基・円測・普光・慧観・玄範・義寂の名を列ね、彼が『唯識未証決』を著わしたと記している（善珠『唯識義燈増明記』）。すると彼は道証以前の人で、玄奘門下の法相宗の学匠とほぼ同時代の人であったことになる。おそらく義湘よりも後輩であることから、七世紀の中葉から八世紀の初頭にかけて活躍した人であろう。新羅では慈蔵・元暁・法位・憬興などの浄土教の学者と、ほぼ同時代の後輩ということになる。義寂は総数二一部六七巻の著作を著わしたが、『無量寿経述義記』は現在復元されている。[9] その浄土教の思想は浄影寺慧遠の流れを汲むとともに、善導・懐感などの思想も導入したものである。

法位の伝記も不明であるが、玄一の『無量寿経疏』や、憬興の『無量寿経連義述文賛』に法位の学説が引用されているため、彼らよりも先輩であり、元暁と同時代の人と推定される。玄一の『無量寿経記疏』[10]は奈良時代にわが国に伝えられ、源隆国の『安養集』をはじめ多くの浄土教家に引用された。法位の思想は浄影寺慧遠の解釈を多く受けたものである。

中国の浄土教学は、唐代において法常・道綽・迦才・慧浄・道誾・善導・基・龍興・靖邁・懐感・慧日などの学匠を輩出させたが、新羅においても、このように慈蔵・法位・元暁・義湘・玄一・義寂・円測・太賢・道倫などの学者を輩出したのである。

新羅の浄土教家の系譜は、さらに浄影寺慧遠の地論系統と、玄奘・基の法相系統とに分けられる。慧遠の系統に属する学者には慈蔵・元暁・義湘・義寂・法位・法一などがいるのに対して、法相系統には円測・太賢・憬興・道倫などがある。新羅の浄土教は中国浄土教をそのまま受容したものではなく、独自な展開を遂げたものであり、この新羅の浄土教が日本の奈良・平安の浄土教に大きな影響を与えたことは十分に注意されなければならない。

(1) 朴泰華「新羅時代의密教伝来考」(趙明基博士華甲記念『仏教史学論集』東国大学校出版局、一九六五年)。栂尾祥雲『秘密仏教史』(高野山大学出版部、一九三三年)。金在庚「新羅의密教受容과그性格」

（『大丘史学』第一四輯、一九七八年）。徐閏吉『韓国密教思想史』（한국철鋏연구제九집、一九七九年五月）。仏教文化研究院編『韓国密教思想研究』（東国大学校出版部、一九八六年）。

(2) 高翊晋「新羅下代의禅伝来」（仏教文化研究院編『韓国禅思想研究』東国大学校出版部、一九八四年）。忽滑谷快天『朝鮮禅教史』（春秋社、一九三〇年）第二編「禅道蔚興の代」。中吉功編『海東の仏教』（国書刊行会、一九七三年）第一編第七章「禅法の伝来」。崔柄憲「新羅下代禅宗九山派의成立」（『韓国史研究』七、一九七二年）。金煐泰「五教九山에대하여」（『仏教学報』第一六輯、一九七九年）。

(3) 李基白「新羅浄土信仰の起源」（学術院論文集『人文社会科学篇』第一九輯、一九八〇年一二月）。なお新羅の浄土教については、八百谷孝保「新羅社会と浄土教」（『史潮』七巻四号、一九三七年）、李基白「新羅浄土信仰의두類型」（『歴史学報』第九九・一〇〇合輯、一九八三年一二月）、望月信亨『中国浄土教理史』（法蔵館、一九六四年）第一七章「義湘・元暁・義寂等の浄土論幷に十念説」などがある。

(4) この往生歌の作者については、広徳、広徳の妻、作者不明などさまざまな異説がある。金思燁訳『三国遺事』（六興出版、一九八〇年）三九二ページ、註(3)参照。

(5) 葛城末治『朝鮮金石攷』（大阪屋号書店、一九三五年）。末松保和「甘山寺弥勒尊像及び阿弥陀仏の火光後記」（『新羅史の諸問題』東洋文庫、一九五四年）。

(6) 中吉功「新羅甘山寺石造弥勒・阿弥陀像について」（『朝鮮学報』第九輯、一九五六年三月）。

(7) 洪承基「観音信仰과新羅社会」（『湖南文化研究』第八輯、一九七六年）。

(8) 村地哲明「『遊心安楽道』元暁作説への疑問」（『大谷学報』第三九巻第四号、一九六〇年）。安啓賢「元暁의弥陀浄土往生思想」（『歴史学報』第一六・二一輯、一九六一、六三年）。源弘之「新羅浄土教の特色」（『新羅仏教研究』山喜房仏書林、一九七三年）。恵谷隆戒「新羅元暁の遊心安楽道は偽作か」（『印度学仏教学研究』第二三巻第一号、一九七四年）。高翊晋「遊心安楽道의成立과그背景 —— 遊心安楽道는無量寿経宗要의増補이다」（『仏教学報』第一三輯、一九七六年）。章輝玉「『遊心安楽道』考」（『南都

仏教』第五四号、一九八五年七月）。

（9）恵谷隆戒「義寂の無量寿経述義記について」（『仏教大学研究紀要』通巻第三五号、一九五八年一〇月）。安啓賢「義寂의弥陀浄土往生思想」（『新羅浄土思想史研究』亜細亜文化社、一九七六年）。春日礼智編『無量寿経述義記』（真宗学研究所、一九四〇年）。

（10）恵谷隆戒「新羅法位の無量寿経義疏の研究」（『日本仏教学会年報』第二五号、一九六〇年三月）。安啓賢「法位와玄一의弥陀浄土往生思想」（前掲書）。

第三章　高麗の仏教

朝鮮仏教史を通じて、もっとも大きな変化をとげたのは高麗時代の仏教である。現在の韓国仏教の諸性格を規定しているのは、高麗および李朝（朝鮮王朝）の仏教であり、統一新羅の仏教の影響はほとんどないといってもよい。

新羅末に受容された禅は、高麗時代において独自な発展を見せ、現在の曹渓宗の源流がこの時代に確立されたばかりでなく、朝鮮仏教全体の方向をも規定していった。また新羅時代にはなかった天台宗が新たに成立し、禅宗とともに教宗を発展させ、朝鮮仏教の特色である禅教両宗の体制が確立されるに至った。

道詵《トソン》の影響を強く受けた太祖の仏教信仰の流れを受けて、鎮護国家と祈福禳災のための法会や道場が頻繁に設けられ、朝鮮仏教史上もっとも仏教儀礼が盛んな時代であった。また外敵の侵入にあたっては民族の英知を結集させ、世界に誇るべき文化財としての『高麗大蔵経』を彫造した。しかし、一方においては妖僧が続出して社会秩序を乱したり、仏教教団の肥大化や過度な寺塔の建立によって、多くの弊害も生じるようになった。

遼（契丹）
女真
大定
遼陽
析津（燕京）
日本海
日本
西京
高麗
開城
交州道
渤海
西海道
京畿
楊広道
慶尚道
平安京
山東半島
黄河
全羅道
黄海
汴京（開封）
宋（北宋）
杭州
東海
長江
高麗時代
11～12世紀

1　諸王と仏教

新羅も末期となると、貴族間で王位継承の争いが目立つようになり、王室の勢力は衰えて地方に及ばなくなった。それに乗じ、地方には豪族が割拠し、盗賊が横行し、大乱の兆しが見えてきた。前述のように（七八ページ）百済の故地には甄萱《キョンフォン》が後百済《フベクチェ》を建国し、北方では王建《ワンゴン》が高麗《コリョ》国を建てた。新羅はこの二国にはさまれて、衰亡の一途をたどった。後百済は中国江南の呉越と交渉があって勢力を拡大し、高麗はまた中国・契丹《きったん》・渤海《ぼっかい》と交易し、国力を充実させていった。

敬順王三九年（九三五）、新羅の国王は貴族とともに高麗に降り、財貨を持って高麗の国都へ移住した。この翌年、王建は一挙に後百済を滅ぼして半島を統一した。高麗はすでに九二六年に渤海を滅ぼしており、ここに渤海の故地をも含めて朝鮮半島にはじめて統一王朝を樹立したのである。渤海人のなかには帰化した者も多かったが、高麗はこれらの帰化人を優遇した。

高麗五〇〇年を通じて仏教は盛んに行なわれ、とくに太祖は多くの寺院を建立した。寺院や僧尼の数も増え、僧官制度もととのい、高僧の死とともに塔や碑が建てられ、外面的には新羅と同じように仏教が上下の社会に受け入れられたのである。

また、新羅末より高麗朝にかけて、今日に至るまで人心を律しその行動を支配してきた風水信仰が流行し、讖緯《しんい》説と風水地理説によって半島の要所に多くの仏教寺院が建立された。建国にあたって、その方面で活躍した予言僧についてまず触れておこう。

道詵と風水地理説

高麗建国の予言者であり、その後の思想界を支配した道詵《トソン》(1)は、神秘のヴェールに包まれている。後代にさまざまな要素が付会されて仮作されたが、道詵伝研究の資料には、つぎのものがある。

(1)「訓要十条」(『高麗史』巻二、太祖二十六年条)
(2)「玉龍寺王師道詵加封先覚国師教書及官誥」(『東文選』巻二七)——高麗仁宗(一一二三—四六)のとき、崔応清《チェウンチョン》が王命を奉じて撰した。
(3)「白雞山玉竜寺贈諡先覚国師碑銘并序」(『東文選』巻一一七)——高麗毅宗四年(一一五〇)、崔惟清《チェユチョン》が王命を奉じて撰した。
(4)「通遍年録」(『高麗史』高麗世系)——高麗毅宗(一一四六—七〇)のとき、金寛毅《キムグァニ》が撰述。
(5)「本朝編年綱目」(『高麗史』高麗世系)——忠粛王(一三一四—三九)のとき、閔漬《ミンジ》が撰述。
(6)『龍飛御天歌』——朝鮮世宗二十七年(一四四五)の著作。
(7)『世宗実録地理志』全羅道、霊巌郡条。

(8)『東国輿地勝覧』全羅道、霊巌郡条、康津県条、光陽県条。

(9)「道詵国師実録」「三聖山三幕寺事蹟」「日封菴記」「全南順天郡曹渓山仙巌寺事蹟」「釈王寺所伝高麗国師道詵伝」（朝鮮総督府編『朝鮮寺刹史料』）

(10)『智異山華厳寺事蹟』

道詵伝は後代、それぞれの資料が作られた社会的背景をふまえて虚構されていき、道詵は、高麗建国に神秘性を与えるために神僧とされた。右の資料のうち(3)は、道詵に先覚国師を贈諡《ぞうし》した毅宗が、彼の終焉の地である全羅道曦陽《ヒヤン》県の白雞山玉龍寺《オンニョンサ》に碑を建て、崔惟清が碑文を撰したものである。これによって道詵の伝を簡単に述べておくが、これは道詵の神異を必要と認めず、録していない。

道詵（八二七―九八）、俗姓は金氏。新羅国の霊巌《ヨンアム》（全羅南道霊巌）の人である。母姜氏が夢に一顆の明珠を呑んで妊娠したと伝えられている。一五歳にして祝髪（髪をそること）し、月遊山（月出山か）華厳寺に住した。文聖王八年（八四六）、二〇歳のとき、唐の西堂智蔵の法を受けた恵徹《ヘチョル》大師に師事するため、桐裏山に行った。二三歳、穿道寺《チョンドサ》で具足戒を受け、雲峰山の太白岩で修行した。のち曦陽県白雞山玉龍寺に住して三五年にわたって宴坐し、その教えを受けに学徒が雲集した。献康王に迎えられたが本寺に帰り、新羅の孝恭王元年（八九八）三月一〇日、七二歳で没した。王は了空禅師と諡《おくりな》し、門人珙寂《コンジョク》の要請で瑞書学士朴仁範《パクインボム》が碑文を撰した。

道詵が風水地理説の神僧であることと、高麗太祖が受命の君として現われることを予言したことが後日、高麗王朝が道詵を尊崇する原因となったが、このことは朴仁範の撰述した碑文にはない。崔惟清がこの二つの説話を付加したものと思われる。右のような伝説は、道詵に禅師号の追贈があった顕宗王代の頃に捏造されたものである。そのほか(5)によると、太祖が一七歳のとき道詵と面謁したことを述べているが、すべて史実ではない。

道詵が入唐して一行《いちぎょう》（六七三―七二七）より地理法を学んだという伝説は、(4)や(6)などに見え、さらには一行に師事したことを述べる伝もあるが、唐の一行との直接の関係は年代上からありえず、さらには道詵が入唐した事実もない。師の恵徹入唐の記事が、誤って道詵の事蹟とされたにすぎない。また求礼の華厳寺の開山、烟起《ヨンギ》ともまったく無関係であり、(9)や(10)は資料として信用することができない。

道詵は高麗初期にその建国と結びつけられ、さらに風水地理説にもとづき名山に寺を建てれば国運を助けるという図讖《としん》説(2)と仏教信仰とが結合して各地に裨補《ひほ》寺院が建てられるなかで、時代とともにさまざまな伝説をまとい、ついに高麗仏教界の大勢力となった。その大きな理由は、彼の創説とされる風水地理説が当時の民衆に受け入れられたからであった。慶州《キョンジュ》を中心とする貴族層の腐敗と堕落、地方豪族の抬頭、戦乱よりも安定を願う一般の民心などを巧みに収攬《しゅうらん》したのが、半島の地理環境を有機的・統一的に把握する彼の風水地理説であり、裨補寺塔の思想であった。またこのような風水説(3)を利用して高麗を建国したのが太祖なのであった。軍事的・戦略的な地を確保し、連絡するためにもこの地理説が必要であり、積極的に利用された。

諸王の奉仏行為

太祖　太祖、王建《ワンゴン》（九一八―四三）は高麗の建国が仏力の加護にあったとして仏教を保護し、多くの寺塔を建立した。即位元年（九一八）には八関斎会《はっかんさいえ》を設け、二年正月には都を松岳に移し、三月には法王寺《ポバンサ》・慈雲寺《チャウンサ》・王輪寺《ワンニュンサ》・内帝釈寺《ネジェソクサ》・舍那寺《サナサ》・天禅院《チョンソノン》・新興寺《シヌンサ》・文殊院《ムンスウォン》・円通寺《ウォントンサ》・地蔵寺《チジャンサ》などの十寺を都内に建て、塔廟などを修復した。四年には五冠山に大興寺を建てて利言《イオン》を迎え、五年には旧宅を捨てて広明寺《クァンミョンサ》として瑜伽法師曇諦《タムチェ》を住持とし、また日月寺《イロルサ》を創建した。六年、使者尹質が梁より持ち帰った百羅漢画像を海州の崇山寺《スンサンサ》に安置し、さらに七年には外帝釈院《ウェジェソグォン》・神衆院《シンジュンウォン》・興国寺《フングッサ》を建立した。九年には百座説経会《ひゃくざせっきょうえ》を皇龍寺《ファンニョンサ》に設け、僧三〇〇人に飯を供養した。これが百座を設けて禅教を通説した初めであるという（『遺事』巻二、紀異第二）。

十一年（九二八）には新羅僧の洪慶《ホンギョン》が唐から大蔵経一部を持ち帰ったので王は礼成江までこれを迎え、帝釈院に安置した。十二年六月、インド僧の摩睺羅《アナソノン》が来朝し、王は礼をつくしてこれを迎え、亀山寺《クサンサ》に住させたが翌年没した。十三年には、安和禅院を建立した。二十一年（九三八）三月、摩竭陀（マガダ）国の大法輪菩提寺の僧、弘梵大師（啰哩嚩日羅 Śrīvajra ?）が来朝した。

二十三年（九四〇）十二月に開泰寺《ケテサ》が落成し、華厳法会が行なわれ、太祖は親しく疏文を製して仏力の加護を祈った。その年には新興寺を重修して功臣堂を置き、三韓の功臣を東西の壁に画いた。また一昼夜にわたって無遮大会《むしゃだいえ》を設けた。同じ年の七月に王師の忠湛《チュンダム》（八六九—九四）が没すると、塔を原州霊鳳山興法寺《フンボプサ》に建てて親しく碑文を撰した。なお、太祖は王師に慶猷《キョンユ》を、国師に玄暉《ヒョンヒ》を任じ、そのほか利厳《イオム》・麗厳《ヨオム》・允多《ユンダ》・慶甫《キョンボ》・希朗《ヒラン》などの高僧を重用した。また仏教への傾斜から第五王子を出家させたが、これが証通国師である。

二十六年四月には内殿に出御して、大臣の朴述熙《パクスリ》を召して親しく訓《おし》えを授けた。これが有名な太祖の訓要であり、まさしく太祖の遺教であって王氏五〇〇年の政教の憲典でなければならないが、実は太祖の時代に制定されたものではないことが学者[4]によって明らかにされている。それによると「訓要」第四、第八などの内容は当時の事情と矛盾しており、また訓要第二の仏寺造立の禁は、光宗王がまったくこれを遵奉せずに寺刹を建立しているなどの諸点からみて、後代に捏造されたものという。

定宗　在位四年であったが、性、仏を好み、即位の年（九四六）に仏舎利を開国寺《ケグッサ》に安置し、また穀七万石を諸大寺院に納入して、それぞれ仏名経室と広学室とを置き、仏法を学ぶことを勧めた。

光宗　二年（九五一）には大奉恩寺《テボンウンサ》を城南に創建して太祖の願堂とし、また仏日寺《プリルサ》を東郊に創建して亡き母、劉氏の願堂としたが、一方、二年には西京の重興寺《チュンフンサ》の九層塔を、また四年には有名な慶州の皇龍寺の九層塔を焼失している。十九年（九六八）に弘化・遊巌・三帰などの諸寺を創建するなど多くの寺を建立したのは、讒言《ざんげん》を信じて多くの人を殺した罪悪を消すため、斎会を設ける必要からであったという。これらの寺院に仏経を読誦させ、屠畜を禁じた。前記三寺を建立した年には、恵居《ヘゴ》を国師に、坦文《タンムン》を王師に任命し、二十五年（九七四）に恵居が示寂するや坦文を国師とした。また、入唐して石霜楚円の嗣、谷山の道縁のもとで大悟した競譲《キョンヤン》（八七八―九五六）を、開城の舎那禅院《サナソノン》に招いて証空大師の号を贈った。

成宗　景宗六年（九八一）冬一一月、八関会の雑伎が常法に違ううえに煩擾《はんじょう》なので、ことごとくこれを禁じた。また法王寺に行香し宮廷に還って群臣の朝賀を受けた。

翌元年（九八二）六月、上柱国《じょうちゅうこく》の崔承老《チェスンノ》が時務二十八条を上書した。そのなかで仏教についても長文の上書がなされ、とくに光宗が財力を蕩尽して毘盧遮那懺悔法や無遮水陸会《むしゃすいりくえ》などの斎会を設けたのは、人民の膏血《こうけつ》をしぼって多くの仏事を作《な》すものであるから、自今より仏寺の造営を禁じるよう述べている。彼は経国の大道を仏教でなく儒教に求め、「釈教を行ずるは修身の本なり、儒教を行ずるは理国の源なり。修身はこれ来生の資にして、理国はこれ今日の務なり。今日は至近にして来生は至遠なり。近を舎《す》てて遠を求む、亦た謬《あやま》らざらんや」（『東史会綱』巻四下）と述べた。

四年には家を捨てて寺を造ることを禁じたが、一方、七年（九八八）には仏教にもとづいて正月・五月・九月の三ヵ月には屠畜することを禁じている。その翌年五月に、さきの崔承老が没し、一二月には、太祖の忌斎として五日、王妣《おうひ》・王后《おうこう》の忌斎として三日に限って梵行を修し転読することを許した。またこれらの忌月には屠畜を禁じ、肉食することも禁じた。これらは、かつて唐の太宗が皇考（亡父）皇妣（亡母）の忌月に行なった故事にならったものである。

十年（九九一）韓彦恭《ハンオンゴン》が宋より帰国し、大蔵経を献じた。これを内殿に迎え入れ、僧を招いて開読させた。

穆宗　二年（九九九）七月、穆《ぼく》宗は真観寺《チングァンサ》を城南に建て、翌年には崇教寺《スンギョサ》を建てて太后の願刹とした。六年、千秋太后皇甫氏は大良院君詢に逼《せま》って僧とした。九年六月には、禅教僧徒の大徳以上に法号を加え、その翌年、真観寺の九層塔を建てた。

顕宗　一二歳で出家させられた王詢《ワンスン》は、はじめ崇教寺におり、穆宗九年（一〇〇六）に三角山神穴寺に移され、十二年二月に奉迎されて延寵殿において即位した。これが顕宗元文王である。

元年（一〇一〇）正月、上元道場が廃され、二月には成宗いらい廃されていた燃燈会《ねんとうえ》が復活した。一一月には、成宗のとき廃された八関会もまた復活された。翌年には、契丹軍の撃退を祈願して大蔵経の彫印をはじめた。三年、慶州の朝遊宮の材木をもって皇龍寺の塔が修復され、一二月には重光寺《チュングァンサ》が創建された。しかし八年（一〇一七）になると、ふたたび私家を喜捨して寺を造ったり婦女を尼とすることを禁じた。九年には開国寺の塔を重修し、仏舎利を置き、戒壇を設けて僧三二〇〇人を度した。

十一年（一〇二〇）五月には一百獅子座を設けて『仁王経《にんのうきょう》』を三日間にわたって講じさせ、これを常例と定めた。その年の八月には安西道の屯田一二四〇結を玄化寺《ヒョナサ》に施納させた。この玄化寺は大刹であり、九月には顕宗が親しく行幸して鐘を鋳造させ、法鏡《ポプキョン》を王師に任じた。十二年の五月には尚書左丞の李可道に命じて、慶州の高僊寺《コソンサ》の金羅袈裟・仏頂骨および昌林寺《チャンニムサ》の仏牙《ぶつげ》を取りに行かせて、これらを内殿に置いた。八月には玄化寺に行き、親しく碑額を書き、翰林学士周佇《チョジョ》に命じて碑文を製させた。また皇龍寺塔の第四回目の重修が行なわれた。

このように奉仏行為が盛んに行なわれたのは、門下侍郎平章事の崔沆《チェハン》が活躍していたからでもあった。八関斎を復活させ皇龍寺の塔を修復したのは彼の指示による。崔沆は仏教を妄信し、官僚としての務めも果たさず、さらに私宅には経像を置き、ついには私宅を喜捨して寺とした。これによって私宅を寺となすことの禁令は空文となり、仏教は権力者によって利用されるところとなった。

十八年（一〇二七）には恵日重光寺の創建が命ぜられ、人夫・工匠を徴発した。百姓が疲弊しているからとその中止を上奏する者もいたが、左承宣李壊《イグェ》は一人、仏のために寺院をつくる功徳は無量であると上奏してやまなかった。

翌年には蔵経道場が会慶殿に設けられ、一万の僧に食事が供せられた。しかし当時は僧のなかに破戒僧が多く、たとえば同年六月には楊州の青淵寺の僧が禁を犯して米三百六十余石で酒をつくって断罪されているし、妻帯僧は重光寺の役徒にあてられた。

徳宗　在位わずかに三年であったが、顕宗の崇仏行為をそのまま継承し、即位の年（一〇三一）の一〇月には毬庭に行幸して三万の僧に食事を供した。翌正月には外帝釈院や王輪寺・妙通寺《ミョトンサ》に行幸し、また皇考諱辰道場のために玄化寺へ、太祖諱辰道場のために奉恩寺に行幸し、さらに膺乾殿において菩薩戒を受けた。また法鏡を国師に任じた。

靖宗　二年（一〇三六）五月、四子ある者はうち一子の出家をはじめて許した。雲通《ウントン》・嵩法《スンボプ》・普願《ポウォン》・桐華《トンファ》の諸寺の戒壇において経律を試み、八月には一万人の僧に食事を供した。七年（一〇四一）四月、蔵経道場を会慶殿に設け、春秋の二季、法会を行なった。これも経典を講ずるというよりは、法会を開いて祈福禳災を求めるものであった。また九年三月、百座道場が会慶殿に設けられ、僧一万に供養した。

十一年（一〇四五）二月、臨津課橋院を下賜して慈済寺《チャジェサ》とした。翌年三月には、侍中崔斉顔《チェジェアン》に命じて街で「経行《きょうぎょう》」を行なわせた。経行というのは、都城の街衢《がいく》を三道とし、それぞれ綵楼《さいろう》（七夕のとき立てる美しく飾ったうてな）を列べて『般若経』を載せて前を行き、僧徒は法服を着て歩きながら読経する。監押官（兵馬の事をつかさどる官）もまた公服を着用して歩従して街衢を巡行し、民の福を祈るという行事である。この年より以後、これを恒常化した。靖宗が病いにかかると大法雲寺《テボブンサ》に移し、百官は仏寺で平癒を祈った。

文宗　靖宗十二年（一〇四六）、文宗が即位すると、僧録司の上奏によって以後、成平節（王の生日）には外帝釈院に七日間にわたって祈福道場を設けた。百官は興国寺において、また東西両京・四都護・八牧（八州の長）は所在の仏寺に行ってこれを行なうことが、恒式とされた。

元年三月、般若道場を乾徳殿に、翌月には百座仁王経道場を会慶殿に設け、一万人の僧に飯を給した。六月には奉恩寺《ポンウンサ》に行き、王師決凝《キョロン》を国師とし、八月には金剛経道場を文徳殿に設けた。

二年三月、旱魃《かんばつ》のために大雲・大安の両寺の土木の役を三年に限って中止させた。この年以後、しばしば金光明経道場、百座仁王道場が会慶殿で行なわれ、そのつど僧に飯が供された。これらの高麗時代の法会については次節で論じる。

五年四月、普済寺《ポジェサ》に行幸し、五百羅漢斎が設けられた。七年（一〇五三）、王は菩薩戒を乾徳殿で受け、九月には北嵩山神光寺に宿して羅漢斎を設け、一〇月には慈悲嶺弥勒院に宿して行香・施衣した。

崇仏天子の文宗は役所の反対をおしきって十年、王興寺《ワンフンサ》を徳水県に創建し、その県を楊州に移したが、中枢院事崔惟善《チェユソン》はこれを諫めた。九月には、労役を避ける目的で出家しながら殖貨・耕畜を営む僧徒を沙汰し、内外の寺院には戒行を修する者のみを安住させる勅令を出した。当時の僧徒が戒律を守らず堕落していたことがわかる（『麗史』巻七）。一一月には帝は内帝釈院に行幸して、海麟《ヘリン》を王師とし、二年後の五月には奉恩寺に行幸して海麟を国師とし、爛円《ナンノン》を王師とした。その間、消災道場を乾徳殿や寿春宮に設けている。

十三年（一〇五九）八月、両京および東南の州郡において一家に三人の子がある場合、一子は一五歳のとき剃髪して僧となることが許された。十五年六月、文宗は奉恩寺に行幸し、国子監に至り、侍臣に「仲尼（釈尊）は百王の師であるから敬を致さなくてはならない」と言って再拝させた。十七年三月、契丹から大蔵経が送られてきたが、王はこれを西郊に迎えた。十九年（一〇六五）五月、帝は景霊殿に出御して王師爛円を召し、子煦《フ》を剃髪して僧とした。この人こそ高麗第一の名僧として活躍した大覚国師義天《ウィチョン》である（4節参照）。

二十一年正月、一二年間にわたって造られた興王寺《フンワンサ》が完成した。兵部尚書金陽や右街僧録道元などに命じ、戒行のそなわった者一〇〇〇人を選んで設斎《せっさい》の法会に集めて常住させた。とくに燃燈大会が五昼夜にわたって設けられた。

二十四年には興王寺に行幸し、新たに慈氏殿を創建して慶成大会を設けた。崇仏天子である文宗は王の第五子、竀《テン》（道生僧統）を玄化寺において出家させた。王の第十子、璟（聡恵首座）もまた出家した。

文宗代のこの当時、仏事の盛大であったことは古今未曾有といわれる。二十七年（一〇七三）二月、王は奉恩寺に行幸になり、燃燈会を設け、新しく造立した仏像を慶讃し、街衢に点燈すること二夜、各々三万盞《さん》の燈火をともした。般若道場、消災道場、百高座、文豆婁《ムンドゥル》道場などがつぎつぎに設けられた。

三十年（一〇七六）、日本の僧俗二五人が霊光郡に来て、国王の寿を祝すために仏像の献上を請うたところ、王はこれを許した。当時の日本は宋との仏教交流が盛んであったが、このように高麗に来朝する僧もあったことを忘れてはならない。翌三十一年には興王寺に行幸し、新しく完成した金字華厳経を転読させた。三十二年の七月には興王寺の金塔が完成したが、その塔は裏が銀、表が金でできており、銀四二七斤、金一四四斤が用いられた。三十四年にはこの金塔を外護《げご》する石塔が完成した。

三十七年（一〇八三）三月、太子に命じて宋朝の大蔵経を迎えさせ、開国寺において道場を設けた。七月には華厳経道場を五日間にわたって興国寺で開設したが、その月に文宗が薨《こう》じて順宗、宣恵王が即位した。

以上述べてきた文宗代こそ高麗仏教の最盛期であった。順宗は在位一年で薨じ、宣宗が位についた。

宣宗　元年（一〇八四）正月、普済寺の僧貞雙《チョンサン》などが、九山禅門に参学している僧徒を進士の例によって三年に一選させることを上奏し、これに従うことになった。道場に文宗および順宗の魂殿が設けられた。

義天はかねてより入宋を求めていたが文宗は許さず、二年四月、宣王にも請願が出されたが群臣はこれを不可とした。義天はやむなく門徒二人をつれて宋の商客林寧に従って入宋した。宋の哲宗は垂拱殿で引見し客礼をとった。江南の諸寺をまわり、やがて翌六月、帰国を乞うて許され、礼成江に来た。宣宗は太后を奉じて奉恩寺に出御して義天を迎えた。その迎えの儀式の盛んなことは前古無比といわれた。義天の活躍と天台宗の開宗については後に述べる。

宣宗もまた崇仏行為が多く、四年には開国寺に行幸し、大蔵経の完成を祝した。三月には宋の商人の徐戩など二〇人が来朝し、新註華厳経板を献じた。

宣宗七年（一〇九〇）正月、崔士謙《チエサギヨム》が入宋して水陸儀文を入手し、これを国に持ち帰り、王に請うて普済寺水陸堂を建てたが、焼失した。水陸儀文は水陸会（水陸の有情に斎食を供する法会）を行なうときの儀礼のやり方を記したものであるが、宋で行なわれたこの法会がはじめて高麗に入ったことになる。

儀礼仏教の盛んな高麗では九年六月、太后とともに天台宗の礼儀法を白州見仏寺《キョンブルサ》に約一万日にわたって設けた。翌年には王は「三宝詩」を撰し、また五月には自ら大寺を創建しようと志し、弘護寺《ホンホサ》を建てた。

在位一年の献宗（一〇九五）代の二月、宋商の黄冲など三一人が慈恩宗の僧恵忍とともに来朝し、恵忍は普陀落伽山の聖窟を見ようとしたが、朝議はこれを許さなかった。

粛宗　金光経道場・消災道場などの諸道場を建立することは、宣宗代とほとんど変わらず行なわれた。元年（一〇九六）九月、前年に来朝した宋僧の恵珍ならびに省聰を明悟三重大師に任命した。翌年二月、天台宗の根本道場としての国清寺《クッチョンサ》が完成した。三年には王子の澄儼《チンオム》が出家し義天を師としたが、この人こそ円明国師である。粛宗は王輪寺・普済寺・仁寿《インス》寺《サ》などにしばしば行幸した。

六年（一一〇一）八月、詔《みことのり》が下り、東方聖人である元暁《ウォンヒョ》と義湘《ウィサン》に追諡《ついし》して元暁を大聖和静国師、義湘を大聖円教国師とし、碑文を建ててその徳の無窮をはかった。この年九月には、大覚国師義天が没している。

粛宗は奉恩・神衆・王輪・興福などの多くの寺院に行幸し、仏教の法会を厳修したが、一方では六年四月、平州の妖僧覚真《カクチン》がみだりに陰陽を唱えて衆人を惑乱させたため、詔を下して谷州に流した。六月には、男女僧尼が群れ集って万仏会を行なうことを禁じた。一般の民衆と僧尼とが集団化することに危険を感じたためか、あるいは僧尼が戒律を乱すことを防ぐためであったのかもしれない。

七年九月、興福寺《フンボクサ》の十王堂が完成して太子に命じて行香させているが、この名称から十王信仰がすでに高麗時代に流行していたことが推定される。

睿宗　睿《えい》宗も自ら菩薩戒を受けた崇仏天子であり、即位の年（一一〇六）、乾徳殿に金剛経道場、会慶殿に般若道場、長齢殿に盂蘭盆斎《うらぼんさい》、乾徳殿に消災道場、会慶殿に百座道場、文徳殿に慈悲懺道場、乾徳殿に般若道場などを設けた。道場を設けての仏教法会は、五年間にわたって盛んに行なわれた。

睿宗の初期に活躍した僧に曇真《タムジン》がいる。元年六月、王は長寧殿に出御し、曇真に命じて禅を説かせ、雨を祈らせた。そのとき街衢の経行を盛んに行なわせ、五部の人民もこれにならい、それぞれ所在の里において行読した。この行列が闕西里《クォルソリ》に来たときたまたま雨が降りだしたので、王は米帛《べいはく》（米と絹織物）を賜い、さらに行読させた。この功績により曇真は翌年に王師となった。

二年閏一〇月、はじめて元始天尊像を玉燭亭に置き、月醮（毎月、祭壇を設けて祀ること）を行なった。道教像がはじめて祀られたことになる。また当時、女真との戦闘がつづいていたが、三年三月の女真入寇に際しては、近臣に命じて京内の寺院に油香や弓剣を奉納して祈らせた。仏力によって外敵を撃退しようとしたのである。六月には普済寺に行香して敵国撃退を祈り、翌年も続けられた。

五年（一一一〇）七月、門下侍郎平章事の李頫《イオ》が没したが、彼は静安にして少欲、仏教の教えをたしなみ、自ら金剛居士と号していた。身分の高い官僚にもなお仏教信者がいたことを示している。清平居士李資玄《イジャヒョン》もまた仏教信者であった。彼は中書令の子淵《チャヨン》の孫で、容貌魁偉、性聡敏であり、大楽署丞となったが官を棄てて春州の清平山に入り、文殊院に住した。素食を守り禅道をたしなんだ。王は内臣を派遣して茶香・金帛を賜り、官にもどることをすすめたが隠棲の志かたく、一度拝謁したものの再び山に還ったという。

九年（一一一四）三月、睿宗は奉恩寺に行幸し、王師の曇真を国師に昇格させ、新たに楽《アク》真《チン》を王師とした。十一年閏月、帝は普済寺に行幸し、曇真の禅を説くのを聴き、厚く施を賜った。翌正月、王師となったばかりの楽真にかわって、新たに徳縁《トギョン》を王師とした。十五年五月には彼を召して『金剛経』を講じさせ、十六年五月には雨を祈らせた。さらに翌年六月、徳縁を国師に、学一《ハギル》（一〇五二―一一四四）を王師としたことによって、曇真の時代は過ぎ去り、徳縁が僧官として絶対の権力を握るに至った。

　睿宗代にも、ひきつづき寺院への行幸と、各種の道場が設けられた。禳災の儀礼も、十五年には帝が外帝釈院に行幸し五部に命じて『般若経』を三日間読誦させ、疫病をはらう祈禱をさせた。

仁宗　仁宗が優遇したのも国師徳縁と王師学一であった。帝は即位するや乾徳殿において菩薩戒を受けた。種々の道場を設けることも変わりはない。元年（一一二三）五月、旱天《かんてん》がつづいたため、僧を内殿に集めて仏経を講じて祈雨させた。七年（一一二九）四月には仏骨を大安寺に迎え、仁徳宮に置いたが、仏舎利供養も当時しばしば行なわれた。国家的な規模で禳災祈福を行なう場合は百官も分に応じて米を供出し、斎会が設けられた。たとえば八年四月、門下侍中李公寿《イゴンス》と両府の大臣が会議し、現聖寺と霊通寺の二寺において斎会が設けられた。

当時、妖僧も現われた。西京の妙清《ミョチョン》は仁宗に説いて常安殿に灌頂道場を設けさせたが、その法術はいつわりであって信用できなかったという。

六年八月には妙清とともに新宮を林原駅地に定め、一一月には新宮の造営を始めた。内侍郎の中金安に命じて督役させたが、気候は寒冷をきわめ、民はこれを怨むことはなはだしかった。仁宗は翌年二月には西京の新宮に入った。八年一〇月には妙清の進言によって、選軍庁において無能勝道場を二一日間にわたって設けた。翌三月、諸生が老荘の学を修めることを禁じた。八月には近来、巫堂《ムダン》が大流行し淫祀が盛んとなるので、有司に命じて群巫《ふ》をしりぞけるようにと上奏があったので、これを許した。しかし諸巫《ふ》が銀瓶百余をあつめて権官に賄賂を贈り、「鬼神は形がなく、実際に存在するかどうかはわからないものである」と奏上したため、その禁をゆるめた。妖僧が活躍するような乱脈な社会的背景が想像される。

十二年（一一三四）正月、妙清は三重大統となり紫衣《しい》を賜ったが、これが彼の権勢の最後となり、五月には国子司業の林完《イムワン》が上疏《じょうそ》して妙清を誅殺することを求めた。翌正月、妙清・柳旵《ユチャム》・趙匡《チョグァン》などが西京（現・平壌）において謀反をおこしたが、金富軾《キムブシク》が元帥としてこれを討伐した。妙清は西京の人に斬殺され、柳旵は降伏を求め、さらに十四年二月には金軍が西京を攻撃し、ついに城は陥落、趙匡は自ら焚死した。ここに妙清の反乱は鎮圧された。妙清誅殺が上疏された年の八月、仁宗は山僧の継膺《ケウン》を召して『華厳経』を講ぜしめた。また、乱が平定した翌十五年七月には、崇仏家であり温厚にして倹約に努めた李公寿が没している。十九年（一一四一）、仁宗の第四子、冲曦《チュンヒ》が出家したが、この人が元敬国師である。この年には円明国師澄儼が没している。二十四年、王が病いにかかり、百官は普済寺および十王寺において祈禱したが、ついに没した。

毅宗　王が菩薩戒を受けたり、法王寺などに行幸したり、百座会を設けたりしたことは同じである。二年（一一四八）一一月に、弟の興王寺の法尊玄曦《ヒョニ》を拯世僧統に任じた。三年九月には政堂文学の尹彦頤《ユンオニ》が没したが、彼は晩年には仏法を好み、自ら金剛居士と号して僧貫乗と交友を結んだ。卒するに臨み、筆で壁に仏偈《ぶつげ》を書いて没したという（『東史会綱』巻七）。五年（一一五一）は日照りがつづいた。七月には竜王道場を貞州の船上に設け、七日にわたって祈雨し、さらに文班四品以上と武班三品以上のものに詔して、五百羅漢斎を普済寺に設けて祈雨した。旱魃の結果、飢饉と疾病がはやったため、翌年六月には開国寺において飢えた人々や病人に食を施した。

毅宗は、仏教の経典のなかでは特に『華厳経』を重んじた。すでに元年五月、霊通寺に祈禱し、『華厳経』を五〇日にわたって講じさせている。十年四月、王は興王寺に行幸して『華厳経』を転読させた。はじめ王には嗣子がなかったので、妃の金氏と、もし子が生まれたならば金銀字の『華厳経』四部を写経する誓いを立てたが、三年四月に王妃王氏が第一皇子を生んだため、二部を完成させ、興王寺弘教院にこれを収め、大いに法会を開設した。また二十四年（一一七〇）には霊通寺に行幸し、華厳会を開設して仏疏を親しく製して文臣にこれを宣示した。

十一年（一一五七）正月、乾いた風が吹いたため国に憂いがあると太史が奏上し、卜者内侍の栄儀が災いをはらう祭を行なうように進言したところ、王は霊通・敬天などの五寺にこの年の終わるまでの間、常に仏事を行なって禳災を命じた。さらに睦親殿に臨御し、玄曦など二百余僧を召して斎を設けて福を祈らせた。王もまた国清寺・敬天寺《キョンチョンサ》・観静寺《クァンジョンサ》・総持寺《チョンジサ》などに行幸して災いを除くことを祈った。

しかし王があまりに仏事を好んだため、それを利用する僧も現われた。宮廷には僧徒があふれ、王の恩寵をたのみとし、宦官《かんがん》と結託した。百姓を悩まして競って造寺を行なうため、その害は日々にはなはだしくなった。玄化寺に行幸すると東西両院の僧は各々茶亭を設けて王を迎えたが、それはいたずらに華美と奢侈を競いあうだけで、仏教界の堕落はひどくなる一方であった。

王もまた仏事を華美にさせた。十四年一〇月、普賢寺《ポヒョンサ》に行幸したときには僧に飯を供養したが、重さ三〇斤の銀瓶一〇口を造らせ、それぞれに五香と五薬を盛りつけ、寺に納めさせている。王自身、寺院に行って泥酔したりした。僧の側にも仏教に溺れる王に迎合する風があり、十八年（一一六四）三月、睿《えい》宗の宮人の子である法泉寺《ポプチョンサ》の住持覚倪《カゲ》は酒饌を用意して駕を獺嶺院《タリョンウォン》に迎えた。王は風月を愛《め》で諸学士と唱和し、酒を飲み、ついに帰法寺《キボプサ》に入ったという。

王が仏教に溺れると官僚のなかにも仏寺を私物化するものが現われた。十九年四月に行幸した観瀾寺《クアルランサ》は、内侍侍郎の金敦中《キムドンジュン》、待制の金敦時《キムドンシ》の兄弟が重修して自ら祝釐《しゅくり》（神を祀って福を祈る）のところとした。また吏部侍郎の韓靖《ハンジョン》も別に仏寺を仁済院のなかに創立し、同じく祝釐のところとしたのである。王が寺を見たいというが寺の北山に草木がないので松栢・杉檜・奇花・異草を植え、壇を築いて御座とし金碧《きんぺき》で飾り、台階には怪石を用いた。金敦中は宴を寺の西台に張り、帷帳《いちょう》・器皿・珍羞《ちんしゅう》（珍しい料理）は華美にして奢侈をつくしていた。王と近臣はここで歓をつくし、金敦中・敦時の兄弟および韓靖に白金・羅絹・丹糸を賜った。祝釐は、神を祀り福を祈るところよりは、贅をつくした歓栄の場となった。

二十年（一一六六）四月、仏誕日に王は点燈して別院で祈り、夜は微行してこれを見、覚倪が創立した聖寿院においてともに宴を張った。また後日には彼を召して月賦詩を習ったりした。彼はまさしく破戒僧であった。

二十二年三月、西京の観風殿に行幸して教六条を下した。教六条とは、奉順陰陽、崇重仏事、帰敬沙門、保護三宝、遵尚《じゅんしょう》仙風、救恤《きゅうじゅつ》民物の六条である。崇仏天子の面目をいかんなく発揮している。晩年はとくに仏教への傾斜を強めた。

在位最後の二十四年正月には、霊通寺に行って華厳会を設け、親しく仏疏を製して文臣に宣示し、百官は表賀した。こうして仏教に惑溺し民政を苦しめた毅宗の時代も終わった。

明宗　菩薩戒を受けること、諸寺に行くこと、消災道場などを設けること、祈雨することなどは先々代の仁宗と同じである。元年（一一七一）九月には僧徳素《トクソ》を王師とした。四年正月、僧徒の反乱が起こり、帰法寺の僧百余人が城の北門を侵犯し、宣諭した僧録彦《オン》宣《ソン》を殺した。そこで時の権勢家、李義方《イウィバン》が一〇〇〇の兵をひきいて鎮圧し、数十人の僧を殺したが兵の死傷も多かった。さらに重光・弘護・帰法・弘化の諸寺の僧二〇〇〇人が城の東門に集まってき、門を閉じると城外の人家を焼いたため、府兵を徴集して百余人の僧を斬殺し、城門を守らせて僧の出入りを禁じた。また府兵を重光・弘護・帰法・龍興・妙智・福興などの諸寺に派遣して破壊しようとしたが、弟の李俊儀《イジュニ》がこれを止めた。義方は諫言を退け、ついに寺に火を放ち貨財器皿を奪ったものの、また僧徒に奪い返された。俊儀が兄のやり方を批難したところ、義方は大いに怒り、殺そうとしたが人に止められたという。

この大規模な僧の反乱がなぜ起こったかははっきりしないが、国政をほしいままにした李義方の暴政に対して僧が決起したものと理解されている。このとき尹鱗瞻《ユンリンチョム》が兵を西郊に治めていたが、僧徒もまた従軍した。一二月、策をもって李および一党の者を殺し、ここに李の暴政と僧の決起は終わった。

なお、この月に中書侍郎平章事の崔惟清が没している。彼は仏教を好み、日々、仏経を誦した崇仏家であった。

五年四月、詔《みことのり》を下して寺院の奢侈と宴飲を禁じた。金銀は飾画・仏像・法宝以外にこれを施用することを禁じ、毅宗以来の仏寺の華美をおさえたのである。

この頃しばしば農民反乱が起こり、国難に際して九年（一一七九）、開国寺に百座法会を設けた。旧制では三年に一回、百座法会が設けられ、前年は一〇月に行なわれていたが、特例によって禳災のために本年も行なうことを呪術僧致純《チスン》が奏上し、実施されたものである。

十一年正月、写経院が焼失した。以前より王命によって銀字大蔵経の写経がなされていたが、この写経のために公私の者が競って銭財を納入していた。その献納の財物を盗もうとして、無頼の者が火を放ったためであった。二十三年（一一九三）三月、平章事の林民庇《イムミンビ》が没したが、彼は仏教を好み、常に写経をしていた士大夫であった。

ところで、明宗の末期には、崔忠献《チェチュンホン》・忠粋《チュンス》兄弟が権力を振るった。二十六年、彼は仏教の弊害を述べ僧を斥けることを上奏し、これに反対する内侍戸部侍郎の李尚敦、軍器少監李芬など五〇人を退けた。また剃髪して僧となった洪機《ホンギ》・洪枢《ホンチュ》・洪規《ホンギュ》・洪鈞《ホンギュン》・洪覚《ホンガク》・洪貽《ホンイ》など七人の王子が内にあって政事に関与していたのを、奏上して本寺に帰し、また嬖僧《へいそう》（賤しくして王の寵愛を得た僧）の雲美《ウンミ》をして仏道にとどまらせた（『通鑑』一一八）。翌年九月、崔忠献が興王寺に行こうとすると匿名の投書があり、興王寺の僧、寥一《チョギル》と杜景升《トゥギョンスン》が殺害を謀っていると伝えたので、中止した。その月、崔兄弟は醮《しょう》（祭壇）を設けて明宗の廃立を天に告げた。

神宗　五年（一二〇二）一〇月、慶州人が永州を攻撃したとき、雲門賊（雲門寺の僧徒か）および符仁《プイン》・桐華の二寺の僧徒も永州を攻め、逆に反撃されて敗走した。僧が軍事にかかわることは中国の北魏の仏教匪[5]などに多く見られるが、高麗においても同様であった。神宗の代にも引きつづき消災道場などが設けられ、またこの代、朝鮮禅をひらいた知訥《チヌル》が出ている（二〇九ページ参照）。

熙宗七年（一二一一）、王の第四子は出家して鏡智禅師、第五子は出家して冲明国師と号した。

康宗二年（一二一三）六月、僧至謙《チギョム》を王師に任じた。

高宗　三年（一二一六）日本国の僧が来朝して法を求めた。この頃、日本では道元・親鸞・明恵などの時代であるが、高麗に来た僧の名は不明である。

三年九月、契丹兵が香山に侵入し、普賢寺を焼いた。翌年正月には僧徒が崔忠献を謀殺しようとしたが、逆に崔軍に攻撃されて三百余僧が斬られ、その一党は捕えられた。さらに逃走する僧三百余人が南渓寺川の辺で斬られ、前後八百余人が殺された。僧の反乱も次第に規模を大きくしていた。その年一二月、崔は術人李知識《イジシク》の言を信じて乾元寺《コノンサ》を破壊し、また北兵の侵入を撃退し、成宗の肖像を開国寺に移した。

十年（一二二三）八月、崔忠献の子、崔瑀《チェウ》は黄金十三層塔と花瓶それぞれ一基を造り、興王寺においたが、重さ二〇〇斤あったという。十九年、蒙古兵が侵入して符仁寺の蔵経版木を焼きはらった。禳兵のために消災道場がしばしば開かれ、仏寺への行幸も多かったが、二十五年（一二三八）には蒙古兵が東京（慶州）にまで進出して皇龍寺の塔を焼きはらった。こうした国家存亡のときにあたり治安もまた乱れ、二十七年一二月には崔瑀の庶子、僧万《マン》宗《ジョン》・万全《マンジョン》が無頼の悪僧を集めて門徒とし、殖貨事業を事とし、また徒党をくんで悪逆非道なふるまいをした。

三十八年（一二五一）九月、王は城西門外の大蔵経板堂に行幸し、百官をひきいて行香した。顕宗のとき板木が蒙古兵によって焼かれたが、高宗と群臣が再彫を願って都監を立て、一六年にしてその業が終わった。大蔵経の彫印については後節で述べたい。この前後、華厳神衆道場をはじめとして多くの道場が設けられた。

元宗　元宗もまた即位の年、康寧殿において灌頂と菩薩戒を受けた。三年（一二六二）一〇月、弥勒寺《ミルクサ》および功臣堂を重営した。太祖以来、功臣の画を壁の上に飾り、毎年一〇月には仏事を行なって冥福を祈っていたが、遷都によって久しくこれを中止していたのを復活させたのであった。

十二年（一二七一）八月、蒙古の吐蕃（チベット）僧四人が来朝したので、王は宣義門の外でこれを迎えた。(6)翌正月には崇仏家の李蔵用《イジャンヨン》が没した。彼は経史・陰陽・医薬・律暦に通じていたばかりでなく、仏書に通じ、『禅家宗派図』を著わしたり、『華厳錐洞記』を潤色したりした。三月には皇太后が蔵経を盛んにしようと願ったため、鈿函《てんかん》造成都監を置いた。十四年二月には寺院造成別監が置かれ、興仏事業が推進された。四月には天文気象にしばしば変事があったので消災道場を設け、囚人を釈放したり、賢聖寺《ヒョンソンサ》に行幸して五教両宗の僧徒を集め、男山宮に道場を設けて賊の平定を祈願させたが、元宗は翌年没した。

このように当時の仏教は、禳災祈福のために国王が諸寺に行幸して祈願したり、さまざまな道場を設けて祈禱を行なったりする国家的規模での儀礼仏教がほとんどであった。一般の人士は、世間から逃避するために仏教僧となった。たとえば十五年一〇月、大府注簿の卓之琪《タクジギ》は府蔵が尽きて空になり、供費が煩雑であった苦しみに耐えることができず、ついに祝髪して僧となった。官僚が出家した一例である。

忠烈王　元年（一二七五）一一月、王は観世音菩薩像一二体を画き、法席を宮中で開いて福を祈った。また賢聖寺・普済寺などに行幸した。さらに王の第三子の滑が出家し、王少君と号した。その年に吐蕃僧が来朝したが、この僧は食肉飲酒する破戒僧であったらしい。翌三年、王輪寺《ワンニュンサ》の丈六の塑像が完成したため、王と公主は親しく法会を開いた。この年、宮を捨施して旻天寺《ミンチョンサ》としたが、忠烈王もまた奉仏天子だったのである。有名な『三国遺事』の著者、一然《イリョン》は九年（一二八三）、国尊に任ぜられている。

十六年（一二九〇）には金字経を写させるため、元に一〇〇名の写経僧を派遣した。十八年一〇月には恵永《ヘヨン》を、ついで二十一年には景宜《キョンウィ》を国尊に任じた。二十三年（一二九七）五月、公主が病いにかかったので法席を設けて王自ら燃臂の供養を行ない、また王と公主は賢聖寺に行幸し、内庫米一〇〇石を開いて窮民に賜り公主のために祈福した。しかし公主の病いは重く、賢聖寺で没した。二十四年正月、王は忠宣王に位を譲り、忠宣王が即位した。

二十六年一〇月に卒した動安居士、李承休《イスンヒュ》は仏教を好み、三陟《サムチョク》の頭陀《トウタ》山《サン》に隠棲して名を容安と称し、三和寺《サマサ》の蔵経を閲覧した人であった。二十八年には廉承益《ヨムスンイク》も官をやめて僧となり、仏教を信仰した。剃髪して袈裟をつけ、炭火の上に掌を置き、焚香《ふんこう》し念仏しても顔色を変えることがなかったというほど、強固な信仰をもっていた。当時、仏教信者の役人が多く、韓康《ハンガン》もその一人であったが、王がかつて富国長久の方法を質問すると、ことごとく仏教の言葉で答えたという。

三十年（一三〇四）七月、中国の江南の僧、紹瓊《しょうけい》が来朝し、王は群臣を率いて礼服をつけて彼を寿寧宮に迎え、禅の説教を聴いた。江南の僧ばかりでなく忠烈王の代には元使がしばしば高麗に来朝して蔵経を転読している。また写経僧も三度にわたって派遣された。

忠宣王　一三〇九年、即位するや教令を下し、そのなかで「出家して僧となると、上、君王を拝せず、下、父母を拝さなくなるので以後、僧人と俗人とが相拝する場合は法の如く行ない、在家の庸僧であっても官役につけてはならない」と命じた。

六月、太上王と国王・公主は吐蕃僧より戒を受け、この僧に飯を供養した。公主は神孝寺《シンヒョサ》に幸して盂蘭盆斎を設け、二千二百余人の僧に寿寧宮で飯を供養したり、仏教の法会を重視した。またその宮を施捨して寺とし、母后を追福して旻天寺の額を下賜した。

こうした王の崇仏行為は臣下にも波及した。賛成事の権〓《クオンタン》は遁世の志をもったが父に留められ、やむをえずして官についたが、仏教を狂信して食肉を断つこと四〇年、自ら夢庵居士と称していた。老いると禅興社に逃れて剃髪したのであった。

位を忠粛王にゆずり上王となった忠宣王は五年（一三一三）一〇月、延慶宮において僧二〇〇〇人に飯を供養し、燈二〇〇〇を点じること五日にわたった。そのとき仏に銀瓶一〇〇を施し、手には香爐を持ち奏楽させ、禅僧冲坦《チュンタン》と教僧孝楨《ヒョジョン》を迎えて説法させ、それぞれに白金一斤、他の僧二〇〇〇に白金二〇斤を施与した。王の願いは百八万僧に飯を供し、百八万燈を点ずることであったが、その目標を達成するため、毎日二〇〇〇をもって五日で一万僧、一万燈とした。これを万僧会と呼んだがその費用は莫大であった。

翌月には王師丁午《チョンオ》を国統に、国一大禅師混丘《ホング》を王師に任じた。毎月のように万仏会をつづけたため、その費用はさらにかさんだ。上王は新たに王師となった混丘を広明寺《クァンミョンサ》に訪ねたり、国統となった丁午を妙蓮寺《ミョリョンサ》に訪ねている。まさしく仏教に惑溺したといってよい。

忠粛王　上王の万僧会はそのまま継続された。忠粛王もまた旻天寺に僧徒を集めて、忠宣王のために祈禱したりした。十二年（一三二五）五月、上王が薨じると王は僧祖衡《チョヒョン》を王師とし、仏寺や道観を修復して祭祠を営むことを命じた。

十五年には有名な胡僧の指空（禅賢 Dhyānabhadra）が戒律を延福亭で説いたが、士女は走り集ってこれを聴いたという。鶴林府司録の李光順《イグァンスン》はそのとき無生戒を受けた。戒律を守ることは州民にまで要求され、城隍《じょうこう》を祀るとき肉を用いることができなくなり、さらに州民が豚を畜産することを厳しく禁じたため、州人はある日その豚をすべて殺してしまったという。右の指空の活躍については後節で述べる。

忠粛王は十七年（一三三〇）、いったん位を忠恵王に譲ったが、二年後には元の使者が忠粛王の復位を要求してきたので、ふたたび位についた。忠粛王復位後七年（一三三八）七月、元は使者を派遣して仏経紙を求めた。翌年三月、忠粛王が没し、在位一年の忠恵王がふたたび即位した。

忠恵王　一三三一年、いったん王位についた忠恵王は、この短い在位のときに僧乃円《ネウオン》を王師とした。やがて一三四〇年に復位すると、三司右尹の金永煦《キムヨンフ》を元に行かせて画仏を献じさせた。四年（一三四三）三月、習射場を廃して東西の大悲院に付属させた。この大悲院は悲田院のようなもので、僧翯仙《ハクソン》の要請によって開かれ、城中の病人を集めて薬や衣食を給した。しかし翯仙は増長し、師傅と称して上殿しても天子を拝さなかったため獄に下り、済州《チェジュ》島《ド》に流された。その年七月には五教両宗の七寺の田土と先代功臣の田を内庫に所属させた。次の忠穆《ちゅうぼく》王が即位すると、先王が行なわなかった霊宝道場、百高座道場、祈雨道場などを設けた。

　その次の忠定王も、忠穆王と同じく各種の道場を開き、また忠恵王の庶子、器髪《キバル》を出家させて万徳寺においた。

恭愍《きょうびん》王　やはり崇仏の王であり、即位の年（一三五二）五月、勅命によって西江に放生したり、宴会があれば必ず殺生が行なわれるのでそれを防ぐため、その費用で地蔵寺《チジャンサ》において一〇〇〇人の僧に供養した。王が仏法を信じたため、百官は王のために祝寿斎を設けた。そのとき、使者を遣って太古普愚《ポウ》（『高麗史』は普虚に作る）を迎えた。五年（一三五六）二月には普愚を内仏堂に入れて供養し、翌月、王と公主は大妃を奉じて奉恩寺に行き、彼の説教を聴き、幣帛・銀鉢などを施した。四月には彼を王師に任じた。

　十年（一三六一）五月、御史台が仏教の粛正を啓上した。「仏教は本来清浄であるべきであるのに、仏教徒は罪福の教えで寡婦や孤女を誘い、剃髪して尼となし婬欲をほしいままにさせ、士大夫・宗室の家に至って仏事を勧めたり風俗を乱したりするので、自今これをいっさい禁じ、違反者は断罪する」という内容のものであった。仏教の害は翌十一年にも、監察大夫の金続命《キムソンミョン》、右献納の黄瑾《ファングン》などによって上書された。すなわち「治国の道は経史によるべきであって、仏書によって政治をすることはかつてないことであり、王が仏法を過信しすぎるので以後、僧が宮廷に出入りしたり経筵《きょうえん》を開いたりすることを禁じ、聖賢の書を読み仏教のような異端の書を読んではならない」というものであった。仏教や僧尼の政治に及ぼす弊害が、顕著に出てきたためであった。

当時の風俗で、四月八日の釈迦の誕生日には家々で燃燈し、その前の数旬の間、群童が紙を剪《き》り竿にさして旗として城中街里をまわって、米や布を求めて費用にあてた。これを「呼旗」といい、十二年頃からこの風習が始まった。十四年に公主が没すると、王はますます仏教を妄信しだした。妖僧遍照《ピョンジョ》を師傅《しふ》とし、清閑居士の号を賜り、国政に参与させた。この遍照こそ有名な辛旽《シンドン》である。

彼は王にとり入って、守正履順論道燮理、保世功臣、壁上三韓三重大臣、領都僉議使司、判監察司事、鷲城府院君、提調僧録司事、兼判書雲観事に任ぜられ、国政をほしいままにした。辛旽は霊山県玉川寺《オクチョンサ》の奴でその出身は卑しく、そのため僧となったもので純粋な出家僧とは言いがたい。破戒僧であり、政治僧侶であった。元は彼を集賢殿太学士とし、衣酒を賜った。

十六年五月、国学を重んじる命が出て多くの儒者が集まり、程朱性理学（北宋の程伊川を継承して南宋の朱子によって大成された理学）がはじめて興った。仏教を排除する態勢が、徐々に成熟しつつあった。

辛旽はさらに勢力を拡大するため、自分に都合のよい千禧《チョニ》を国師に、禅顕《ソンヒョン》を王師に任じた。辛旽を排斥する勢力も抬頭し、王に彼を近づけないように進言したが、その勢力はあまりに強かった。王もまた法会を開き仏寺に行幸して仏教に惑溺したが、二十年（一三六〇）六月、選部議郎の李韌《イイン》が匿名の書を上書して辛旽の謀逆を告げ、辛旽およびその一党を誅殺した。その年、辛旽にかわって高僧懶翁恵勤《ヘグン》が王師に任ぜられ、ここに妖僧辛旽の時代は終わった。

辛禑　辛禑《シンウ》の小字（幼名）を牟尼奴といったのは、辛旽の婢妾《ひしょう》の般若が生んだからであり、彼が王位につくことができたのは太后のはからいであった。その即位後、倭寇などによって軍備を充実させる必要に迫られた。諸寺の住持や戦馬が徴用され、諸寺の田租も取られて軍備に充当され僧を募って戦艦を造ったりした。李朝の太祖、李成桂《イソンゲ》は海州の戦場にあった。

辛禑九年（一三八三）九月には中外の仏寺一五一所で鎮兵法席が設けられた。十四年（一三八八）、辛禑と崔瑩《チェヨン》は遼東を攻撃するため、中外の僧徒を兵として召集した。辛禑は平壌に行って諸道の兵を統督し、崔瑩を八道都統使に、曺敏修《チョミンス》を左軍都統使、李成桂を右軍都統使として軍を進めた。僧神照《シンジョ》は李成桂とともに軍師として進軍した。しかし六月には辛禑は江華島《カンファド》に下放され、その子、昌が帝位についたが在位半年にして退位した。

このとき仏教の弊害を目のあたりに見た典法判書の趙仁沢《チョインテク》らは、上疏して仏教徒の粛正を進言した。従来放置していた土田の租、奴婢の傭もきびしく取り立てることになり、僧が人家に留まることを禁じ、婦人が尼となることを禁じ、そのほか卿吏・駅吏や公私の奴婢が僧尼となることを禁じた。

また貴賤にかかわりなく、婦女が父母の喪のためであっても寺に出入りすることを禁じた。辛旽の事件以来、僧尼の行動に目にあまるものがあったため、このような上疏がなされたのである。

恭譲王　高麗最後の王、恭譲王元年（一三八七）一二月、白蓮会を南神寺《ナムシンサ》に設けたりした門下侍中の李穡《イセク》は、左思議の呉思忠《オサチュン》、門下舎人の趙璞《チョバク》らの上疏によって、仏教におもねって人心を惑わし風俗を乱した罪のため弾劾された。

仏教に溺れる恭譲王に対して、鄭夢周《チョンモンジュ》もまた進言したが、容れられなかった。逆に演福寺《ヨンボクサ》の法猊《ポベ》は、寺の五層塔殿と三池九井を修理すれば国家と人民が安泰になると進言し、王を喜ばせた。また曹渓僧、粲英《チャニョン》を迎えて王師としようとしたが諫言された。しかし王は即位以来、毎月一日と一五日には宮中に僧を招いて講経させ、道場や法席を設け、檜巌寺《フェアムサ》に行幸して大法会を張り、妃と世子とともに徹夜して礼仏したり、仏教にひたすら惑溺した。

成均大司成の金子粋《キムジャス》、政堂文学の鄭道伝《チョンドジョン》、吏曹判書の鄭摠《チョンチョン》などは長文の上書をしため、唐の廃仏者、韓愈の言葉を引用したり、仏教は人倫を敗滅する教えであるから帝王が尚《たっと》ぶものではないことを強調した。仏教は人倫に反するのみならず、寺塔の建立や法会は無益の費を浪費するだけであると、識者が憂えたのであった。李朝時代における徹底的な廃仏政策の理論的な準備は、高麗末期にすでにできあがっていた[7]。

四年六月、足利義満が相国寺や延暦寺に供養をした頃にあたるが、日本から使節が派遣されて大蔵経を求めた。この前年にも日本僧の玄教・道本など四十余人が来朝し、方物を献上した。七月には恭譲王は位を李成桂（朝鮮太祖）に禅譲した。こうして波瀾に満ちた高麗朝が終わった。

（1）今西龍「新羅僧道詵に就きて」（『高麗史研究』近沢書店、一九四四年）。崔柄憲「道詵의生涯와羅末麗初의風水地理説——禅宗과風水地理説의관계를중심으로하여」（『韓国史研究』⑾、一九七五年九月）。徐閏吉「道詵裨補思想의淵源」（『仏教学報』第一三輯、一九七六年一〇月）。
（2）李丙燾「高麗時代의図讖思想」（『韓国思想』第一三輯、「韓国思想史의主流」一九七五年一二月）。
（3）金孝敬「朝鮮仏教寺院選地に於ける風水信仰の影響——朝鮮仏教史上の政治的動向」（『仏教研究』第四巻第三号、一九四〇年）。
（4）今西龍「高麗太祖訓要十条に就きて」（前掲書）。
（5）拙著『中国仏教史』第三巻（東京大学出版会、一九八四年）。
（6）李龍範「元代喇嘛教의高麗伝来」（『仏教学報』第二輯、一九六四年一二月）。
（7）韓沽劤「麗末鮮初의仏教政策」（『서울大学校論文集』人文・社会科学編、一九五七年）。

2　寺院と法会

寺院経済の発展

高麗時代には仏教寺院が数多く建てられ、多くの法会が営まれ、国家は仏教寺院の勢力を無視することができなかった。王権によって保護された寺院には寺領が与えられ、租税は免ぜられ、国家の積極的な保護のもとに仏教の社会的勢力は朝鮮史上、もっとも隆盛となった。

仏教を保護した高麗の国家は、仏教によって保護され利益を受けているという「国家裨《ひ》補《ほ》」の観念を生みだした。それは高麗の全期にわたって存在した。高麗末の辛昌王元年（一三八八）七月、大司憲趙浚らが上書したなかに、寺社の田は祖聖以来の五大寺・十大寺などが国家裨補のところであり、都城にあるのは給を受け、外にあるのは柴地を給する（『麗史』巻七八、食貨志一）というような文が見えており、このような大寺に諸帝がたえず行幸したことは前節で述べた通りである。

仏教が国家を護り発展させる力をもっているとなると、王室や貴族が仏教の興隆と繁栄に努力することは当然なこととなる。こうして仏教寺院が建立され、巨費を投じて各種の法会が行なわれ、万を数える僧に食を供養する飯僧の行事が高麗の歴史を通じて行なわれたことも、前節に述べた。貴族もまた仏寺と結託し、相互に利益を得ていた。

寺院の経済発展のうえで重要な役割をもつのは寺領である。新羅時代にも寺領は存在したが、高麗になって急速に増大したのは、王室からの寄進が増えたからであった。顕宗十一年（一〇二〇）八月には安西道の屯田一二四〇結《ゆい》を玄化寺に施納した。また恭愍王妃、魯国大長公主の死去に際しては、王は田二二四〇結、奴婢四六口を雲岩寺《ウナムサ》に寄進してその冥福を祈った。このように膨大な田地が寺院に施納され、寺院は広大な寺田を領有するようになった。貴族の土地には課税されたが、寺院の寺田は免税であった。くわえて王が寺院に土地を寄進する場合、寺田を耕作する奴婢も伴い、寺田の耕作は奴婢と小作人および僧自身もこれを行なった。寺領の存在が、寺院の経済的基礎を強固にし、僧侶が世俗において権力をふるうもっとも大きな原因となったのである。

寺領の拡大とともに見逃すことができないのは、寺院が行なう商業および高利貸業である。これが寺院の経済をいっそう豊かにした。文宗十年（一〇五六）の詔には、沙門が殖貨、耕畜、商業に従事していることが述べられている。販売するものは寺領でとれた穀物とこれから醸造した酒、寺領で生産される茶・葱をはじめ、寺院によっては製塩業を営み、塩までも販売した。

こうして得られた利益はさらに高利貸の資本として利用された。寺院には長生庫[2]が設けられたが、長生とは無尽回転を意味し、利子発生の法則にもとづいた機構であり、長生庫に貯蔵される資本は長生銭といわれる。また無尽財ともいわれ、子母展転の資本である（『釈氏要覧』）。蓄積された資本を回転させて利子をうむのが任務であり、長生庫こそ寺院における高利貸資本の存在を証明するものである。

恭愍王元年（一三五二）の詔勅には、寺院の常住（寺院所属の財産である田園・雑具など）の利息は利を取ることが同じでなく二分を過ぐることもあり、有司は法定の利息を定めて任意に利息を取ることがないようにせよ（『麗史』巻七九、食貨志二、借貸）とある。寺院が暴利をむさぼっていたことがわかる。こうした長生庫はすでに中国の宋代の寺院に設けられており、それが高麗の寺院にもあったことは「龍寿寺開刱記」（『史料』上）、粛宗六年

（一一〇一）の詔勅（『麗史』巻七九、借貸）などによって明らかである。長生庫は中央のみでなく地方の寺院にも置かれた。

僧侶階層の形成

飯僧のなかで、もっとも多数の僧が供養を受けたのは顕宗九年（一〇一八）の一〇万人であり、ついで粛宗六年（一一〇一）の五万人であるが、三万人以上の飯僧はしばしば行なわれていた。さすがに高麗末期になると、国家財政の窮乏が飯僧数を急速に減じていったが、このような膨大な数の僧侶が使役を逃れて飽食し、安逸をむさぼっていたのである。このため農民から僧になった者も多い。

文宗のとき三子ある者は一子の出家を許したが、忠粛王十二年（一三二五）には、これを認めず度牒《どちょう》（国家公認の文書）を得た者でなければ出家できないとした。この制度は、さらに厳しく実行することが命ぜられた。度牒を受けるためには、所在の宮司に丁銭（人頭税）五〇匹の布を上納しなければ許可が下りなかった（『麗史』巻八四、職制、恭愍王二十年十二月条）。しかし、このように取り締まっても僧になる者が絶えなかった。税金や使役を逃れるために僧となるのであるから、僧侶の資質は悪く、破戒無慚な行ないをする者が多かったのは当然である。

新羅時代にも僧侶が武器をとって戦ったことはあったが、高麗の僧侶はいったん事があれば僧兵となった。僧侶が降魔軍を組織して国家のために兵をおこし、内外の諸寺の僧徒が諸軍に分属して戦った（『麗史』巻八一、志第三五、兵制五軍、粛宗九年条）。僧侶を国軍に組織できたことは、国防からみて大きな国益になった。

僧侶はこのように国家の指揮下で活躍する場合だけでなく、寺院自体の防衛のためにも組織された。寺院勢力を維持・発展させるうえに僧兵は不可欠のものとなっていたのである。

こうした寺院の経済的基盤の拡大や、僧兵の出現、多数の僧侶を有する僧侶階級の出現は、やがて国家権力に対する大きな脅威となった。そのため高麗王朝はしばしば寺領の拡大を禁止する勅令を出し、出家者数をおさえる政策を強力に推進しようとしたのであったが、中央政府の実力では弾圧政策を強行することはできなかった。

僧科制度

高麗時代、はじめて僧科[3]が設けられた。僧科とは僧侶の国家試験制度である。金廷彦撰の「法印国師碑」のなかに「龍徳元年（九二一）、海会を置く、緇徒《しと》（僧徒）を選するの制なり」とあることによって、僧科のはじめは「海会」という制度であった。しかし第四代の光宗九年（九五八）、翰林学士の雙冀《サンギ》の進言によって国家の官吏登用の門として科挙制度が設けられ、これにならって僧侶の選抜登用試験が実施されるようになった。浮石寺《プソクサ》の円融国師決凝《キョルン》は二八歳のとき（成宗十年、九九一）、選仏場に行って選経大徳となったことから、このときすでに国家的な制度として僧科が行なわれていたことが知られる。

僧科には宗選と大選とがあった。宗選が叢林選《そうりん》（教国内での選抜）であるのに対して、大選は国家が行なった。宗選に合格してはじめて大選を受けることができた。大選はまた禅宗大選と教宗大選とに分けられ、前者は主として広明寺で、後者は王輪寺で行なわれた。禅宗大選では『伝燈録』と『拈頌集《ねんしょう》』が、教宗大選では『華厳経』と『十地論』が試験された。なお僧科は三年ごとに行なわれた。

禅宗の法階には大選・大徳・大師・重大師・三重大師・禅師・大禅師があり、教宗の法階には大選・大徳・大師・重大師・三重大師・首座・僧統があった。このなかで禅宗では禅師・大禅師、教宗では首座・僧統の最高の法階に登った僧のなかから、王師および国師が選ばれた。

王者一人の師たる王師と、一国の師たる国師とは、王の政治上、学問上、修養上の最高顧問の地位である。僧侶が政治に介入したため国政が紊乱《びんらん》する例もあり、高麗時代には王室や貴族の子弟が出家して王師や国師となった例もある。この高麗の僧科の制度は、そのまま李朝に踏襲されてゆく。

僧録司

僧録司とは僧侶と教団のいっさいのことを管理し、仏教に関する行事を主管する国家的な代行機関であり、左右両街に分かれる。高麗の太祖二十一年（九三八）三月、摩竭陀（マガダ）国の大法輪菩提寺の沙門、弘梵大師（啌哩嚩日羅 Śrīvajra ?）が来朝したとき、太祖は両街僧録を備えて威儀をととのえてこれを迎えた（『麗史』巻二）。この両街とは僧録司の初期的な構成組織とみなされる。

高麗の顕宗十三年（一〇二二）に記された「高麗国霊鷲山大慈恩玄化寺碑陰記」（『総覧』上）によると、官使左街都僧録大師光粛《クァンスク》、副使左街副僧録彦宏《オングェン》、左街副僧録釈真《ソクチン》、判官右街僧正成甫《ソンボ》などの名称が見られるので、顕宗代には左街都僧録・副僧録・右街僧正などの僧録司が置かれていたことがわかる。右街僧正に対して左街僧正もあり（「浮石寺円融国師碑」同）、左右両街に同じ名称の僧録司が置かれていたことになる。靖宗九年（一〇四三）、円融国師決凝が浮石寺に帰山するとき、国師を護衛し送っていったのが左街僧正得生であった。僧録司の職階は僧維・僧正・副僧録・都僧録の順序で進級した。

さらには左右街を統摂する官名もつくられ、顕宗十七年（一〇二六）に崔冲《チェチュン》が撰した「稷山弘慶寺碣」（同）には左右両街僧統通真《トンジン》の名が見え、高麗の忠宣王五年（一三一三）には、慈浄国尊普明《ポミョン》がこれに就任した。左右両街を総轄する最高機関である左右両街都僧統は、たんに両街都僧統または都僧統といわれたこともあった。

なお僧録司とは別に、両街僧摠と両街都摠摂があった。この二つは一種の名誉職で、学徳ある高僧に尊称として下賜された。僧官としての実務を行なうものではなかったが、僧侶の最高位を表わすもので、たとえば真覚国師千凞《チョニ》は国師大華厳宗師禅教都摠摂に任ぜられた（「真覚国師碑銘」）。

八関斎会の流行

『高麗史』をひもとくと仏教関係の記事が約六〇〇〇件にも及ぶといわれ、仏教資料が大きな部分を占めている。しかもその資料の大部分は仏寺への行幸と、法会の開催の記録である。この時代、仏教儀礼が朝鮮仏教史を通じてもっとも盛んに行なわれたことを示している。高麗の諸王と貴族がはなやかな仏教儀礼に溺れたことは、東アジアの仏教史を通してみても稀有なることといえよう。そのなかで八関斎会《はっかんさいえ》と燃燈会《ねんとうえ》について記しておく。

仏教の戒律のなかに在家の人が受ける八戒があるが、この八戒を授ける斎会を八関会または八関斎会という。八関斎会のはじめは新羅の真興王十二年（五五一）、さらに三十三年（五七二）にもなされたが、しかしそれ以外、新羅時代に八関斎会の記録はほとんど見られない。右はいずれも国家的な行事として行なわれていたのであろう。

高麗時代の最初の八関会[4]は太祖元年（九一八）に行なわれた。ついで成宗即位年（九八二）一一月にも開かれたが、これにともなった雑伎はやめられ、さらに六年（九八七）一〇月には両京の八関会が停止されたことを伝えている。顕宗元年（一〇一〇）一一月、ふたたび八関斎会が復活し、王は威鳳楼に出御してこれを観じた。ついで靖宗元年（一〇三四）一一月に盛大に行なわれ、この年を転機として、八関会の記事が『高麗史』のうえで著しく多くなる。靖宗から毅宗に至る一三〇年間が八関斎会の盛期であり、明宗から高宗に至る九〇年間に衰微に転じ、元宗以後は終末に向かって、恭譲王三年（一三九一）二月、高麗最後の八関斎会が行なわれた。

これが開かれた月日は主として一一月一五日前後であったらしい（『麗史』巻八四、刑法志一、官吏給暇）が、靖宗から睿《えい》宗にかけての八〇年間は一〇月に行なわれた。いずれも東西両京においてなされた。この行事は、太祖元年に行なわれた第一回の記事によると、宮中の毬庭に輪燈一座を置き、香燈を四旁《しぼう》に列し、高さ五丈余の二つの綵《さい》棚を結んで、その前で百戯歌舞を奉呈する。百官が行礼し、王は威鳳楼に出御してこれを看覧した。八関斎の儀礼は毅宗朝（一一四六―七〇）に至って完成したが、その行事は、前日の小会《しょうえ》と、翌日に行なわれる大会《だいえ》の儀式とに分かれている。小会では威鳳楼において受賀（賀詞を受ける）が行なわれ、群臣の献寿（祝いの品を差し上げる）や、地方官の賀表の奉呈があり、大会では同じく受賀と献寿がなされ、さらに宋の商人、東西の女真・耽羅（済州島）・日本などの外国人が朝賀して、礼物や名馬などが献上された。

八関会の行事は国家的な儀礼であり、厳密な意味で仏教的要素はほとんどなかったが、王がかならず太祖の創建した法王寺に行幸し、行香した点では仏教的儀礼であるといえる。つぎに述べる燃燈会では奉恩寺に行幸した。

高麗の俗節には、元正《がんしょう》・上元《じょうげん》・寒食《かんしょく》・上巳《じょうし》・端午《たんご》・重九《ちょうく》・冬至・八関・秋夕《しゅうせき》（『麗史』巻八四、刑法志一、禁刑）の九節があるが、このなかで最大の行事が八関斎会であり、しかも外国人をも包含した国際的行事であった。その費用も莫大であり、国費の乱費を防ぐために中止されたこともあったのである。

上元燃燈会

燃燈が供養の一つであることは仏典に多くみえ、唐代の上元観燈会は仏教の燃燈に由来するものといわれる。中国において燃燈会はそれ以前にもあったが、毎年、一定した時期に年中行事として行なわれるようになったのは唐代以後である。唐の天宝三年（七四四）一一月、勅によって旧正月一四・一五・一六日に行なわれ、以後それが常式となった[5]（『唐会要』巻四九、燃燈之条）。この燃燈会はそのまま新羅に伝えられ、また宋代の燃燈会は高麗に伝播した。

朝鮮における燃燈会[6]に関する最古の記録は、『三国史記』巻一一の新羅、景文王六年（八六六）正月一五日の条「皇龍寺《ファンニョンサ》に行幸し燃燈を見、百官に宴を賜った」という記録である。ついで真聖王四年（八九一）正月一五日にも皇龍寺で燃燈会が行なわれたことを記している。

高麗朝になると、成宗（九八二―九七）の代に燃燈会が廃止され、顕宗元年（一〇一〇）に復興された。高麗朝における最初の燃燈会が、実際にいつ始められたかは不明であるが、八関会と同じく開国当時から行なわれていたかもしれない。その後、しだいに盛んになり、一一世紀の中葉の靖宗（一〇三五―四六）―文宗（一〇四七―八三）代に国家行事としての燃燈会が形成された。それは仏に対する供養というよりも、建国者の太祖に対する拝礼であり、国家的なものとなった。

燃燈会の最盛期は熙宗（一二〇五―一一）の代であり、以後、衰亡に向かった。元の侵攻によって江華島へ遷都したときも燃燈会は行なわれていたが、元宗十五年（一二七四）の開設にあたっては国家多事のため中止された。蒙古の第一回の遠征の年であった。その後、伎楽は除かれるようになり、記録のうえの最後の燃燈会は辛禑十四年（一三八八）二月である。

このように燃燈会の盛衰は八関会とほぼ同じである。なお、李朝になってもときに開設されることはあったが、ついに太宗十六年（一四一六）正月、上元燃燈会は廃止され、この年をもって新羅以来の長い歴史を閉じるに至った。

燃燈会は通常、二月に行なわれることが多かったが、先王の忌月を避けて正月のこともあった。『高麗史』巻八四・志三八・刑法一の「官吏休暇」の条では、上元は正月一五日、前後幷《なら》びに三日と定められているのに対して、燃燈は二月一五日と定められている。

高麗朝を通じてもっとも大規模な祭会が八関斎会と燃燈会であったが、両者には相違がある。八関斎会は天霊・五嶽・山川・龍神に事《つか》える国家的行事であるのに対して、燃燈会は仏に事える行事である。新羅の八関会が戦死した士卒のために設けられたのとは異なって、高麗の八関会は道教的色彩をおびた国家的行事であり、高句麗の東盟祭と新羅の八関会とを統合した、民族的な収穫祭の儀礼に発するものであるという(7)。

また八関斎会が外国の使節を迎えての国際行事であるのに対して、燃燈会は国内的な祭礼であった。高麗朝がもっとも重視した八関斎会は、もとは仏教の八戒にもとづくものではあったが、しだいに仏教色を脱して新羅の仙風の流れを受けながら国家的・国際的行事となった。

(1) 旗田巍「高麗朝に於ける寺院経済」(『史学雑誌』第四三編第五号、一九三二年)。
(2) 稲葉岩吉「寺院経済資料と長生標」(『東亜経済研究』第一五巻一・二号、一九三一年四月)、「長生標及び長生庫補考」(『東亜経済研究』第一五巻第四号、一九三一年一〇月)。
(3) 李載昌「高麗時代의僧科・僧録司制度」(崇山朴吉真博士華甲紀念『韓国仏教思想史』崇山朴吉真博士華甲紀念事業会、一九七五年)。
(4) 二宮啓任「高麗の八関会について」(『朝鮮学報』第九輯、一九五六年三月)。安啓賢「八関会攷」(『東国史学』四、一九五六年)。里道徳雄「朝鮮仏教における八関斎会考――その歴史的展開」(西義雄博士頌寿記念論集『菩薩思想』一九八一年五月)、「高麗仏教に於ける八関会の構造」(『東洋学研究』一七、一九八二年)。
(5) 洪淳昶「シナの上元観燈について」(『東洋史会紀要』第五冊、一九四七年四月、東洋史会編纂)。
(6) 三品彰英「朝鮮における仏教と民族信仰」(『仏教史学』第四巻第一号、一九五四年八月)。二宮啓任「高麗朝の上元燃燈会について」(『朝鮮学報』第一二輯、一九五七年九月)。安啓賢「燃燈会攷」(自性郁博士頌寿記念『仏教学論文集』一九五九年)。徐閏吉「護国法会와道場」(『仏教学報』第一四輯、一九七七年八月)。
(7) 三品彰英『古代祭政と穀霊信仰』(三品彰英論文集第五巻、平凡社、一九八〇年)。

3　高麗大蔵経

高麗時代の文化事業でもっとも有名なのが大蔵経の刊行である。これには三種がある。第一は高麗の顕宗代に刊行された大蔵経、第二は大覚国師義天《ウィチョン》が刊行した続蔵経、第三は高宗代に刊行し、現在、海印寺《ヘインサ》にある大蔵経である。(1)

初彫大蔵経

宋の太宗の太平興国八年（九八三）、北宋勅版大蔵経（益州版）が完成された。この翌年、日本の奝然《ちょうねん》は入宋して、日本にこの勅版大蔵経を将来した。高麗では成宗十年（九九一）四月、韓彦恭《ハンオンゴン》が宋から帰り大蔵経を献じた。すでに契丹においても大蔵経が刊行されていたが、高麗は契丹大蔵経も得ていた。

初彫大蔵経の板刻年代については異説がある。まず彫印開始の年は顕宗二年（一〇一一）説と顕宗十年（一〇一九）説がある。前説の資料は李奎報《イギュボ》の「大蔵刻板君臣祈告文」（『東国李相国全集』巻二五）であり、契丹軍の侵攻にあたって、顕宗が群臣と無上の大願を発し、大蔵経の板木を刻成して仏力によって契丹兵を撃退しようとした。後説は「玄化寺碑陰記」（『総覧』上）によるが、顕宗が両親の冥福を祈るために『大般若経』六〇〇巻、『華厳経』『金光明経』『妙法蓮華経』を印刷したが、これは初彫大蔵経の彫印ではないので、顕宗二年、契丹の侵入を契機として国家的事業として行なわれたとすべきである。その事業は大邱《テグ》の符仁寺に都監を置いて行なわれた。

この初彫大蔵経が完了した年度についても文宗五年と宣宗四年の両説がある。前説は文宗五年（一〇五一）正月、真観寺《チングァンサ》に行幸して新成の『華厳経』および『般若経』を転じた（『麗史』巻七）とあるのにもとづくが、これが初彫大蔵経の完成であるかは明確でない。次に、宣宗四年（一〇八七）二月、開国寺に行幸し、さらに四月にも帰法寺に行幸して、大蔵経の完成を慶祝した（『麗史』巻一〇）という記事があるが、ここに述べられた大蔵経が初彫大蔵経であったかどうかもまた明確ではない。それぞれの寺に奉納されていた大蔵経が完備したことを祝ったものかもしれない。ここで仮に宣宗四年説をとると一〇一一年から一〇八七年にかけて彫造されたことになるが、国家的事業として顕宗の発願によって始められた彫造が、このような長期間にわたったとは考えにくい。おそらく顕宗代から文宗代に完成したのではないかと思われる。

ところで義天の「諸宗教蔵彫印疏」（『大覚国師文集』巻一五）を見ると「顕祖、則ち五千軸の秘蔵を雕《ちょう》し、文考、乃《すなわち》千万頌の契経を鏤《ろう》す」とある。ここから、顕宗・文宗それぞれ別に大蔵経を彫印したと解釈し、顕宗代に第一回、文宗代に第二回目の大蔵経が彫印されたと見なす説もあるし、顕宗代に始められた初彫大蔵経の彫印が父子二代にわたって継続的に行なわれたとする説もあるが、これを確定することは現在の段階では困難である。

この初彫大蔵経は前述のように高宗十九年、蒙古の侵入によって燃やされ、その後の国内の動乱によって板木も散佚してしまった。現在、韓国内に五九種の板木が発見されており、また初彫大蔵経の現存本としては、日本の南禅寺正因庵に『仏説仏名経』など七種のほか、最近、対馬・壱岐島の学術調査によって初彫本五二〇巻が新たに発見されたという（『日本対馬・壱岐島総合学術調査報告書』ソウル新聞社）。

続蔵経の刊行

続蔵経の刊行は文宗の第四王子、大覚国師義天によってなされた。幼少より、正蔵の補遺として経論の疏鈔を蒐集してそれを開板する志を立て、一九歳のとき「代世子集教蔵発願疏」を上疏した。疏鈔蒐集のため入宋を試み、ついに宣宗二年（一〇八五）四月、杭州の南山慧因院の浄源に参じ、中国各地をめぐって章疏を集め、三年に帰国した。諸宗の疏鈔を集めること二〇年、宣宗七年（一〇九〇）八月、ついに『新編諸宗教蔵総録』（『義天録』）を編纂した。その章疏はすべて高麗に現存するものであった。義天は帰国後、興王寺の住持となり、まもなく教蔵都監が設けられて続蔵経が刊行されたが、その時期については明確でない。おそらくは現存の刊記から推定して、一〇九〇年頃から彼が没した一一〇一年までの間と思われ、義天晩年の一大事業であったことをうかがわせる。

義天の続蔵経の印本はほとんど散佚したが、わずかに東大寺図書館に所蔵される澄観の『華厳経随疏演義鈔』四〇巻、名古屋の真福寺所蔵の『釈摩訶衍論通玄鈔』四巻、高麗大学校図書館所蔵の『天台四教儀』などが現存している。また韓国の松広寺《ソングァンサ》には金の寿昌五年

（高麗・粛宗四年、一〇九九）義天自ら校勘して彫造した『大般《だいはつ》涅槃経疏』二巻（巻九・一〇）の重修本が現存している。なお『大日本続蔵経』には、古板経と同様な彫造年代の奥書のある崔致遠《チェチウォン》の『法蔵和尚伝』、澄観《チングァン》の『華厳経行願品疏』（貞元新訳華厳経疏）、智儼《チオム》の『金剛般若経略疏』、鮮演の『華厳経談玄決択』、慧遠《ヘウォン》の『地持論義記』などが収録されている。

『新編諸宗教蔵総録』に収録された五〇四八巻のすべてが板刻されたかどうか不明であるが、とにかく義天によって続蔵経が彫造されたことは事実であり、その業績は不朽の価値をもつものといわねばならない。

再彫高麗大蔵経

正蔵ならびに続蔵が完成してから宮中においては蔵経道場が設けられていたが、初彫大蔵経の経板が蒙古軍によって焚焼されたことはすでに述べた。符仁寺に蔵されていた大蔵経の経板も壊滅して積年の功は灰となり、国家の大宝を失った。再彫大蔵経も、この蒙古軍の侵入を撃退しようという民族的な悲願のもとに彫造され、高宗二十三年（一二三六）から三十八年（一二五一）の一六年をかけて完成した。彫造の機関としては大蔵都監が江華島に、分司大蔵都監が南海地域および江華島に置かれて、この事業が進められた。

この再彫大蔵経は高麗時代に板刻されたことから高麗大蔵経板ともいわれ、また板数が八万枚あまりあることから八万大蔵経とも呼ばれた。また現在、海印寺の経蔵に経板が保管されているため、海印寺大蔵経板ともいわれ、さらに大蔵都監が彫造事業の全体を管理していたため海印寺高麗大蔵都監板とも呼ばれており、もっとも完璧な大蔵経として高く評価されている。

このなかには、海東沙門守其《スギ》が編纂した『高麗国新彫大蔵校正別録』（『新撰校正別録』）三〇巻が収められており、これは再彫の際に作られた校合録である。守其が契丹本・初彫大蔵経本および宋本の大蔵経を対校して誤謬を正し、完全な大蔵経を彫造することに努力を傾けたことが知られる。

この海印寺大蔵経板は正蔵と副蔵とに分けられる。正蔵は大蔵目録に収録されている経をいい、副蔵（補板）(2)は大蔵目録に収録されなかった『宗鏡録《すぎょうろく》』などの四種である。正蔵は大蔵都監と分司大蔵都監で板刻した一四九七種、六五五八巻の経をいい、副蔵は分司大蔵都監で板刻された四種一五〇巻をいう。ともあれこの再彫大蔵経板は、朝鮮民族の自負心によって国家の総力をあげて板刻したものであり、もっとも完備した大蔵経板として現在、慶尚南道陜川郡海印寺に保存されている。

日本への将来

李朝の太祖の時代、日朝交渉史のうえで重要なのは七年（一三九八）、日本の足利義満が大内左京を派遣して大蔵経を求めたことである。これ以後、大蔵経を請求する者が続出するに至った。太宗九年（一四〇九）、足利義持は僧周護・徳林を遣わして大蔵経を求めた。世宗五年（一四二三）には大蔵経の経板を請求したが、世宗は承諾しなかった。日本側は再度要望したが、経板を与えることは朝鮮側としても承認できないのは当然であった。この後は経板をあきらめ、大蔵経を求める使節がつづいた。世祖三年（一四五九）、帝は大蔵経を印行して八道の名山に収蔵させるとともに、日本の使者にも大蔵経を与えた。この大蔵経は建仁寺に納められた。

成宗六年（一四七五）八月、日本は使僧を遣わし、仏経・儒書ならびに銅銭を求めた。十二年には知恩院の栄弘が弟子二人を渡朝させて大蔵経を求めさせ、翌年これを得て帰国し知恩院に蔵した。成宗は別に日本に使者を派遣し、経巻を送った。十七年にも足利義政は大蔵経を求めたので、それに応えて五年後に成宗は大蔵経を日本に送った。以後も、応仁の乱の兵火によって焼けた蔵経を補う意味で、足利幕府は李朝に蔵経を求めたのである。

足利幕府一〇〇年の間、前後十五、六回にもわたって大蔵経ならびに蔵板を李朝に求めたばかりでなく、そのほか私的にも大蔵経を求めて渡航した沙門も数多くいたものと思われる。こうして高麗版大蔵経は日本に将来されたのである。

（1）菅野銀八「海印寺大蔵経板に就て」（『史林』第七巻第三号、一九二二年七月）。池内宏「高麗朝の大蔵経」上下（『東洋学報』第一三巻第三号、一九二三年八月、および第一四巻第一号、一九二四年七月）。小野玄妙『仏教の美術と歴史』（大蔵出版、一九三七年）第九篇第二章「朝鮮伽耶山海印寺大蔵経板」、第三章「韓国海印寺の大蔵経板に就いて」、第四章「高麗祐世僧統義天の大蔵経板雕造の事蹟」、第五章「高麗顕宗及文宗開版の古雕大蔵経」、第六章「高麗大蔵経雕印考」など。高橋亨「高麗大蔵経板印出顛末」(『朝鮮学報』第二輯、一九五三年一〇月)。朴相国「高麗大蔵経」(『韓国文化』第六巻第一一号、一九八四年一一月)。

(2) 大屋徳城「朝鮮海印寺経板攷——特に大蔵経補板並に蔵外雑板の仏教文献学的研究」(『東洋学報』第一五巻第三号、一九二六年四月)。

4　教宗の発展——天台宗の成立

新羅時代には華厳・法相・戒律・禅などの諸宗が成立したが、高麗時代にもそれが継承された。ところで「五教両宗」という言葉が、高麗中期から李朝初期に至るまでの『高麗史』や『朝鮮王朝実録』に見出されるが、この言葉の内容がはっきりしない。五教は戒律宗・法相宗・法性宗・円融宗・天台宗であり、両宗とは禅寂宗と曹渓宗であるという説[1]や、両宗とは曹渓宗と天台宗であるという説[2]があって、明確ではない。ところで李朝の太宗六年(一四〇六)廃仏以前には、曹渓宗・摠持宗・天台疏字宗・天台法事宗・華厳宗・道門宗・慈恩宗・中道宗・神印宗・南山宗・始興宗の十一宗があったとし、それを統廃合して曹渓宗・天台宗・華厳宗・慈恩宗・中印宗・南山宗・始興宗の七宗とした(『太宗実録』)ということから、この李朝の七宗をもって高麗時代の五教両宗に比定しようとするのも、問題があると思われる。

それでは高麗時代の五教両宗とは何を意味するのか。五教両宗とは成立していた宗派の名称を統括したものではなく、(1)五教僧統・五教法席・五教沙門などと称して当時の仏教全体を示した言葉であり、(2)五教両宗諸山衲子とは全仏教の僧侶を示したもので、さらに(3)李朝の仏教革新に際して同じく仏教全体をあらわした言葉であるともいう[3]。すると、「大覚国師墓誌銘」のなかに戒律宗・法相宗・涅槃宗・法性宗・円融宗・禅寂宗があるというのは一体、何を示すのか。これは当時の仏学系統の分類であって、高麗に成立した宗派名とは考えられないといわれているが、ここに法性宗とあるのは明らかに天台宗のことである。義天によって天台・賢首・南山・慈恩・曹渓・西天梵学が同時に伝えられた（「天台始祖大覚国師碑銘」）のであって、これらの言葉は高麗代に成立した宗派を意味するのではなく、当時の中国における宗派の分類の名称であった。

以上、「五教両宗」とは必ずしも高麗時代に具体的に成立した宗派名ではない。本書においても五教両宗に分類して述べるのではなく、教宗と禅宗（次節）との二つに分けてこれを叙述しておきたい。教宗の代表は義天によって確立された天台宗であり、禅宗の代表は知訥《チヌル》を開創者とする曹渓宗である。

天台宗の伝来

新羅時代には、隋・唐代の法相宗・華厳宗・律宗・倶舎宗・三論宗・密教・浄土教・禅宗などが伝播したが、天台宗のみが国家的に公認されなかった。もちろん新羅の玄光《ヒョングァン》は慧思《えし》に師事し、新羅の縁光《ヨングァン》や高句麗の波若《パヤク》は智顗《ちぎ》に師事したが、天台宗を半島に伝えるまでには至らなかった。

中国の天台宗は隋代に天台智顗によって完成された宗派で、南朝の学問仏教と北朝の実践仏教とを綜合統一したものであり、中国仏教では華厳宗と並んで双璧といわれるほど重要な宗派であった。これが新羅に伝えられたのは、第六祖荊渓湛然（七一一—八二）に師事した新羅の法融《ポビュン》・理応《イウン》・純英《スニョン》[4]らによってであったが、宗派として認められるには至らなかった。

高麗になって天台教学を興隆させたのは諦観《チエグァン》[5]であった。当時、中国は唐が滅んで五代・十国の時代であり、天台宗や華厳宗の典籍は会昌の廃仏や五代の戦乱によってほとんど散佚していたため、天台徳韶《とくしょう》は呉越の忠懿《ちゅうい》王にすすめて使者を高麗に送り、経典典籍を求めさせた。そこで高麗は九六一年、諦観を中国に派遣して天台宗の章疏を呉越にもっていった。諦観は天台宗の義寂に師事した。彼は一〇年間中国に滞在して没したが、彼の所有していた篋《きょう》中から光を発するものがあるので開いてみたら、その中から諦観の著書『天台四教儀』が発見されたという。この『天台四教儀』は天台教学の綱要書として、中国はもちろん、朝鮮においても日本においても長く学者の依用するところとなったのである。

後に義天《ウィチョン》が天台山に入って智顗の塔に謁したとき、本国に昔、諦観があって天台教観を伝えたが、今や久しく絶えているため、発憤してこれを本国にひろめようと志した。そもそも高麗の太祖のとき、「大唐中国には会三帰一を説いた『法華経』と天台大師の一心三観の禅法があったが、これは新羅と後百済と後高句麗（高麗統一前の三国分立をいう）の三国が統一されて一つになることを象徴したものであるから、王が天台宗の教えを求めてこれを流行させれば後嗣は寿命延長し、王業は絶えることなく常に一家をなすであろう」（閔漬撰「国清寺金堂主仏釈迦如来舎利霊異記」『東文選』巻六八）という上書があったという。この使命を果たしたのが、実に大覚国師義天であった。

高麗の天台宗には二派があるといわれる。一つは天台疏字宗で、国清寺住持となった教雄《キョウン》（一〇七六―一一四二）に始まる。教雄は国清寺《クッチョンサ》で経論を講義した伝法の人であったため、彼の一派を天台疏字宗というのである。一方、高麗の宣宗九年（一〇九二）六月、王と太后は天台宗の礼懺法を白州（黄海道）の見仏寺《キョンブルサ》に設けた（『麗史』巻一〇）。以後、法華懺法を修する一派を天台法事宗という。この疏字宗・法事宗の二派の名は李朝の初めになってもそのまま継承されていった。

なお高麗に始興宗があるが、これは天台宗のことである。天台宗の浮庵無寄《ムギ》が金剛山《クムガンサン》・五台山《オデサン》などの名山勝地を遊歴し、ついに始興山《シフンサン》に来て一庵を建てて隠棲し、『法華経』を誦して念仏を唱えること二〇年、仏典・祖文を捜尋して「釈迦如来行蹟頌」ならびに註を著わした。ただこの始興山の所在が不明であるが、高麗末には始興宗は禅の曹溪宗と対立する天台系の一宗派であったといわれる。[6] ただし、始興宗が何を意味するかについては異説があり、浄土宗であるとされたり、天台宗の一派であると言ったり、また涅槃宗が五教両宗のなかでもっとも早く興起した宗であるから始興宗とは涅槃宗の異名であるともいう。

義天——海東天台の開祖

新羅の元暁《ウォンヒョ》に匹敵する偉大なる仏教者を高麗朝に求めるならば、まず第一に大覚国師義天[7]（一〇五五—一一〇一）を挙げなければならない。高麗王朝の仏教全盛期にあって、中国のみでなく日本にも大きな影響を与えた義天の活躍は、高麗と宋との文化交流に大きな寄与をした。海東の地にあっては華厳宗を学んだが、入宋して天台宗をはじめとして法相・禅・律などの五宗を学んで帰国し、高麗仏教を興隆させた高僧であった。とくに四千余巻の諸宗の章疏を蒐集し、これを刊行したことは仏教典籍史上、大なる意義をもつ。

義天は高麗王文宗の第四子である。文宗は英邁な君主であったばかりでなく、興王寺《フンワンサ》を造営したり、仏教の法会を盛んにした崇仏天子であった。三宝興隆のため二人の王子を出家させた。父王のみでなく生母の仁睿太后もまた国清寺を創建したほどの仏教信者であった。このような仏教的雰囲気のなかに成長した義天は、幼少時代から聡明であり、一一歳のとき父王が「我が児の中、誰か僧となりて福利を興すものなきや」と言うや、国師は独り起《た》って「臣は出世の志あり。惟《た》だ上の命ずるままに従わん」と答えた。そこで義天は霊通寺《ヨントンサ》の爛円《ナンノン》によって得度し、霊通寺の一沙弥となった。彼は仏教学のみでなく経子史集の中国古典を学び、一三歳にして祐世僧統の号を下賜された。少年時代は儒学と仏教を学んでいたが、十六、七歳からは仏学を専一に研究し、一九歳のときに仏教章疏の蒐集を発願するに至った。父王文宗の大蔵経彫造の完成を目のあたりに見た義天は、続蔵経刊行を発願し、護法の情熱を抱いた。

義天は自ら華厳教学を研究したが、疑問を解決するために明師を中国に求める決心をし、杭州に住する浄源（一〇一一—八八）にしばしば手紙を出して疑いを質《ただ》した。浄源はその疑問にていねいに答える返書を送るとともに、海東に未渡の良書を贈った。この親書の往復は『大覚国師文集』[8]のなかに収められている。

宋の元豊八年（一〇八五）五月、義天は入宋した。ときに三一歳であった。宋の国都汴京《べんけい》に入った義天は、宋の哲宗と会見し優遇された。華厳の有誠、雲門宗の宗本に師事したが、素志を貫徹するため杭州の浄源のもとに行った。彼は宋代における華厳中興の教主と称された一代の碩学であり、義天はそのもとで深く華厳を学び、また高麗に存する多くの華厳典籍を慧因寺《ヘインサ》にもたらした。さらに従諌より天台を、元炤より律を学んだ。一時、勅命によって都へ帰ったが、ふたたび慧因寺に戻り、さらに天台山に登って智者大師の塔を拝し、天台の教観を本国にひろめる発願文を立てて明州より帰国の途についた。

宣宗は太后とともに奉恩寺《ポンウンサ》においてこれを迎えた。宋にあること一四ヵ月、諸宗の教学を習得し、帰国にあたっては諸宗の教蔵三千余巻をもたらした。文宗二十一年（一〇六七）に完成した興王寺に住して教蔵司監を置き、遼・宋・日本より仏典を求めて諸宗章疏の刊行にふみきった。また得たところの経論章疏の目録である『新編諸宗教蔵総録』を完成させた。ほかに興王寺に住していたときの義天の業績で特筆すべきは貨幣の製造であった。粛宗に貨幣の利を進言し、ついに海東通宝を発行させたのである。

宣宗六年（一〇八九）、国母太后の発願によって、松山の西南麓に天台宗の根本道場として国清寺が創建された。これは中国の浙江省の天台山国清寺にちなんで創建されたものである。ここに中国天台宗は高麗に移植された。四三歳、彼は同寺においてはじめて天台の教観を講じた。高麗では諦観が天台学に通じていたのみで、その没後は天台学の何ものであるかを知る者がなかったとき、その講義は人々に大きな注意を喚起した。その頃、粛宗の第五子であった澄儼《チンオム》（一〇九〇—一一四二）が出家して義天の左右に侍した。後の円明国師である。

義天は粛宗の六年（一一〇一）一〇月五日に四七歳で入寂したが、晩年には心労の病いに苦しんだようである。死ぬ一年前に国清寺で『法華玄義』を講じたときに、「予、心労の病い有り。近日漸《ようや》く増せり。経書を看読するに、毎《つね》に心痛を覚え、学業荒廃す」（『大覚国師文集』巻二〇）と述べている。おそらく入宋一四ヵ月、全身命をなげうって求法留学し、さらに帰朝後の続蔵経の刊行と、あまりにも心労を消耗することが多かったにちがいない。不惜《ふしゃく》身命《しんみょう》の護法の精神がその生命を縮ませたのではなかろうか。義天なきあと国清寺の天台宗は教雄によって継承された。また弟子に戒膺《ケウン》・恵素《ヘソ》があり、それぞれ義天の宗風を弘揚した。恵素は師の没後に『行録』を撰している。

つぎに義天の業績をかいつまんで述べておく。浄源のもとにおいて華厳を学んだとき、彼は高麗より智儼《チオム》の『捜玄記』『孔目《くもく》章』、法蔵《ポプジャン》の『起信義記』『探玄記』、澄観《チングァン》の『華厳経疏』など多くの書を将来した。彼が海東よりもたらした華厳典籍に刺激を受けて、ふたたび宋代に華厳教学が復興したのであり、義天こそ宋代の華厳学復興の端緒を開いた人といえよう。

これこそ業績の第一にあげらるべきものである。

『新編諸宗教蔵総録』の編纂と続蔵経の刊行についてはすでに述べたが、仏教典籍に関する義天の業績として重要なのは『円宗文類』と『釈苑詞林《しゃくおんしりん》』の編集である。『円宗文類』は二二巻の大著であり、華厳宗に関する重要な文献を蒐《あつ》めたもので、義天や弟子たちが編纂したものである。完成したのはいつ頃かはっきりしないが、おそらく帰朝後、六、七年たってできたものであろう。この『円宗文類』は巻一四および巻二二が大日本続蔵経に収録されており、さらに一部が韓国の李能和《イヌンファ》氏や、日本の金沢文庫に現存する以外、ほとんど散佚してしまった。しかし現存する部分だけでも、華厳経結社に関する資料など華厳宗の歴史解明に重要な資料が網羅されているのである。義天が最後に編集したのは『釈苑詞林』二五〇巻であるが、これも現存するのはわずか五巻にすぎない。しかしそのなかに、すでに散佚した資料である北宗の神秀の『華厳経疏』などの引用がなされていることは注意すべきである。『円宗文類』や『釈苑詞林』がすべて現存したならば、華厳宗史を書きかえるに至るであろう。否、華厳宗史ばかりでなく、中国仏教史や朝鮮仏教史の解明のためにも大きな貢献をしたものと惜しまれる。

万徳山白蓮社の高僧たち

義天ののち、天台宗をひろめ、白蓮《ペンニョン》結社(9)を創設したのは円妙国師了世《ヨセ》(10)(一一六三—一二四五)であった。俗姓は徐氏、新繁県(慶南、陜川郡)の人である。一二歳で出家、天台教観を学ぶ。二三歳にして僧選に入り、数年にして宗乗をきわめた。神宗元年（一一九八）、法会を高峰寺《コボンサ》に設けたが、異論続出するなかにあって了世が座にのぼると大衆はその説に服した。同年、霊洞山長淵寺《チャンヨンサ》において開堂説法した。その後、禅の知訥に師事した。熙宗四年（一二〇八）、月生山薬師寺に住し、以後、天台宗義を宣揚した。

また五十三仏を礼する修懺《しゅさん》を一二回行なった。南海山のそばの古万徳寺《コマンドクサ》の旧趾に伽藍を創建し、高宗四年（一二一七）に落成した。十九年（一二三二）、普賢道場を開き、法華三昧を修して往生浄土を求めたが、弟子三八人、入社する者三百余人に及んだ。

山林に隠棲すること五〇年、日々、『法華経』一部、准提呪《じゅんでいじゅ》一千遍、弥陀仏号を一万声唱えたといわれる。著書に三大部の節要があった。高宗は彼に禅師の号を賜り、さらに没するや国師に任じて円妙と諡《おくりな》した。了世が開いた白蓮社では法華三昧懺にもとづいた懺悔滅罪の行法が行なわれた。知訥の定慧結社に対して、白蓮社は天台系の結社として特徴がある。また『三大部節要』も、知訥の『法集別行録』や『華厳論節要』にならったものである（「万徳山白蓮社円妙国師碑銘」『東文選』一一七）。

了世の法華懺法を継承したのは白蓮社の第二世、静明国師天因《チョンイン》（一二〇五―四八）である。俗姓は朴氏、諱《いみな》は天因、燕山郡（忠北清州郡）の人。第四世の真静国師天頙《チョンチョク》とは別人である[11]。了世に得度し、さらに松広山修禅社の慧諶《ヘシム》から曹渓禅を学び、万徳山に帰って『法華経』を誦した。二年間にわたって普賢道場を開いたが、智異山《チリサン》、ついで毗瑟山《ピスルサン》に隠栖した。後に象王山法華社に入り、天台教観をひろめた（「万徳山白蓮社静明国師詩集序」『東文選』八三）。『静明国師詩集』三巻は失われたが、一部は『東文選』に収録されている。

白蓮社[12]系の高僧に雲黙《ウンムク》がある。字は無寄、浮菴と号した。天頙の弟子、仏印静照国師によって出家し、天台学を受けた。僧選に合格して窟嵓寺《クラムサ》の住持となったが、名利を捨てて金剛山・五台山などの名山勝地を歴遊し、始興山に庵を結び、『法華経』を読誦して弥陀を念じ、仏を画き経を写すことを日課とすること二〇年にわたったという（『列伝』巻二）。著書に『釈迦如来行蹟頌』『天台末学雲黙和尚警策』があった。前者は仏伝文学であるが、成仏後の釈迦の伝道を天台の五時教判説によって叙述しているところに、天台学者としての彼の特徴がある。

白蓮社の第四世、天頙は字《あざな》は天因、号は内願堂、諡号《しごう》は真静国師である。出家して了世より衣鉢を受けた。晩年に国師となり白蓮社の龍穴庵に住した。著書に『海東伝弘録』『湖山録[13]』がある。前者は海東の『法華経』の霊験伝を集めたものと思われる。

白蓮社系の天台宗を受けた人に了円《ヨウオン》がある。忠恵王元年（一三三一）に王師になった人であり、著書に『法華霊験伝』がある。これは唐の慧祥の『弘賛法華伝』や高麗の真静国師の『海東伝弘録』などから、『法華経』の霊験譚を蒐集して編集したものである。『東文選』巻二二には「幻菴」と題する七言絶句が収録されている。なお、彼は妙蓮寺を中心とする天台宗団に属する。そのほか天台宗には、無畏《ムウェ》・義旋《ウィソン》・神照《シンジョ》・祖丘《チョグ》・玄見《ヒョンギョン》・明一《ミョンイル》・覚恒《カカン》などの名僧が現われ、高麗末に至るまで盛んであった。

華厳教学の復興

華厳宗はもともと伽耶山海印寺を中心として、後百済の甄萱《キョンフォン》に支持された観恵《クアネ》と、高麗太祖の支持を得た希朗《ヒラン》が宗匠であったが、新羅末から高麗にかけて南北二派に分裂した。南岳華厳寺《ファオムサ》によった観恵の門下を南岳派といい、北岳浮石寺によった希朗の系統を北岳派といった。この両派の学説は互いに相容れることなく論争があったといわれるが、高麗光宗（九四九―七五）の時代に均如《キュニョ》大師が現われ、両派の矛盾対立を止揚して、華厳宗を統一したといわれる。

均如[14]（九二三―七三）は俗姓は辺氏、黄州の人で円通首座といわれた。一五歳のとき、復《ポ》興寺《クンサ》の識賢《シッキョン》和尚によって出家し、霊通寺義順《ウィスン》に師事した。光宗の発願によって松嶽の麓に帰法寺が創建され、その住持となった。

彼には『釈華厳教分記円通鈔』[15]『釈華厳旨帰章円通鈔』『華厳三宝章円通記』『十句章円通記』[16]『一乗法界図円通記』[17]『普賢十種願往歌』など多くの著作があり、前二著には中国の唐の法蔵（六四三―七一二）の撰述である『華厳五教章』のテキストについての伝承が述べられている。従来、『華厳五教章』のテキストは、日本伝来本の和本と趙宋の注釈家が依用した宋本の二種があったが、新羅・高麗に伝承された別本の存在が知られ、ここにテキストおよび法蔵の原本を考究する広い視野が確立した。学界においてもなお異説[18]があって今後の検討にゆだねられているが、こうした均如の諸著作があるために、新羅の義湘によって伝えられた海東華厳の思想的特質を研究することが可能となり、中国とも日本とも違った朝鮮華厳の特質を把握することができるようになった。

彼と同時代に活躍した華厳学者に坦文《タンムン》（九〇〇—七五）がある。字は大悟、俗姓は高氏、広州高湊の人である。五歳にして北漢山荘義寺《チャンウイサ》の信厳《シンオム》に師事して華厳を習い、一五歳のとき具足戒を受けた。高麗太祖の信任を得て、九龍山寺《クリョンサンサ》に住して華厳を講じた。光宗十四年（九六三）には帰法寺に住し、主僧となった。十九年（九六八）、王は坦文に弘道三重大師の号を下賜され、王師に任ぜられ、さらに国師となったが、病いのため故山の迦耶山普願寺に帰った。僧徒が坦文を迎えること仏の如きであったという。弟子に霊撰《ヨンチャン》・一光《イルグァン》・明会《ミョンフェ》・芮林《イェリム》・倫慶《ユンギョン》・彦玄《オニョン》・弘廉《ホンニョム》などがあった（「普願寺法印国師塔碑」）。

大覚国師義天が受学した雲通寺爛円《ナノン》（九九九—一〇六六）の弟子に、楽真《アクチン》[19]（一〇四八—一一一六）がある。義天とともに入宋し、晋水浄源より華厳を学び、粛宗代には僧統に、睿《えい》宗代には王師となり、悟空通慧の法号を賜った。帰法寺・法水寺《ポプスサ》の住持となって華厳をひろめた。

粛宗の第四王子、澄儼《チンオム》は世福と号し、円明国師と諡された。義天に華厳を学び[20]、開城の興王寺に住し、都僧統となった（「円明国師墓誌銘」）。澄儼の受戒の弟子、宗璘《チョンニン》（一一二三—七五）は僧統となり華厳の宗風を宣揚した。

開城の霊通寺に住した智《チ》称《チン》（一一一三—九二）、俗姓は尹氏、字は致原、南原の人。洪円《ホンウオン》寺《サ》僧統の教雄に師事した。のち三重大師、僧統に任ぜられ、百座仁王会に際しては空門の領袖となった。晩年には三角山円覚社に隠棲した。

なお、一四世紀の有名な華厳学者に体元《チエウォン》[21]がある。号は木庵、海印寺に住したという。著書に『白花道場発願文略解』『華厳経観自在菩薩所説法門別行疏』『華厳経観音知識品』などがある。

法相宗

玄奘門下の唯識を受けた新羅の法相宗は、太賢《テヒョン》、円測《ウォンチュク》、道証《トジュン》など多くのすぐれた学者を輩出して独自の発展を示したのであったが、高麗になるとその系統を明らかにすることができない。ただ、法相唯識を学んだ何人かの高僧がいるので、簡単にその事蹟を述べておく。

高麗初期に活躍した鼎賢《チョンヒョン》(九七二—一〇五四)は俗姓、李氏。幼にして光教寺《クァンギョサ》忠会大師に投じて出家、一三歳のとき漆長《チルジャン》(七長)寺《サ》融哲《ユンチョル》について瑜伽を学び、霊通寺戒壇において受具した。成宗十五年(九九六)、沐勒寺《モンヌクサ》の五教大選において名声を博し、大師に任ぜられる。顕宗代には異跡を現わして優遇を受け、徳宗即位するや法泉寺《ポプチョンサ》に住し、僧統に任ぜられた。文宗王のときに王師となり、さらに国師に任ぜられた。没するや慧炤国師と諡《おくりな》された(「七長寺慧炤国師塔碑」)。

同じく高麗初期に瑜伽を宣揚したのが海麟《ヘリン》(九八四—一〇六七)である。字は巨龍、俗姓は元氏、原州の人。寛雄《クァンウン》および海《ヘ》安寺《アンサ》俊光《チュングァン》に師事する。穆《ぼく》宗二年(九九九)、龍興寺《ヨンフンサ》官壇で受具、のち都講真肇《チンジョ》より暦算の法を習う。顕宗より明了頓悟の号を賜り、重大師に任ぜられ水多寺《スダサ》に住した。さらに徳宗は三重大師を、靖宗は僧統を授けた。文宗に唯心の教義を講じ、のちに王師・国師に任ぜられた。智光《チグァン》国師と諡された（「原州法泉寺智光国師玄妙塔碑」）。

海麟の弟子、韶顕《ソヒョン》（一〇三八—九六）は侍中の李子淵《イジャヨン》の第五子であった。字は範囲、俗姓は李氏。一七歳のとき海麟について出家、『金光明経』および『唯識論』を学んだ。僧科に合格して大徳、さらに重大師になった。文宗は韶顕の才徳を聞いて延徳宮に引見し、第六王子の竀《テン》（道生僧統）を出家させて師事させた。宣宗が即位すると僧統となった。彼は金山寺《クムサンサ》の南に広教院を建てて唯識を手校し、奥秘を開発した。慈恩大師基《き》の著書である『法華玄賛』『唯識述記』などの章疏三二部三五三巻を校正し、これを開板して流通させた。法相宗の諸寺に浄財を納め、毎年法会を設け、また釈迦および玄奘・基の二師、海東六祖の像を画いて寺に奉安した。粛宗元年（一〇九六）、玄化寺の奉天院において深夜看経し、弥勒如来の名号を念じて入寂した。王は王師を追封し慧徳の号を諡した。導生僧統をはじめとして門下一〇〇〇人といわれる。

高麗末期の忠烈王代（一二七五—一三〇八）に活躍した高僧に恵永《ヘヨン》（一二二八—九四）がある。俗姓康氏、聞慶の人である。一一歳、南白月寺《ナムペグォルサ》の沖淵《チュンヨン》について出家、のち僧統となり俗離寺《ソンニサ》、仏国寺、通度寺、重興寺、瑜伽寺《ユカサ》に転住した。十六年（一二九〇）写経僧一〇〇人を連れて元の都に至り、世祖に『金字法華経』を献納し、翌年に大蔵経を写して帰国した。忠烈王は彼を国尊に任じ、法号、普慈を賜った。五教都僧統となり桐華寺に住した。没するや弘真を諡された（「桐華寺弘真国尊真応塔碑」）。

弥授《ミス》（一二四〇—一三二七）は、諱《いみな》は子安であったが夢に感じて弥授と改めた。俗姓金氏、一善郡の人。一三歳のとき元興寺《ウォンフンサ》宗然《チョンヨン》のもとに得度し経論を学んだ。一九歳、僧科に合格して国寧寺《クンニョンサ》に住し、二九歳、三重大師となり『唯識論』の主講、さらに熊神寺《ウンシンサ》の首座、荘《チャン》義寺《ウィサ》の僧統となり、俗離山法住寺《ポプチュサ》に住して九二巻の経論章疏を撰した。忠宣王元年（一三〇九）、釈教都僧統となり、行智円明大師の号を賜った。さらに大慈恩宗師・三重大匡両街都僧統・内殿懺悔師などに任ぜられた。晩年には桐華寺に住し、悟空真覚妙丹無碍国尊となった。忠粛王十四年（一三二七）、八八歳で没し、謚号は慈浄国尊である（「俗離山法住寺慈浄国尊碑銘并序」）。著書に経論の注釈、『大般若経難信解品記』『心地観経記』がある。

高麗最後の唯識学者に海円《ヘウォン》（一二六二—一三四〇）がある。俗姓は趙氏、咸悦郡（全北全州郡）の人。一二歳、金山寺釈宏《ソックェン》のもとで出家、僧科に合格して仏住寺《ブルチュサ》に住した。その戒行清高なることを聞いた安西王の要請で、元の成宗（一二九四—一三〇六）に招致された。元の仁宗は海円を大崇恩福元寺《ポグオンサ》の第一世に任じた。高麗の忠粛王も尊礼を加え、金山寺に住まわせ、慧鑑円明遍照無礙国一大師の号を賜った。唯識に通じ、福元寺に住すること二九年、忠恵王元年（一三四〇）、七九歳で没した（『東文選』一一八）。

（1）李能和『朝鮮仏教通史』下編、四七九ページ。

（2）金映遂「五教両宗에対하야」（『震檀学報』第八巻、一九三七年一一月）。

(3) 韓基斗「韓国仏教の五教両宗問題」(『朝鮮学報』第九八輯、一九七六年一月)。

(4) 朝鮮の天台思想に関する綜合的研究の成果に、仏教文化研究所編『韓国天台思想研究』(東国大学校出版部、一九八三年)がある。

(5) 金哲俊「高麗初의天台学研究――諦観과義通」(『東亜文化』二、一九六八年)。

(6) 李能和『朝鮮仏教通史』下編、三三〇ページ。

(7) 高橋亨「大覚国師義天の高麗仏教に対する経綸について」(『朝鮮学報』第一輯、一九五六年)。内藤雋輔「高麗の大覚国師に関する研究」(『朝鮮史研究』東洋史研究会、一九六一年、第一章参照)。趙明基「大覚国師의天台의思想과続蔵의業績」(自性郁博士頌寿記念『仏教学論文集』東国大学校、一九五九年)。洪庭植「高麗天台宗開立과義天」(崇山朴吉真博士華甲紀念『韓国仏教思想史』円仏教思想研究院、一九七五年)。崔柄憲「天台宗의成立」(『한국사』六、一九七五年)。

(8) 河村道器「大覚国師集の異版に就て」(『青丘学叢』第四号、一九三一年五月)。

(9) 蔡尚植「高麗後期天台宗의白蓮社結社」(『韓国史論』五、一九七九年一〇月)。

(10) 高翊晋「円妙了世의白蓮結社와그思想的動機」(『仏教学報』第一五輯、一九七八年)。

(11) 高翊晋「白蓮社의思想伝統과天頙의著述問題」(『仏教学報』第一六輯、一九七九年)。李永子「天頙의天台思想」(『仏教学報』第一七輯、一九八〇年)。

(12) 閔泳珪「高麗雲黙和尚無寄輯佚――無寄警策과釈迦如来行蹟頌並序」(崇山朴吉真博士華甲紀念『韓国仏教思想史』(崇山朴吉真博士華甲紀念事業会、一九七五年)。

(13) 李永子「天頙의湖山録」(『韓国仏教学』第四輯、一九七八年)。

(14) 李永洙「均如大師伝の研究」上、中、下一、下二(東洋大学東洋学研究所刊『東洋学研究』七・八・一三・一八号、一九七三、七四、七九、八三年)。金鍾雨「均如의生涯와그의郷歌」(『国語国文学誌』三、一九六一年)。金杜珍「均如의生涯와著述」(『歴史学報』七五・七六合冊、一九七七年)。

(15) 金知見編『均如大師華厳学全書』上巻(大韓伝統仏教研究院、一九七七年解題)。拙稿「釈華厳教分記円通鈔の注釈的研究」(『東洋文化研究所紀要』第八四冊、一九八一年三月)。中条道昭「高麗均如の教判について」(『印度学仏教学研究』二九巻二号、一九八一年三月)。吉津宜英「華厳教判論の展開——均如の主張する頓円一乗をめぐって」(駒沢大学『仏教学部研究紀要』第三九号、一九八一年)。金杜珍『均如華厳思想研究——性相融会思想』(一潮閣、一九八三年一一月)。李杏九「光宗の仏教政策と均如の華厳思想」(『韓国仏教学 SEMINAR』第一号、一九八五年一二月)。

(16) 木村清孝「『十句章円通記』について——韓国華厳思想の発展に関する一考察」(『華厳学研究』創刊号、華厳学研究所、一九八七年三月)。

(17) 金知見「校註『法界図円通記』」(『新羅仏教の研究』山喜房、一九七三年六月)。

(18) 結城令聞「華厳五教章に関する日本・高麗両伝承への論評」(『印度学仏教学研究』第二四巻第二号、一九七六年三月)、「『華厳五教章』の高麗錬本・径山写本(宋本)の前却と和本の正当性について」(『南都仏教』第五〇号、一九八三年六月)。

(19) 許興植「高麗中期華厳宗派의 継承——元景王師를 중심으로」(『韓国史研究』第三五輯、一九八一年一二月)。

(20) 崔柄憲「高麗時代華厳学의 変遷——均如派와 義天派의 対立을 중심으로」(『韓国史研究』第三〇輯、一九八〇年九月)。

(21) 蔡尚植「体元의 著述과 華厳思想——一四세기 華厳思想의 断面」(奎章閣六、서울大学校図書館、一九八二年一二月)。

5 禅宗の発展——曹渓宗の成立

新羅の中期以降、唐の禅が入唐僧によって新羅に伝えられたが、それらの禅は馬祖《ばそ》系の洪州宗の一派がほとんどであった。高麗時代になると、新たに五家七宗の一つである法眼宗の一派が伝来した。また新羅時代の禅は中国禅の受容にとどまっていたが、高麗[1]になると知訥《チヌル》が出て、中国禅の影響を受けながらも独自な禅風を確立するにいたった。知訥によって確立された禅風はその後の朝鮮禅[2]の方向を決定し、後代の曹渓宗の成立に大きな影響を与えた。さらに承迥《スンヒョン》・志謙《チギョム》・慧諶《ヘシム》・天頙《チョンチョク》など多くのすぐれた禅者が輩出し、高麗末には指空《チゴン》・普《ポ》愚《ウ》・慧勤《ヘグン》などの活躍があり、ここに朝鮮禅の確立を見たのである。

法眼宗の伝来

中国の五代のとき活躍した清涼文益（八八五―九五八）によって法眼宗がおこり、つづいて天台徳韶（八九一―九七三）が活躍し、さらにその弟子、永明延寿（九〇四―七五）が大いに宗風を高めた。この延寿のもとで高麗僧三六人が印可を受け、その教えを自国にひろめた。そのなかの一人に智宗《チジョン》がいた。彼らの修学は光宗の命によるものであり、延寿に袈裟や紫水晶の念珠・金澡罐などを献奉している。

智宗は字は神則、姓は李氏、全州の人である。八歳にして出家の志をたて、たまたま舎那寺に来遊していた弘梵三蔵に投じて出家した。三蔵が中インドに帰るに及び、広化寺《クァンファサ》の憬《キョン》哲《チョル》に師事した。光宗十年（九五九）、帝に入宋求法の志を述べて許され、海を渡って呉越におもむき、延寿に師事した。ついで天台山国清寺に行って浄光大師に謁し、天台教学を学んだ。二十一年（九七〇）、高麗に帰ると、光宗は智宗を優遇して金光禅院に招じ、重大師に任じた。景宗が即位すると三重大師に任ぜられ、成宗代（九八二―九七）には積石寺《チョクソクサ》に移住した。つぎの穆《ぼく》宗は光天遍炤至覚知満円黙禅師の号を賜り、仏恩寺《プルンサ》の外帝釈院に住した。さらに顕宗によって広明寺《クァンミョンサ》に招かれ、寂然《チョギョン》という法号を賜り、四年（一〇一三）には王師に任じられ厚く遇された。九年（一〇一八）、原州（江原道原州）の賢渓山居頓寺《コドンサ》において没した。ときに八九歳であった。智宗のもっとも大きな功績は、同行した三六人の高麗僧とともに延寿の法系を伝えたことである。法眼宗は華厳と禅とを融合させた禅風であるため、均如《キュニョ》の華厳教学が盛んであった高麗初期の風潮にも適応して受容されていった。

李資玄の禅

高麗の禅者でもっとも有名なのは知訥であるが、知訥の禅風が確立する前に朝鮮禅の形成に大きく寄与したのは李資玄《イジャヒョン》（一〇六一―一一二五）であった。字は真精。容貌瑰偉《かいい》、天性恬淡《てんたん》といわれ、順宗元年（一〇八三）に進士にのぼり、六年後には大楽署丞になったが、官を棄てて隠棲した。かつて『雪峯語録』を読んで大悟し、諸方の名山を遍歴し聖賢の遺跡を訪ねたが、清平山に入り文殊院に住した。大蔵経を読み、とくに『首楞厳《しゅりょうごん》経』によって心印を明らめた。睿《えい》宗十二年（一一一七）八月、南京（漢城）において王に拝謁し、命によって三角山清涼寺《チョンニャンサ》に住し、禅理を諮問されて『心要』一篇を奉呈した。のちに楞厳講会を開き、学者を教授した。仁宗は即位するや李資玄に茶香・衣物を賜り、没すると真楽公を諡した。著書に『追和百薬道詩』『南遊詩』『禅機語録』『布袋頌』などがあった（『東文選』六四「江原道春川郡清平山文殊院記」）。弟子に鼎賢《チョンヒョン》および権適《クオンジョク》・坦然《タニョン》があった。

断俗寺《タンソクサ》の坦然（?―一一五八）は俗姓は孫氏、一三にして六経の大義に通じ、一五にして明経生に補せられ、宮中において睿宗の師となったが出塵《しゅつじん》の志かたく、一九歳、京北山安寂《アンジョク》寺《サ》において出家し、慧炤国師鼎賢に師事して心要を得た。粛宗のとき徴されて王の輦下《れんか》にあること一〇年、命によって中原義林寺《ウィリムサ》に住した。睿宗の信任を受けて三重大師を授けられ、さらに禅師号を下賜されて禅巌寺《ソナムサ》に住した。仁宗即位するや袈裟を賜い、さらに大禅師になり、広明寺に住した。睿宗は大事に際してはかならず彼に諮問し、王師に任ぜられた。さらに毅宗の信任を受け、晋州断俗寺に入った。弟子数百人を下ることがなかったという（「断俗寺大鑑国師塔碑」）。

知訥――朝鮮禅の形成

新羅の中期に禅が流入してから高麗の中頃までは中国禅の延長にすぎなかった。しかし神宗代に出た知訥(3)（一一五八―一二一〇）は独特の禅宗を創唱した。

松広寺《ソングァンサ》の開創者知訥は姓は鄭氏、母は趙氏、牧牛子と号した。熙《き》宗（一二〇五―一一）より仏日普照国師と諡された。黄海道洞州（現・瑞興郡）の出身である。八歳のとき、禅僧宗《チョ》暉《ンフィ》について出家した。一七歳のとき、慶尚北道の鶴麓山の普門寺《ポムンサ》において大蔵経を読み、とくに李通玄《イトンヒョン》の『新華厳経論』を読んで、禅の宗旨と華厳の教えとが一つであることを悟った。ついで全羅南道の清涼寺において『六祖壇経』を読み、「真如自性は念より起こる、六根、見聞覚知有りと雖《いえど》も、万境に染せずして、真性常に自在なり」の一文に至り、驚喜しながらこれを誦したという。

三二歳で全羅南道の智異山に入り、無住庵に住して俗縁を断ち、ひたすら坐禅を修した。その頃ある日『大慧語録』を得て、「禅は静処にも、閙処《とうしょ》（騒がしい処）にも、日用応縁処にも、思量分別処にも在らず」という一文に至って忽然として大悟した。この頃また唐の華厳学者、圭峯宗密の『禅源諸詮集都序』を読んだ。四二歳のとき、定慧社を居祖寺《コジョサ》より順天の松広寺に移し、松広山定慧社は曹渓山修禅寺《スソンサ》と名称が改められ、朝鮮禅の根本道場となった。この修禅寺こそ現在の曹渓山松広寺にほかならない。

知訥の著書には『修心訣』『円頓成仏論』(4)『看話決疑論』(5)『定慧結社文』『誡初心学人文』『真心直説』『法集別行録節要幷入私記』『華厳論節要』などがある。『華厳論節要』は李通玄の『新華厳経論』を節要したものであり、知訥が彼に傾倒したことを示している。この書は韓国には一つも存在せず、わが国の金沢文庫にその写本が遺存している。『真心直説』は理路整然として、朝鮮の禅書の白眉といわれており、知訥の悟境を記した晩年の力作である。自性清浄の真心を一五条に分けて解説した。『修心訣』では頓悟漸修《とんごぜんしゅう》を説き、また荷沢神会《かたくじんえ》の「霊知不昧の一心」について言及する。また宗密に傾倒すること深く、宗密の『禅門師資承襲図』(6)に注釈した『法集別行録節要幷入私記』は知訥の禅学概論でもあり、教判論でもあった。

朝鮮禅の高僧たち

知訥と同じ時代に活躍した禅僧に、志謙《チギョム》と承迥《スンヒョン》がある。志謙（一一四五—一二二九）は姓は田氏、霊光（全南）の人。一一歳のとき禅師嗣忠について得度し、禅選に合格して登高寺に住した。三重大師に任ぜられ、禅師・大禅師の称号を受け、康宗元年（一二一二）王師となり、高宗十六年（一二二九）八五歳で没した（『李相国全集』下）。著書に『宗門円相集』（暁城先生八旬頌寿『高麗仏籍輯佚』）があり、高麗の禅思想の特色を知ることができる。

李資玄の禅風を継承した承迥（一一七一—一二二一）は、姓は申氏、上洛山陽（慶北尚州郡）の人。一三歳のとき曦陽山鳳嵓寺《ポンアムサ》の洞純《トンスン》について出家し、諸方を遊山して曹渓山に行き、知訥に参じた。のちに江陵郡の五台山に行って文殊の冥感を得、さらに清平山に至って李資玄の遺跡を訪ね、『首楞厳経』を読んでその教えをひろめることを発願した。同経の教えが盛んになったのは彼の力である。熙宗四年（一二〇八）、皆骨山（金剛山）楡岾寺《ユジョムサ》に住し、のち三重大師となり、さらに高宗および崔忠献《チェチュンホン》より厚く遇せられ、禅師・大禅師に進み、宝鏡寺《ポギョンサ》に住した。熙宗は第四子を彼のもとで出家させたが、これが珍丘寺《チングサ》の鏡智《キョンジ》である。高宗八年（一二二一）、公山念仏寺《ヨンブルサ》で没し、円真国師と諡された（「宝寺円真国師碑銘」）。

一方、知訥の法門を継承し[7]修禅社第二世となったのが慧諶《ヘシム》[8]（一一七八—一二三四）である（「社」は僧の小グループを表わす）。俗姓は崔、羅州和順（全南）の人。はじめ儒学を学び司馬試に挙げられ太学に入ったが、知訥について出家した。鰲山《オサン》および智異山金堂庵で修行し、さらに知訥に参じて心印を付された。師が入寂すると、勅命によって修禅社を継いだ。学者雲集し名声高く、高宗は禅師・大禅師の号を下賜した。高宗二十一年（一二三四）五七歳で入寂し、真覚国師と諡された。著書に『禅門拈頌』『禅門綱要』『語録』『詩集』がある。『禅門拈頌』は、門人真訓《チヌン》とともに松広寺広遠庵において、古則一一二五および諸祖の拈頌《ねんじゅ》などを採集したものである。

混元《ホンノン》（一一九一―一二七一）、俗姓は李氏、遂安（黄海道）の人。曹渓山の慧諶にも師事したが、その弟子である曹渓山《ソノンサ》第三世、清真国師の法を受けて第四世となった。高宗三十二年（一二四五）、柱国崔怡が禅源寺を創建すると招かれて住した。のち王師となり元宗の信任を得た。国師となって真明と諡された（「晋州臥龍山慈雲寺真明国師碑」）。

曹渓山修禅社の第五世となった天英《チョニョン》（一二一五―八六）は俗姓は梁氏、慧諶のもとで得度し、二二歳のとき禅選の上上科に合格し、混元にも師事して名声を高めた。高宗三十三年、柱国崔怡が禅源社を開創するや招かれて法主となった。三重大師・禅師・大禅師となり、没するや慈真円悟国師と諡された。

天英と同時代の高僧に九山禅門の迦智山派の一然《イリョン》[9]（一二〇六―八九）がある。俗姓は金氏、学は晦然、後に一然と改名した。慶州章山郡（慶尚北道慶山）の人。九歳にして海陽無《ム》量寺《リャンサ》で就学し、一四歳のとき陳田寺《チンジョンサ》長老大雄《テウン》について得度した。二二歳、選仏場で上上科に登ったのち、包山宝幢庵で修行、さらに無住庵で「生界不滅、仏界不増」の句を参究して大悟した。三重大師・禅師・大禅師となり、天宗二年（一二六一）には勅命によって禅月社に住した。仁弘社に住すること一一年、さらに包山の東麓に涌泉寺《ヨンチョンサ》を重修し仏日社とした。雲《ウン》門寺《ムンサ》・広明寺にも住し、忠烈王九年（一二八三）、円径冲照国尊の号を賜り、翌年には麟角《インガク》寺《サ》に住し、八四歳で没した（「義興華山曹渓宗麟角寺迦智山下普覚国尊碑銘」）。弟子に『新編水陸儀文』などを著わした混丘《ホング》（一二五一―一三二二）がある。

一然の著書に『語録』『祖図』『大蔵須知録』『諸乗法数』『祖庭事苑』『禅門拈頌事苑』などがあったが失われ、現存するものに『三国遺事』『重編曹洞五位』『新羅国東吐含山華厳宗仏国寺事蹟』がある。『重編曹洞五位』は、中国曹洞宗の五位説に一然が注を加えて編纂したものである。本書は従来、逸失されたと見られていたが、日本の延宝八年（一六八〇）刊本の『重編曹洞五位』が一然の編修であることがわかった。[10]『新羅国東吐含山華厳宗仏国寺事蹟』は慶州仏国寺の事蹟記である。

一然の著書でもっとも重要なのは『三国遺事』[11]である。これは、『三国史記』[12]では顧みられなかった仏教の弘《ぐ》通《つう》についての諸事実を収録することに全力を注いでできたもので、仏教史の宝庫であるといえる。そのなかに収録されている郷歌《ヒャンガ》一四首は、日本の万葉の古歌にも匹敵さるべきものであり、赫連挺《ヒョクリョンジョン》の『大華厳首座円通両重大師均如伝』に収録された郷歌一一首とともに、朝鮮の古代文学や語学の研究に重要な資料を提供している。

『三国遺事』と並んで仏教史の重要な資料となったのが、高麗の覚《カ》訓《クン》が王命によって高宗二年（一二一五）に撰述した『海東高僧伝』[13]である。これは韓国の最古の僧伝で、現在二巻のみ残っている。一巻には、順道・亡名・義淵・曇始・摩羅難陀・阿道・玄彰・法空・法雲、二巻には、覚徳・智明・円光・安含・阿離耶跋摩・慧業・慧輪・玄恪・玄遊・玄大の伝記が載せられている。

曹渓山修禅社第六世の冲止《チュンジ》(14)（一二二六―九二）は俗姓は魏氏、定安（忠清北道）の人。禅源社の天英について得度し、諸々の講筵《こうえん》に参じて四一歳のとき金海県の甘露社に住した。忠烈王十二年（一二八六）天英入寂するや、その席をついで曹渓山第六世となった。元の世祖の尊信を受けたが十八年（一二九二）に没し、円鑑国師と諡された（『円鑑国師集附録』『総覧』下）。現存する書に『海東曹渓第六世円鑑国師歌頌』『曹渓円鑑国師語録』『海東曹渓宓庵和尚雑著』があり、さらに現存しないが『円鑑国師集』があったという。

万恒《マンハン》（一二四九―一三一九）は俗姓は朴氏、熊津（忠清南道公州）の人。九山選において首選となり、のちに楓岳の智異山に隠栖して久修練行をつづけた。忠烈王の命によって三蔵社に住し、さらに朗月・雲興・禅源などの社主となり、弟子七〇〇人を設けた。忠宣王は別伝宗重続祖燈妙用尊者の法号を下賜した。忠粛王六年（一三一九）逝去し、慧鑑国師を諡された（「曹渓山脩禅社慧鑑国師碑銘」）。

復丘《ポック》（一二七〇―一三五五）は自ら無言叟と号した。固城郡（慶尚南道）の人。一〇歳のとき曹渓の天英について出家したが、円悟《ウオノ》がまもなく没したため道英《トヨン》に師事すること一〇年、二一歳のとき禅選上上科に入る。のち白巌寺《ペガムサ》において禅旨を参究すること十有余年、さらに月南松広大道場に住すること前後四十余年、晩年には王命によって霊光郡（全羅南道）の仏岬寺《プルガプサ》に住した。恭愍《きょうびん》王元年（一三五二）には王師に任ぜられ、四年に没した。禅源など門人千有余人があった（「王師大曹渓宗師覚儼尊者贈諡覚真国師碑銘」）。

高麗末期に活躍した禅匠に、太古普愚《ボウ》と懶翁慧勤《ヘグン》があった。この二人は中国禅を学び、それを高麗に伝えたのであり、中国の臨済宗を移植した。曹渓宗の開祖を知訥とするか、普愚とするかは問題のあるところであるが、普愚が一方の雄であることは否定することができない。

普愚[15]（一三〇一―八二）は俗姓洪氏、洪州（忠清南道洪城郡）の人、太古と号した。一三歳のとき檜巌寺広智《クァンジ》のもとで出家、諸方の叢林を訪ね、一九歳で疑団を解決し、三七歳のとき開城の栴檀《せんだん》園に寓し、無字を参究して大悟した。忠恵王復位二年（一三四一）、三角山重興寺に住し、多くの学者が集まった。寺の東に建てた太古庵に住し、歌一篇を作った。忠穆《ちゅうぼく》王二年（一三四六）、四六歳で元に入り、湖州霞霧山の天湖庵に行って石屋清珙に参禅し、印可を受けて袈裟を賜った。

元の順宗は普愚を請じて永寧（明）寺において開堂説法させ、金襴の袈裟および沈香を下賜された。同四年には、重興寺に掛錫し、さらに小雪山に隠棲すること四年、『山中自楽歌』一篇を作った。恭愍王の招請によって宮中に入り、ふたたび小雪山に隠退したが、五年（一三五六）には王の招請によって奉恩寺で説法し、王師に任ぜられた。のち曦陽山鳳巌寺・迦智山宝林寺《ポリムサ》、全州の普光寺《ポグアンサ》・瑩原寺《ヨンウォンサ》・陽山寺《ヤンサンサ》などに歴住し、国師に再封されたが、辛禑八年（一三八二）、八二歳で没した。王は円証を諡した（「楊州太古寺円証国師塔銘」『総覧』上、「太古王師伝」『列伝』巻二）。

普愚は臨済の正宗を海東へ伝え、看話禅を鼓吹し、宋の大慧の宗風を継承した。また詩才に長じ、多くの歌を作った。彼の法語と歌頌を門人雪栖《ソルソ》が編纂したのが『太古和尚語録』(存)であり、また『太古遺音』(失)があったという。普愚の生涯を門人維昌《ユチャン》が書いたものが『円証国師行状』である。

普愚とともに同じく石屋清珙の法を受けた人に景閑《キョンハン》(一二九八—一三七四)がある。号は白雲、慧勤の推薦で海州神光寺《シングァンサ》の住持となった。著書に『仏祖直指心体節要』『白雲和尚語録』(『白雲和尚語録解題』京城帝国大学法文学部刊、一九三四年)がある。

さて高麗末期になると、にわかに廃仏論がおこった。その代表者は鄭道伝《チョンドジョン》であった。彼は李朝の太祖李成桂と結んで、恭譲王から位を譲らせた人物であったが、朱子学に長じ朱子の廃仏論によって仏教を批難した。仏教徒が自ら耕作せず、労働することなく乞食《こつじき》して生活するのは誤りであるとし、さらに禅宗については、善悪を混同し、倫理を否定し、勝手気ままな放埒《ほうらつ》な生活をしていると批難したのである。

高麗朝一代にわたって多くの高僧碩徳が輩出したが、末期には辛旽《シンドン》のような妖僧が現われたため、いっそう仏教排撃の気運が高まった。辛旽は仏教に名を借りて国政を壟断《ろうだん》したためついに失脚したが、仏教のイメージを下落させた。このような時代に活躍したのが懶翁慧勤であった。

慧勤(一三二〇—七六)は姓は牙氏、号は懶翁、寧海府の人である。二〇歳のとき親友の死を見て、功徳山妙寂庵の了然のもとで出家した。諸山を歴遊して楊州檜巌寺で開悟した。

忠穆王四年（一三四八）三月、元に行き、燕京の法源寺においてインドより来た指空（西天百八代祖師）に参じ、さらに臨済の正脈をついだ平山処林に参じて払子《ほっす》と法衣を付嘱された。のち明州に行って補陀洛迦山の観音を拝し、育王寺と婺州伏龍山において諸大徳と問答して燕京へ帰った。

順宗の詔によって京師の広済寺に住して説法し、法源寺において指空と再見してから、恭愍王七年（一三五八）に帰国の途につき五台山象頭庵に入った。王の招請で城中において説法し、のちに金剛山の正陽庵・清平寺、五台山の霊感庵などに遊び、檜巌寺に住した。十九年（一三七〇）、広明寺において両宗の衲子《のっす》（普通には禅僧のこと――編集部）を試験する工夫選をつかさどり、翌年には王師に任ぜられ、松広寺に住した。そのとき同寺は東方第一道場といわれた。辛禑二年（一三七六）に神勒寺《シルルクサ》において没し、禅覚と諡された（「楊州天宝山檜巌寺禅覚王師碑」『総覧』上。『列伝』巻一、懶翁王師伝）。門人覚璉が輯録《しゅうろく》し、幻菴混修が校正した『懶翁和尚語録』（存）をはじめとし、『懶翁和尚歌頌』『懶翁百衲歌』などがある。

慧勤が師事した指空（?―一三六三）はマガダ国王を父に、香至《かし》国の公主を母として生まれた。八歳にして出家、一九歳のとき南インドの楞伽《りょうが》国吉祥山へ行き、普明に師事した。チベット・雲南・貴州を経てさらに北上して廬山《ろざん》に至り、揚州より舟で華北に進み、ついに燕京に達した。その間、辺境の蕃人を感化したり、祈って雨を降らせたり、さまざまな超能力を現わした。指空は西天百八祖にあたり、真の禅者であった。

やがて高麗人の願いをいれた彼は一三二七年（元・泰定四）、金剛山に遊んだ。彼が朝鮮半島へ来たのは高麗の忠粛王の時代と思われるが、再び半島から燕京へ帰った彼のもとに慧勤や無学《ムハク》が訪ねたのである（「楊州檜巌寺薄陀尊者指空浮屠碑」『総覧』下、高楠順次郎編「梵僧指空禅師伝考」『大日本仏教全書』遊方伝叢書第四）。天宝山檜巌寺は、西域僧の指空がこの地にやって来て、この地の山水の形がインドの阿蘭陀寺にあまりにも似ていると言ったので、慧勤が寺を建てたのであった。また長湍郡の華厳寺も彼が来たため大叢林となり、楊州の檜巌寺とともに修禅道場になったという（『新増東国輿地勝覧』巻一一）。

神勒寺（京畿道驪州郡北内面川松里）の祖師堂の壇上後壁の中央には慧勤の画像が飾られ、その右には無学、左には指空の画像が飾られ、いわゆる朝鮮仏教界の三和尚が祀られている。

慧勤の門下のなかで高麗末に活躍した人に、混修《ホンス》・粲英《チャニョン》・智泉《チチョン》・覚雲《カグン》などがあった。混修（一三二〇―九二）は字は無作、幻菴と号した。本姓は趙氏、広州（京畿道広州郡）豊壌県の人。一二歳のとき大禅師継松《ケソン》より内外の典籍を習い、その後、禅選上上科に登り、金剛山に入って修行を重ねた。母の没後、禅源寺で楞厳を学び、ついで五台山の神聖菴に住した。そのとき慧勤が孤雲庵にいたのでこれに師事し、袈裟・払子を与えられた。恭愍王十八年（一三六九）、白城郡の金璜《キムファン》が、願刹である瑞雲寺《ソウンサ》に彼を迎えて禅会を開いた。翌年、慧勤が工夫選を主催したとき、問答して許された。恭愍王の命によって仏護寺《プロサ》に住し、さらに内仏堂に入った。辛禑が即位するや、広通無碍円妙大智普済の号を賜り、さらに国師に任ぜられた。朝鮮太祖元年（一三九三）没すると、普覚国師を謚された（「普覚国師碑銘」『総覧』下）。語録に『幻菴語録』（『羅麗芸文志』によると開城中京文庫に所蔵）がある。

混修の弟子と伝えられる亀谷覚雲は湖南龍城（全羅北道南原郡）の人、恭愍王に召されて宮中において『伝燈録』を講じ、その才能を認められた。王は「達磨折蘆渡江図」「普賢六牙白象図」を画いて彼に賜った。また「亀谷覚雲」の四字を手書きし、かさねて大曹渓宗師禅教都摠摂崇信真乗勤修至道都大禅師の法号を下賜した（「賜亀谷書画賛幷序」『東文選』五一）。ちなみに覚雲は二人あり、他の一人は真覚国師慧諶の弟子で亀谷と号し、『禅門拈頌説話』を撰したとする（『通史』中編）。

粲英（一三二八―九〇）、字は古樗、木菴と号す。一四歳にして重興寺《チュンフンサ》の太古普愚について出家し師事すること五年、以後、楡岾寺《ユジョムサ》の守慈に参じ、忠定王二年（一三五〇）、九山選上上科に登って大興寺《テフンサ》に住したが、さらに小雪山において道行を磨き、三角山重興寺に住した。恭愍王は召して碧眼の達摩と称し、両街都僧録に任じた。特命により石南《ソンナム》・月南《ウォルナム》・神光・雲門などの諸寺に歴住したが、同王二十一年（一三七二）内院に迎えられ、浄智円明無礙国一禅師の号を賜り、さらに辛禑は禅教都摠摂浄智円明妙辯無礙玄悟国一都大禅師を加増したが、これを辞退した。ついで王師に任ぜられ、忠州の億政寺《オクチョンサ》や広明寺に住した。恭譲王二年（一三九〇）、六三歳で没すると智鑑国師と謚され、李朝の太祖も大智国師と謚した（「忠州億政寺大智国師塔碑」『総覧』下）。

智泉（一三二四―九五）は竺源と号し、俗姓は金氏、載寧《チェニョン》の人。一九歳にして長寿山懸巖《ヒョンナム》寺《サ》において剃髪し、『楞厳経』を学んだ。恭愍王二年（一三五三）、無学自超《チャチョ》とともに元の燕京に入って法雲寺《ポブンサ》の指空に師事した。五年、帰国して名山を遊歴したが、李朝太祖四年（一三九五）、天磨山寂滅庵において没した。太祖は正智国師と諡した（「竜門寺正智国師碑」）。

（1）최병헌「羅末麗初禅宗의社会的性格」（『史学研究』一九七五年）。

（2）権相老「韓国禅宗略史」（自性郁博士頌寿記念『仏教学論文集』一九五九年）。韓基斗「韓国의禅思想」（崇山朴吉真博士古稀紀念『韓国近代宗教思想史』円光大学校出版局、一九八四年）、『禅과無時禅의研究』（円光大学校出版局、一九八五年）。

（3）金芿石「仏日普照国師」（『仏教学報』第二輯、一九六九年）。李鍾益『高麗普照国師の研究』（非売品、一九七三年）。李智冠「知訥의定慧結社와그継承」（仏教文化研究院編『韓国禅思想研究』東国大学校出版部、一九八四年）。李英茂「普照国師知訥의人物과思想」（『人文科学論叢』第九巻、一九七六年）。小島岱山「韓国仏教における華厳思想の展開――『華厳論節要序』を中心として」（『理想』六〇六号、一九八三年一一月）。*The Korean Approach to Zen*, The Collecterd Works of Chinul, Translated with An Introduction by Robert E. Buswell Jr., University of Hawaii Press, Honolulu, 1983.

（4）金知見「円頓成仏論について」（『印度学仏教学研究』一七巻二号、一九六九年三月）。

（5）神奈川県立金沢文庫刊『金沢文庫資料全書』（仏典　第二巻　華厳篇、一九七五年）。

（6）拙著『宗密教学の思想史的研究』（東京大学出版会、一九七六年）。

（7）菅野銀八「高麗曹渓山松広寺十六国師の継承に就て」（『青丘学叢』第九号、一九三二年八月）。

(8) 権奇悰「彗諶의禅思想研究」(『仏教学報』第一九輯、一九八二年)。
(9) 閔泳珪「一然의禅仏教」(『震檀学報』第三六輯、一九七三年)。蔡尚植「普覚国尊一然에대한研究——迦智山門의登場과관련하여」(『韓国史研究』第二六輯、一九七九年一〇月)。
(10) 閔泳珪「一然重編曹洞五位」(『学林』第六輯、一九八四年三月)。
(11) 今西龍「正徳刊本三国遺事に就きて」(『高麗史研究』所収)。末松保和「高麗文献小録(二)——三国遺事」(『青丘学叢』第八号、一九三二年五月)。三品彰英「三国遺事考証——駕洛国記(一)」(『朝鮮学報』第二九輯、一九六三年一〇月)。村上四男「『三国遺事』覚書抄」(『韓国文化』一九八五年一二月号)。
(12) 金哲埈「高麗中期의文化意識과史学의性格——『三国史記』의性格에대한再認識」(『韓国史研究』第九輯、一九七三年三月)。
(13) 今西龍「海東高僧伝に就きて」(『高麗史研究』所収)。
(14) 奏星圭「円鑑国師冲止의生涯」(『釜山学報』五、一九八一年)。
(15) 李英茂「太古普愚国師의人物과思想」(『建大史学』五、一九六七年)。

第四章　李朝の仏教

李朝（朝鮮王朝）の仏教史を一言でいえば、衰退の歴史であるといえる。高麗朝は王朝・貴族があつく仏教を信仰し、仏教法会が盛んに行なわれていたのに対して、李朝においては強力な廃仏崇儒の政策がとられたために、仏教は衰微の一途をたどった。とくに太宗・世宗の代に廃仏政策が強行され、さらに燕山君《ヨンサングン》の暴虐な強圧が加わったため、仏教は儒教のもとに完全に屈服させられるに至ったが、しかし李朝の諸王のすべてが廃仏者とは限らず、太祖や世祖には崇仏の行為も見られた。

仏教はすでに一千余年にわたって朝鮮半島に受容され定着していたため、庶民や婦女子の間に深く浸透していた。とくに極楽浄土へ往生できるという浄土教は、庶民にも容易に理解できるため、彼らの信仰生活の中心を占めた。李朝時代は儒教に圧迫されて仏教がまったく滅び去ったように考えることは、大きな誤りであり、かえって深く仏教信仰は庶民の生活のなかに土着化したと見なければならない。李朝の絵画などに、仏教から題材をとったものが多く見られる点なども注目する必要がある。

とりわけ、宣祖の代に起こった壬辰の倭乱、すなわち豊臣秀吉の朝鮮侵略に際して、義軍に参加した僧侶は五〇〇〇人といわれる。西山大師休静《ヒュジョン》などの仏教僧が武器をもって国難にあたり、その護国仏教の伝統をいかんなく発揮し、名声を後世に残した。

李朝五〇〇年の仏教は国家権力との関係から見ると大きく二つに分けられる。李朝の太祖より成宗までを前期とし、燕山君より高宗までを後期とする。後期のはじめに燕山君が仏教弾圧運動を起こしたために、国家と仏教との関係がなくなり、仏教徒と寺院の存在は単なる私的なものとなった。そこで以後、国家によって承認された公的な僧侶もなくなり、僧侶の社会的地位は低下する一方となった。寺院は破壊され、僧侶は深山幽谷の山中に追われ、社会のために布教活動をすることを忘れて無為に過ごすようになったのである。

1　諸王の仏教政策

前期——太祖から成宗へ

李朝仏教の前期においては、国家は仏教を統制する機関をもち、僧科を行なって僧侶に位階を授け、寺刹の住持を任命し、度僧を国家の責任で行ない、僧侶の資格を認可した。前期においては仏教は国家公認の宗教として、なおその存在を認められていたのである。

太祖　一三九三年、高麗が滅亡し、李朝の太祖李《イ》成桂《ソンゲ》が王位についた。即位するや高麗王朝を建てた王建《ワンゴン》の政策にならって王師の無学自超《チャチョ》を尊崇し、師礼をとって地を卜させて五年（一三九七）一一月、都を漢城《ハンソン》（現・ソウル）に移した。太祖は自ら松軒居士と称して、仏教によって個人の安心立命を得るとともに、国家の加護を願って仏教を信じた。そのため

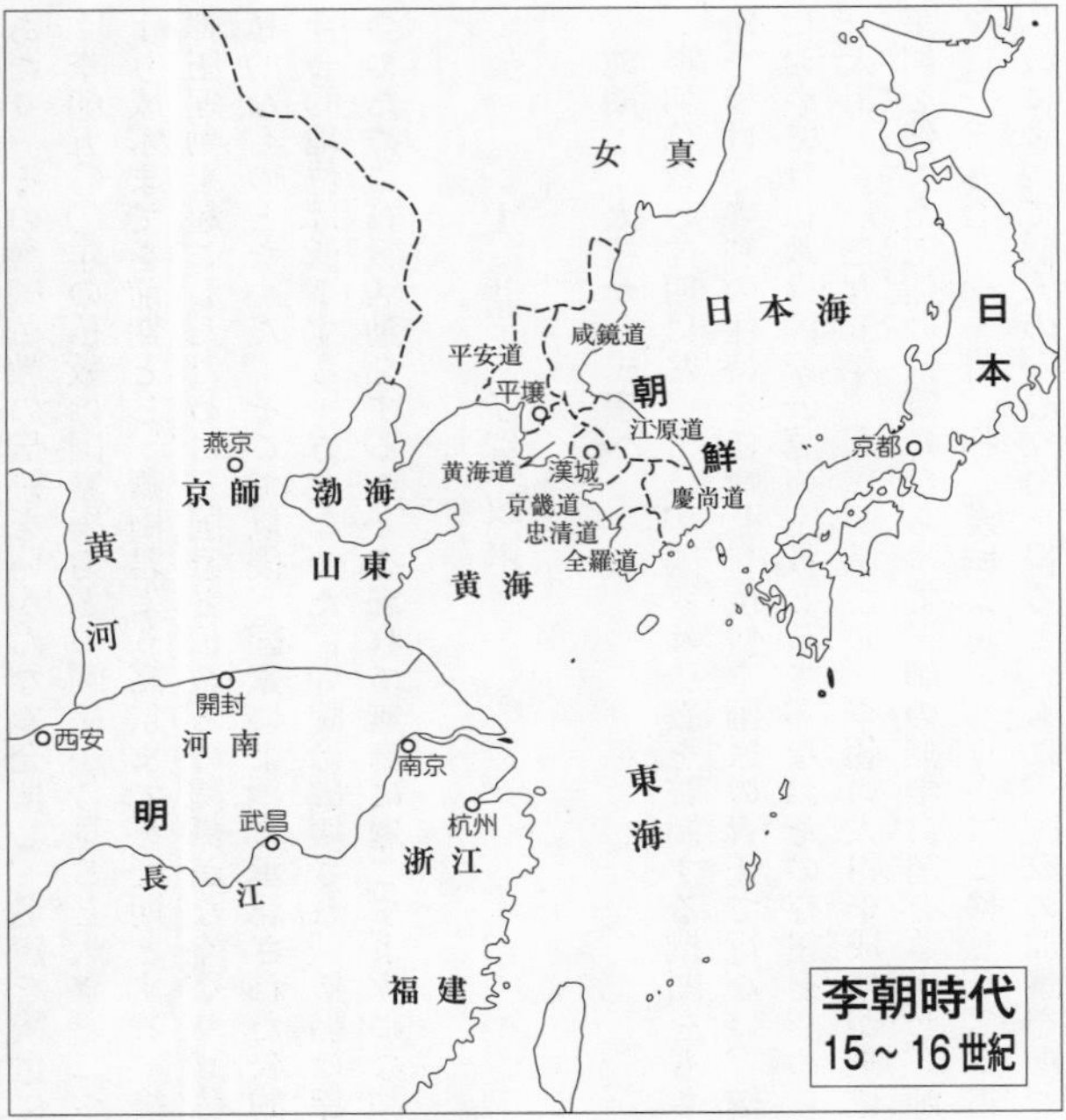
女 真
日本海
日
本
咸鏡道
平安道
平壌
朝
江原道
鮮
京都
燕京
京 師
渤 海
黄海道
漢城
京畿道
慶尚道
忠清道
全羅道
黄
河
山 東
黄 海
開封
西安
河 南
南京
東
海
明
武昌
杭州
長
江
浙 江
福 建
李朝時代
15~16世紀

高麗朝と同じく僧侶を厚遇したが、一方においては高麗末の仏教の弊害を防ぐため、僧侶の度牒《どちょう》制を厳格にしてその数を制限する政策をとった。

三年（一三九五）、天台宗の祖丘《チョグ》を国師に任じ、王師の自超とともに重用した。祖丘は教宗を、自超は禅宗を代表した。また高麗朝と同じく、宮中の内願堂において宮城を護衛する兵士に誦経させていた。五年に神徳王后（顕妃康氏）が没すると翌年、皇華坊の北原に葬って貞陵と称し、その東に興天寺《フンチョンサ》を創建した。寺主には大禅師尚聰《サンチョン》が任ぜられ、修禅社第一世の普照国師の制にならって修禅道場とした。禅宗の興天寺に対して、教宗の興徳寺《フンドクサ》も建てられ、第四代の世宗のときにはそれぞれ禅宗宗務院と教宗宗務院になっている。六年に津寛寺《チングァンサ》の水陸社が完成したため太祖は親しく行幸した。

この太祖は在位七年にして位を定宗に譲り、定宗元年（一三九九）には都をもとの開城に遷《うつ》した。定宗は長湍郡の五冠山聖燈庵を重修し、田一〇〇結、奴婢一六人を奉納し、太上王（太祖）もまた五台山中台の獅子庵を重建し、落成式に行幸した。二年には旧邸の東に建てた徳安殿を興徳寺とし、これを教宗に属せしめた。

太宗　李朝において最初に廃仏政策をとったのは太宗である。その廃仏政策としては、(1)寺額を減じ、沙門を還俗させる、(2)寺刹の土地田畑を国有とする、(3)寺刹付属の労役に服する下層民を軍丁にする、(4)度牒の制を厳しくする、(5)王師国師の制度を廃し、僧侶の地位と待遇を低くする、(6)王陵に寺刹を建てる高麗以来の慣習を廃止する、などを挙げることができる。

まず元年（一四〇一）には、宦官《かんがん》の持仏である仁王仏を宮中より内願堂に移した。この年、議政府および吏曹に命じて神仏を除くことを議せしめ、太祖および定宗が仏法を崇信したが、自らは仏教を改革する方針をうち出したのであった。五年一一月とその翌年、春夏にわたって改革を行ない、寺刹の田土および奴婢を減じた。ただし漢城の興天寺など重要な寺刹はその適用からまぬかれた。この政策に対して曹渓宗の省敏《ソンミン》などが直訴したが、太宗はこれを許さなかった。

五年に王師の自超が没するとそれ以後、王師国師の制度を廃止し、さらに十六年（一四一六）には度牒の大整理を断行し、無度牒の僧は還俗させた。また退位後の世宗二年（一四二〇）に王妃閔《ミン》氏が没したので献陵に葬ったとき、旧俗に従って陵寺を建てることを群臣が請うたがこれを斥け、かくして高麗以来の旧習を破棄したのであった。太祖の陵である健元陵には聞慶寺《ムンギョサ》が、定宗の陵である厚陵には陵寺として興教寺《フンギョサ》が建てられていたことを考えると、太宗の英断は画期的なものといえよう。ただしこの太宗も、太祖のためには仏事を行ない、十年（一四一〇）には『大般若経』を、太祖の居宅を寺とした興徳寺において転読したり、十二年には聞慶寺を建てて追福寺とし、海印寺版の大蔵経を収めたりした。

世宗　李朝の堯舜と呼ばれた世宗（一四一九―五〇）は儒教をもって国教とし、集賢殿を置いて学問の振興をはかり、『高麗史』『訓義資治通鑑綱目』『訓民正音』など勅選の諸書を著わした。李朝の儒教国家体制は世宗によって確立されたのである。

四年（一四二二）、勅命によって経行を止めさせた。これは毎年春秋の仲月に、僧徒に

『般若経』を読誦させて街をめぐり、災厄を禳《はら》う行事であったが、この高麗以来の慣習を廃止したのである。

六年の春には大司憲河演《ハヨン》が上書して、諸寺の寺田が住僧の数に比較して多すぎることを建議した。この上表にもとづいて、五教両宗を減らして禅教両宗とする大改革が断行された。すなわち曹渓・天台・捴南の三宗が合わされて禅宗となり、華厳・慈恩・中神・始興の四宗が合して教宗とされ、三六寺が両宗の所属となって、田地を給され、住僧の人数も定められた。また僧録司が改革されて興天寺が禅宗都会所に、興徳寺が教宗都会所となり、両宗の宗務をつかさどった。太宗のとき二三二寺が認められていたのに対し、三六寺の本山がその寺格を認められ、その他の寺院はこの本山の支配を受けるようになった。

世宗は漢城府内に土木工事をおこし、首都の経営のため一時は僧侶の労働力を利用したが、その後は僧の破戒を理由に城中に出入りすることを禁じた。また、太祖が創立した国家の願刹である興天寺の修復工事は許可した。その頃、世宗の実兄、太宗王の次男の孝寧大君が仏教を妄信していた。十五年（一四三三）に彼は漢江《ハンガン》において盛大な水陸施餓鬼を実施し、また天台宗の行平《ヘンピョン》に師事して弟子となり、老尼の師室《サシル》に帰依し、僧の募縁に協力して堂塔・寺刹の建立や重修の寄付を集めた。世宗はこれを見過ごしたため仏教がふたたび宮中に侵入し、女官は剃髪して尼僧となったりした。このような状況に感化されて世宗は、しだいに崇仏王に変身していった。

十五年、文昭殿の仏堂の仏像を興天寺に移して法会を行なおうとして、安崇善《アンスンソン》に諫言され、中止した。十七年には禅教両宗の僧侶が興天寺に集められて降雨を祈り、翌年、同寺の修葺《しゅうしゅう》事業を国家で行なった。宮中と僧徒との間に内密な交流も生じ、世宗は仏教を保護する政策にかわり、二十五年（一四四三）には、禁止していた寺刹の重創および修理を許可することとなった。この年、興天寺において大慶讃会が僧一雲《イルン》（如菴《ヨアム》禅師）を招いて盛大に行なわれ、大官貴族のなかからも崇仏者が輩出するようになった。王の葬儀もまた仏式によって行なわれた。

世祖　在位二年に満たずして文宗が没し、ついで在位三年にして端宗は世祖に位を譲った。世祖は太祖と同じく仏教を保護した。内院寺《ネウォンサ》（京畿道永平郡）・神勒寺《シルルクサ》（京畿道驪州）・雙峯寺《サンボンサ》（全羅道綾州）、海印寺《ヘインサ》（慶尚道陜川）など多くの寺院に奴婢その他を寄進したばかりでなく、五台山の月精寺《ウォルチョンサ》や青鶴寺《チョンハクサ》は世祖を中興大施主とした。そのほか金剛山乾鳳寺《コンボンサ》、金剛山表訓寺《ピョフンサ》、五台山上院寺《サンウォンサ》や漢城の大円覚寺《テウォンガクサ》、楊州檜巌寺《フェアムサ》、霊巌道岬寺《トガプサ》などを重修したり、楊平龍門寺や漢城興天寺に鐘を寄進した。このように世祖は李朝最大の信仏王となった。七年（一四六二）には公私の賤民の出家を許可した。ついで九年には大円覚寺を重興したが、現存する有名な十三層の寒水石塔はこのとき造られたものである（金守温「大円覚寺碑銘」『続東文選』）。

仏教信者の世祖が後世に大きな影響を与えたのは、『法華経』『禅宗永嘉集』『金剛経』[1]『般若心経』などの諸経を諺文《オンムン》（ハングル）に訳したことである。また多くの貴重な仏書が刊行されたが、これらの事業は世宗の命を受けた首陽大君（世祖）が、金守温《キムスオン》や学僧たちの援助を受けて行なったものである。世宗二十九年（一四四七）に完成した『釈譜詳節』は、梁の僧祐の『釈迦譜』と唐の道宣の『釈迦氏譜』にもとづいて撰述された釈迦の伝記であり、この『釈譜詳節』に対して諺文によって讃頌を作ったのが『月印千江之曲』である。月印千江とは仏が百億の世界に身を現わして教化するのは月が千の江を照らすようである、という意味である。また同年に『龍飛御天歌』も作られた。ついで、世祖が『釈譜詳節』と『月印千江之曲』の二つを合編して新しく作ったのが『月印釈譜』[2]であり、四年（一四五九）に刊行された。

これらの書は文学史からみても重要であり、『月印千江之曲』は歌謡としてもすぐれたものである。またそれに付せられた諺文は語学史上にも重要な資料を提供しているし、刊行された古版本は書誌学的にも大きな意味をもつ。

後期——燕山君以後の廃仏

燕山君　李朝においてもっとも強力に廃仏政策を推進したのは燕山君であるが、すでに前代の成宗も廃仏に踏みきっていた。六年（一四七五）、城の内外の尼寺二三所を破毀し、二十四年（一四九三）には度僧を厳しく禁じた。李朝の度僧法とは、『心経』『金剛経』の咒文を誦することができ、丁銭（人頭税）、正布三〇匹を納めた者に度牒を給して僧侶となることを許していた制度である。これによって僧侶の正式の資格を得ることができたが、成宗はそれを禁じ、度牒のない者は還俗《げんぞく》させたので僧尼が不在の寺刹も生じた。ただし僧科はそのまま残した。僧科とは僧侶の地位に資格を付与する制度で、国家の検定試験によって身分資格と僧階を受け、大刹の住持になるためのものである。この僧科の全廃に踏みきったのが燕山君（一四九五—一五〇五）であった。

燕山君も徳宗の王妃、仁粋太后の健在のうちは、その命によって成宗のために水陸法会を行なったり、円覚寺《ウォンガクサ》より仏典を刊行したり、寺院を重修したりした。しかし十年（一五〇四）四月に太妃が没するや暴虐放縦をほしいままにし、円覚寺を妓坊《きぼう》とし、成均館を宴楽の場所とした。また翌年には両宗の本寺である興天寺と興徳寺が災厄にあったため、禅教両宗の宗務院は都城内から放逐され、やがて広州清渓寺《チョンゲサ》に移された。

さらに高麗の光宗以来の僧科も廃止されるに至り、朝鮮仏教は大きな転機を迎えた。遊楽荒婬をこととした燕山君は、仏教僧を迫害しただけでなく、成均館を撤去したことによってわかるように儒教に対しても虐待を加えた。ほとんどの僧侶は還俗させられ、その末年には、宗務院のみならず、都城内の寺社はいっさい廃止され、さらに寺刹の田土もこれを廃するにいたった。

中宗　燕山君の後をついだ中宗は、さらに徹底した廃仏政策を進めた。四年（一五〇九）、都城の寺刹をすべて廃して公府とし、七年には円覚寺を撤去してその資材を下賜し、また国家の大きな土木工事に僧徒を使役した。燕山君が僧科を廃した結果、僧侶の社会的地位は低下し、優秀な者で僧になる者はなく、無頼の徒や犯罪者や遊民が僧となったため破戒僧がふえ、ついには偽僧が出現し、寺を本拠とする盗賊団が現われるまでになった。そのため善良な僧侶には身分を保証する号牌を与えたが、この制度は次の明宗五年（一五五〇）、度僧法が復活されると自然に消滅した。

明宗　つぎの仁宗は在位八ヵ月で没したため明宗が位をついだ。明宗朝には儒者の李退《イテ》渓《ゲ》が出て、儒学の隆盛時代を迎える。しかし年少の明宗にかわって政務をとった生母の文定王后が奉仏者であったので、中宗の廃仏政策を変革して六年（一五五一）には僧試を行ない、度牒を給し、奉恩寺《ポンウンサ》を禅宗に、奉先寺《ポンソンサ》を教宗とした。こうして燕山君以前の制度に復し、明宗五年から王の没年（一五六五）にいたる一五年間は、李朝仏教の中興期にあたる。中興の祖師であり高麗の普照国師と並び称せられた西山大師休静が現われるなど、李朝仏教史における一つの重要な時期を迎えた。

当時、文定王后に巧みにとりいって教勢を拡大したのが普雨《ポウ》であった。王后は彼を生仏として尊敬し、その進言を取り入れて両宗と僧試を復活したが、当時の人々は彼を妖僧とし、王后が普雨に接近することを戒めたといわれる。普雨は禅宗判事として奉恩寺に住していたとき、中宗の陵墓を奉恩寺の近くに移転させ、奉恩寺をもって中宗の菩提寺としようとした。「宣陵の近処、吉兆あり、宜《よろ》しく禧陵《きりょう》をここに遷《うつ》すべし」と王后に進言したのであった。禧陵とは高陽にあった中宗の陵墓をいう。

二十年（一五六五）四月に文定王后が没するや明宗は親しく政事をとり、普雨を誅せんとする世論をうけいれて済州島に流したが、普雨はこの地で牧使辺協《ピョニョプ》によって杖殺《じょうさつ》された。彼とともに権勢をふるった尹元衡《ユンウォニョン》も退けられ、翌年には両宗禅科が廃止された。こうして仏教徒は雲散霧消したが、僧試の結果、仏教界にはすぐれた人物が輩出したのであった。

宣祖　つぎの宣祖は李退渓・李《イ》栗谷《ユルゴク》などの儒者を信任したが、とくに強力に仏教を弾圧することはなかった。七年（一五七三）、義盈庫に収蔵された黄臘《こうろう》五〇〇斤を内宮に移したところ、儒生たちは仏事に使用するのではないかと反発したため、これをもとに戻すという事件があった。また浄業院の尼僧が金剛山楡岾寺《ユジョムサ》において仏事を修したため、有司は彼女を淮陽《フェヤン》の獄に拘束し、儒生は上疏《じょうそ》して浄業院の改革を迫った。このような廃仏思想の燃えあがっていたさなかに壬辰の倭乱（文禄の役）が起こり、仏僧は一転して国家有用の人材となった。僧侶を戦場に送って国難を防ぎ、その報酬として功労のあった僧には僧職と僧階を授けた。戦場にあって僧軍を統率する僧には都摠摂・副摠摂の称号を授け、さらに後方の大刹にあって僧侶を統率・訓練して動員令があれば即時に僧軍を送る任務についた者を、摠摂と称した。

二十六年（一五九二）、豊臣軍が朝鮮半島に侵略を開始するや、妙香山普賢寺《ミョヒャンサンポヒョンサ》に住していた西山《ソサン》大師休静に対して護国の軍をおこす勅命が下った。大師は七三歳の老軀をひっさげ、決然立って全国の寺院に檄文を発し、義兵の蜂起を訴えた。西山大師は義僧一五〇〇人をひきいて順安の法興寺に、泗溟《サミョン》大師惟政《ユジョン》は義僧七〇〇人をひきいて杵城《チョソン》の乾鳳寺《コンボンサ》に、雷黙大師処英《チョヨン》は義僧一〇〇〇人をひきいて全羅道に、騎虚大師霊圭《ヨンギュ》は義僧七〇〇人をひきいて公州の甲寺《カプサ》に起った。

　これらの義僧たちが、生死を無視し、馬に乗り錫杖《しゃくじょう》をふるい、先頭に立って日本軍と闘った。なかでも泗溟大師はよく西山大師を助けて奮戦し、山城を築造して国難に貢献することと大なるものがあったので、宣祖は還俗して将軍となるように勧めたという。乱後には講和使節の一人として日本に渡って、捕虜の送還に尽力した。

　また泗溟大師は五ヵ条にわたって宣祖に上疏し、大乱後の経世の大綱を進言したが、そのなかで僧徒も国家の保護を受けて山城防備のために尽くすべきことを主張した。泗溟大師こそ朝鮮仏教史において異彩を放つ傑僧であった。没するや密陽に表忠祠が建てられ、その徳が讃えられた（西山大師・泗溟大師とその門流については次節でくわしく述べる）。

光海君　宣祖が没し、光海君が即位すると荒廃した宮城を再建しはじめたが、八年（一六一五）春、妖僧性智《ソンジ》が風水説を用いて宮廷貴族にとりいり、仁王山の下に仁慶宮を建てた。さらに建都監を設けて無数の民家を撤収させて慶徳・慈寿の二宮を造った。光海君の庶《しょ》妃《ひ》柳氏は仏道を崇信し、宮中で仏像を造り、これを内外の寺刹に下賜した。

仁祖　元年（一六二三）五月、僧尼の宮城に入ることを禁じ、仁慶宮を壊した。二年には南漢山城の築城に僧侶を使役し、僧の大将を八道都摠摂に任じ、覚性《カクソン》がついた。城が完成すると、その功に報いて覚性を報恩闡教円照国一都大禅師とし、とくに衣鉢を賜った。十四年（一六三六）、清の兵が漢城に侵入したとき（丙子の胡乱）、智異山華厳寺《ファオムサ》にいた彼は数千の僧兵を率いて降魔軍と号して北上したが、敵が退いたので帰還した。

　孝宗元年（一六五〇）、智異山華厳寺を禅宗大伽藍とした。

顕宗　儒学の隆盛とともに王もまた廃仏の政策を強めていった。元年（一六六〇）には良民が剃髪して僧尼となることを禁じ、この禁を犯す者は還俗させ、違犯者は科罪に処した。翌正月には都城内の第一の尼院である慈寿院および仁寿院を撤廃して、年少者は還俗させ、老尼は城外の尼舎に移し、院内に安置してあった列王の位牌は奉恩寺の例に従って取り出して浄地に埋葬した。朱子が僧寺を毀して書堂をつくった例にならい、宋浚吉《ソンジュンギル》の進言によって尼院の趾に北学を建てた。

粛宗　粛宗は廃仏政策をやや緩和したため、その晩年には宮廷内に仏教が深く浸透した。また一方では無知な民衆を妖言をもって惑わす処瓊《チョギョン》・呂還《ヨファン》などの妖僧の暗躍があったりした。都城内の尼院は撤廃され尼僧の城内往来は禁じられていたが、この頃には供仏や祈禱のため尼僧も城内に出入りしていた。十二年（一六八六）には、フランスの天主教（カトリック）の宣教師が清国より都城に入り、布教しようとしたが、王はこれを厳禁し国外に放逐した。三十七年（一七一一）に北漢山城の築造が始まり、三五〇人の義僧が選ばれて王城の北辺の鎮護に従事し、その僧将は八道都摠摂を兼務した。山城内には重興寺《チョンフンサ》・龍巌寺《ヨンアムサ》・太古寺《テゴサ》・鎮国寺《チングッサ》などの一一ヵ寺が指定されて僧営にあてられるとともに鎮護の霊刹とされた。

英祖　つぎの景宗は在位四年であり、仏教についてはまったく知られることがない。次いで英祖は、儒学を尊崇して仏教を排斥した。二十三年（一七四七）には巫覡《ふげき》と淫祀《いんし》を、その二年後には尼僧が都城に出入りすることを禁じた。三十四年（一七五八）、黄海道に自ら生仏と称する妖女が現われ衆を惑わしたため、王は御史李敬玉《イギョンオク》を派遣してその首を斬った。この頃になると、宮中および地方官庁の寺院に対する苛斂誅求《かれんちゅうきゅう》がはなはだしくなり、寺院はいっそう荒廃し、僧徒に対する課役も重くなった。四十六年（一七七〇）には陵墓の近くに寺を創建することを禁じた。しかしこの英祖も壬辰の倭乱のときの義僧に対しては崇敬の念をはらい、四十八年に、錦山で戦死した義僧霊奎をはじめ七〇〇義塚を祀った。

正祖　英祖をついだ正祖もはじめは廃仏政策を継承した。元年（一七七七）には願堂禁断の勅命を下したが、もちろん完全に禁じられるものではなく、そのまま残された願堂が多かった。願堂とは、願主のために死者の位牌を祀って冥福を祈り、かねて願主の長寿と幸福とを祈願するところの法堂である。李朝のはじめから宮廷で行なわれてきたもので、この願堂を自己の寺に建てることができれば、その力を借りて官府の誅求を軽減することができるという利点があった。そのため僧徒は競って願堂を建てたが、その弊害を断つために勅令を出したのである。

しかし前の諸王に比べると正祖は崇仏の念があつく、十四年（一七九〇）には水原に京畿道第一の大伽藍である龍珠寺《ヨンジュサ》を創建し、宝鏡を都摠摂に任じた。正祖の寵遇を得て破格の恩典を受け、龍珠寺創建を強力に推進した宝鏡はまた八道都僧統を兼任した。新たに龍珠寺に置く仏像も造られ、仁岳に命じて仏腹蔵願文を作らせた。咸南、安辺の釈王寺《ソグアンサ》には太祖李成桂が奉納した五百羅漢があり、祈願すれば応験があるといわれていた。男子のない正祖は、王妃とともに三年間にわたって祈願し、この年に男子を得たため釈王寺に田土を寄附し、王自ら感謝の碑を立てた。このとき王は全南順天の仙巌寺《ソナムサ》にも祈禱した。十六年、釈王寺の開山である無学《ムハク》、その師慧勤《ヘグン》、またその師指空の三師に法号を加贈した。

純祖〜高宗　次いで純祖・憲宗・哲宗・高宗の四代の仏教は現状維持をつづけていたにすぎず、特筆すべきことはない。王室は主として天主教および東学（天主教などの西学に対抗して興った民衆宗教）を弾圧した。純祖元年（一八〇一）、天主教の信奉者が急速に増加したため王はこれを禁圧し、清の宣教使の周文謨《チュムンモ》をはじめ多くの信徒が殺された。十五年（一八一五）、巫覡や尼僧が城内に出入りすることを禁じたが、このことによって李朝末期まで尼僧が禁を犯して都城内に出入りしていたことがわかる。尼僧は、宮中の貴族の仏教信者と城外の寺刹との連絡係として必要欠くべからざるものであった。

憲宗代になっても、五年（一八三九）に天主教の禁圧を命じたが、仏教は弾圧されず、むしろこれを認めるような風潮も生まれた。哲宗二年（一八五一）、領議政の権敦仁は俗離山法住寺の修理の資金にするため、空名帖四〇〇張を給した。ついで五年にも金佐根《キムジャグン》は哲宗に上奏して、楡岾寺の山映楼重修のため空名帖一五〇帳を下賜した。

高宗二年（一八六五）には、慶福宮を創建するに際して三年にかぎり僧徒の入城を許して使役の任にあたらせた。三十二年（一八九五）、王命によって僧尼の入城の禁をゆるめた。光武六年（一九〇二）四月、勅令によって宮内府所属の寺社管理署に全国の寺刹に関するいっさいの事務をつかさどらせ、七月には三六ヵ条の寺刹令を発布した。寺刹のすべてを国家の管理下におくためであった。この寺刹令によって法会の開催、布教伝道が公的に認められ、そのほか僧侶の法階、僧衣の三階級、寺院の等級、僧侶の度牒などが定められた。

一九一〇年、「日韓併合」条約によって大韓帝国は消滅させられ、日本の植民地とされた。この朝鮮総督府のもとでの寺刹令については、3節末を参照されたい。

(1) 趙純香「韓国金剛経信仰의大衆化」(『考古美術』一五三、一九八二年三月)。
(2) 江田俊雄「釈譜詳節と月印千江之曲と月印釈譜」(『朝鮮仏教史の研究』国書刊行会、所収)。

2　高僧の活躍

自超と己和

李朝の最初にして最後の王師となったのが自超《チャチョ》(一三二七—一四〇五)である。号は無学、居室は渓月軒、姓は朴氏、三岐郡の人である。一八歳で小止禅師について出家、龍門山において慧明国師と法蔵国師に師事し、諸寺をめぐって修行した。恭愍王二年(一三五三)、元の燕京に行き、指空と懶翁慧勤に会った。霧霊山・五台山などを巡歴して五年、本国に帰り、慧勤の法を継承して驪州《ヨジュ》高達山に草庵を結んで隠棲した。高麗末に国師に任ぜられたがこれを固辞し、太祖が即位するや開城に迎えられて王師となった。

李成桂の創業に大きな貢献をした自超は元年(一三九二)、王師大曹渓宗師禅教都摠摂伝仏心印弁智無碍扶宗樹教弘利普済都大禅師妙厳尊者の尊号を受け、五年に七九歳にして金蔵庵で没した。著書に『印空唫』『無学秘訣』『無学国師語録』『仏祖宗派之図』などがある

（「檜巌寺妙巌尊者塔碑」）。弟子に己和《キファ》・退隠荘休《チャンヒュ》・月江宝鏡・及菴道師《トサ》・照月海澄《ヘチン》などがある。

自超の法を受けた己和（一三七六―一四三三）は、号は得通、旧名は守伊、旧号は無準。俗姓は劫氏、忠州の人である。幼少より成均館に入って儒学を学んだが、二一歳のとき友人の死を見て無常を悟り、冠岳山義湘庵で出家した。その後、檜巌寺において自超に師事して法要を受け、諸山を歴遊してふたたび檜巌寺に帰り、開悟した。

太宗六年（一四〇六）以後は、功徳山大乗寺《テスンサ》・天磨山観音窟・仏禧寺《プリサ》などで修行し、十四年、慈母山（平山）烟峰寺《ヨンボンサ》に小室を設けて涵虚堂と称した。世宗三年（一四二一）、王命により開城の大慈寺《テジャサ》に住し、先妣大妃のために冥福を修して説法した。十五年（一四三三）、曦陽山鳳巌寺《ポンアムサ》において五八歳で没した。著書に『円覚経疏』『金剛経五家解説誼』『般若懺文』『綸貫』『顕正論』『永嘉集説誼』『涵虚和尚語録』『儒釈質疑論』などがある（「涵虚堂得通和尚行状」）。このなかで『顕正論』および『儒釈質疑論』は儒者の廃仏論を破り、仏教の正義を顕わさんがために撰述されたものである。

彼と同門に珍山《チンサン》がある。慧勤および自超に参じ、檜巌寺および王の願堂である大慈寺に住して禅宗宗師に任ぜられ、一代の道俗の帰依を受けた。心地虚融大禅師と称した（「涵虚堂語録」）。

世宗・世祖朝の名僧

信仏王であった世宗―世祖期には多くの名僧が輩出した。

信眉《シンミ》は慧覚尊者と号し、道行はなはだ高く、世祖は師礼をもって遇した。己和の『金剛経説義』を校正し五家解に入れて一書とし、また『禅門永嘉集』の諸本の異同を校正したり『証道歌』の彦琪註・宏徳註・祖庭註をあわせて一書として刊行した。

守眉《スミ》、古朗州（全羅南道）の人。一三歳のとき道岬寺で出家、俗離山法住寺で信眉と交わり、ともに切磋琢磨して経論と戒律を学び二甘露門と称された。のちに亀谷に禅を学んだが契《かな》わず、ついで碧渓正心《チョンシム》の弟子となった。判禅宗事となり故山の道岬寺に帰って教化にあたった。世祖は王師に任じ、妙覚の号を賜った。六三歳で没したが年月は不明である（「霊巌道岬寺妙覚和尚碑」『総覧』下）。

雪岑《ソルチャム》[1]（一四三五―九三）は俗名は金時習《キムシソプ》、字は悦卿、号は東峯・清寒子・梅月堂など、江陵の人である。幼少より異才を発揮して世宗の知遇を受けた。端宗の廃位後、出家して雪岑と諱した。楊州の水落寺や慶州の金鰲山茸長寺、雪岳山五歳庵などに住したが、奇態なふるまいが多かったという。成宗十二年（一四八一）、四七歳のとき還俗して妻を娶《めと》ったが、まもなく没したため、ふたたび入山して頭陀行《ずだぎょう》を修した。二十四年（一四九三）に鴻山県の無量寺で没したが彼は世を憤って仏教に逃避し、修行してついに悟境を開き、遊戯三昧の生活をした稀有なる人であった。その文章も格調高く、世祖の崇仏の時代に出た傑出した仏教者であったといえよう。仏教関係の著書として『華厳一乗法界図註』[2]『曹洞五位要解』『十玄談要解』『法華経別讃』（蓮経別讃）がある。

碧渓正心の法脈

守眉が師事した正心は号は碧渓。金山の崔氏で、法を亀谷覚雲に受け、のちに明に行って臨済宗の雪堂捴統に参じ、心印を受けて帰国した。世祖―成宗―燕山君の時代に活躍した曹渓宗の学僧であった（『仏祖源流』、『列伝』第二）。

正心を嗣法したのが智厳《チオム》（一四六四―一五三四）である。俗姓は宋氏、扶安の人、堂号は碧松、号は埜老である。幼少より書や剣を好くし、勇武の気風があった。北方の野人女真の攻略のときに戦場に出て功をたてたが、二八歳のとき鶏龍山の臥草庵に入り、祖澄大師に参じて落髪した。正心より伝燈の密旨を受けた。その後、楓岳《プンアク》・楞伽寺《ヌンガサ》や智異山に入って修行を積み、やがて後学を導いた。門下に霊観《ヨングァン》・円悟一真《イルジン》・一禅《イルソン》などがあり、六〇～七〇人の徒に大乗経論を講じた。著書に『碧松集』がある。この書には「碧松堂埜老行録」と「慶聖堂休翁行録」の二行録が収められているため、「二老行録」ともいわれる（『列伝』第二）。

霊観（一四八五―一五七〇）は嶺南晋州の人、号は隠菴または蓮船道人、堂号は芙蓉堂と称した。幼少より出塵の志強く、ついに家を出て苦行をかさね、一七歳のとき落髪した。信聴法師より教を、威鳳大師より禅を学んだ。その後九年、草庵を結んで坐禅弁道に励んだ。中宗四年（一五〇九）龍門山に入って祖愚大師から禅を学び、清平山の学梅禅子、金剛山大尊庵の祖雲大師に師事したが、さらに未熟なりとして絶世して黙坐すること九年におよんだ。一度、故郷に帰ったが智厳の門を叩き、ついに大悟徹底した。智厳が没するや師に代わって大衆を導き、嶺湖以南の大宗師となった。黄龍山・八公山・智異山に住し、宣祖四年（一五七〇）、燕谷寺で没した。弟子に法融《ポピュン》・霊応《ヨンウン》・浄源《チョンウォン》・信翁《シノン》・真機《チンギ》などがあり、休静《ヒュジョン》と善修については改めて後述する（『芙蓉堂行蹟』、『列伝』巻二）。

一禅（一四八八―一五六八）、号は休翁、禅和子とも号した。俗姓は張氏、薫山の人である。一三歳のとき断石山に入り海山法師のもとに投じ、服勤すること三年、一六歳のとき剃髪した。二四歳、妙香山に入り文殊庵で修行し、さらに智異山に至って智厳に師事して密旨を受けた。ついで東金剛山に入り十王洞で打坐し、忽然として大悟した。表訓寺僧堂に入って一夏を終わり、天磨山・五台山・白雲山・楞伽山などの名山を歴遊した。中宗三十九年（一五四四）春、ふたたび妙香山普賢寺観音殿に入った。その後、普賢寺と内院寺に坐すること二十余年、雲衲《ウンヌル》の指導にあたった。明宗十三年（一五五八）、弟子に太白山に上禅庵を創立させ、さらに慶聖堂を建てて、王を慶祝する道場とした。宣祖二年（一五六八）二月、八一歳で没した（『慶聖堂行蹟』、『列伝』第二）。

普雨の興仏

普雨[3]（?―一五六五）、号は懶庵、室号は虚応堂、禅宗判事都大禅師に任ぜられた。その政治的な活動と、迫害を受けて済州島に流されたことについては前節に述べたが、野心と力量をもった彼は学問にも秀でていた。著書に『虚応堂集』[4]（蓬左文庫所蔵）『懶庵雑著』『水月道場空花仏事如幻賓主夢中問答』『勧念要録』がある。このなかで『懶庵雑著』は『虚応堂集』に収録されているものを別行したものである。普雨は『華厳経』の思想によりながら教宗の立場を明らかにし、また念仏の功徳を説かなかった。儒仏一致、教禅融合の立場に立ったのが彼の教学であった。『東国僧尼録』では彼を奸僧として列しているが、決して妖僧でも奸僧でもなく、智略と学識を兼備した一代の傑僧であったというべきだろう。

西山大師（休静）とその門流

休静（一五二〇―一六〇四）の壬辰の倭乱における活躍はすでに述べた通りであり、李朝仏教史上もっとも重要な人である。号は清虚、俗姓は崔氏、久しく妙香山に住したため世に西山大師と称した。一〇歳にして孤児となり、郡守について上京、一二歳より修学し一五歳にして進士に合格した。出遊の志かたく、二一歳のとき崇仁長老に投じて落髪し、一禅和尚より戒を受けて芙蓉霊観に参じた。のち五台山・金剛山など名山に雲遊した。たまたま明宗が僧科を行なった折、これに及第して教宗判事都大師となり、さらに禅宗判事をきわめた。三七歳のときこの地位を捨てて金剛山に入り、諸山をめぐって弟子を教えた。宣祖二十二年（一五八八）、妖僧の讒言《ざんげん》にあって一度は泗溟大師惟政《ユジョン》とともに獄に投ぜられたが、潔白なることが明らかとなり、宣祖の命によって釈放された。名声いよいよ高く、僧界の泰山《たいざん》北斗と崇められた（『清虚集』巻二、『列伝』第二、「清虚堂休静大師碑」『総覧』下、「西山大師行録」「西山大師碑文」『寺刹』上）。

倭乱の後、妙香山に帰ったが、道誉たかく、智異山・楓岳の諸山を往来して多くの弟子を持った。三十七年（一六〇三）正月二三日、妙香山円寂庵において没した。法臘《ほうろう》六五歳であった。著書には『禅家亀鑑』『三家亀鑑』『禅教釈』『禅教訣』『雲水壇』『説禅儀』『清虚堂集』『碧松行略』『心法要』などがある。なかでも『禅家亀鑑』がもっとも休静の思想(5)を表わすもので、諺文《オンムン》の注釈本もある。

その弟子一千余人、上堂の高弟七十余人といわれるが、嗣法の弟子に泗溟大師惟政があり、付法の三高弟には鞭羊彦機《オンギ》・逍遥太能《テヌン》・静観一禅があってそれぞれ四派を開いた（後述）。また倭乱で活躍した弟子には雷黙《ウィオム》処英《チョヨン》・敬軒《キョンホン》・騎虚霊圭などがある。処英は惟政とともに義僧軍の一方の雄として活躍し、義厳は都摠摂に任ぜられ、雙翼《サンイク》また戦功、顕著であった。霊圭は甲寺青蓮庵に住したが趙重峯憲と呼応して起ち、清州において大勝しながら錦山で戦没した。

西山大師休静の出現によって李朝仏教は大きな転換をみせた。教理的には数宗に分かれていた仏教界を統一し、大師以後の李朝仏教は主として西山宗となった。彼の法脈が全国の叢林を占め、今日に至っている。禅教両宗に大別していた教界は教禅兼修するとともに、坐禅見性を目的とする休静の立場は遠く高麗の普照国師の法を継承するものであり、近くは正心―霊観の法門を相承するものである。休静は念仏を勧めたが、それは西方往生の念仏ではなく、自性すなわち弥陀の立場に立ち、一心に念仏して確然として本来の面目が現前することが即ち西方浄土に入ることとした。念仏もまた見性と同じであった。『三家亀鑑』を著わしたことによってわかるように、儒教・仏教・道教の合一を主張した（「清虚堂休静大師碑」『総覧』下）。

海日《ヘイル》（一五四一―一六〇八）は諱《いみな》は映虚、居室を普応室と称した。姓は金氏。一九歳、楞伽山実相寺《シルサンサ》において出家し、のち妙香山に入り休静に参じた。

西山の法脈のなかで主たるものには四派ある。それは松雲派、鞭羊派、逍遥派、静観派である。

泗溟大師の開いた松雲派については次項に譲る。

鞭羊《ピョニャン》派を開いた彦機（一五八一―一六四四）は俗姓は張氏、竹州の人、鞭羊堂と号した。玄賓大師のもとで出家し、休静の心印《しんいん》を得た。金剛山天徳寺・九龍山大乗寺・妙香山天授庵で開堂説教した。著書に『鞭羊堂集』三巻がある。弟子に義諶があるが、休静門下のなかでもこの鞭羊派の法孫（後述）がもっとも栄えた（「普賢寺鞭羊堂大師碑」「白華庵鞭羊堂大師碑」『総覧』下）。

太能（一五六二―一六四九）は号は逍遥、俗姓は呉氏、潭陽の人である。一三歳のとき白羊寺で出家、はじめ善修に師事したが後に休静のもとで心印を得て、金剛山・五台山などの名山に遊んだ。倭乱に際しては義軍に参じた。門下に懸弁《ヒョンビョン》・敬悦《キョンヨル》など数百人があり、逍遥派を開いた（「金山寺逍遥堂大師碑」『総覧』下）。

一禅（一五三三―一六〇八）は号は静観、姓は郭氏、連山の人で一五歳で出家、白霞禅雲《ソヌン》より法華を学び、ついで休静より心印を受けた。門下に沖彦《チュンオン》・太浩《テホ》など多くがあり静観派を

李朝の法系図

- 懶翁慧勤
  - 無学自超
    - 涵虚己和
      - ┆ 慧覚信眉
- 太古普愚
  - 幻庵混修
    - 亀谷覚雲
      - 碧渓正心
        - 妙覚守眉
        - 碧松智厳
          - 芙蓉霊観
            - 清虚休静
              - 松雲惟政
                - 松月応祥
                  - 虚白明照
              - 鞭羊彦機
                - 楓潭義諶
                  - 月渚道安
                    - 雪巌秋鵬
                  - 月潭雪霽
                    - 喚醒志安
                      - 虎巌体浄
                        - 雪坡尚彦
                          - 白坡亘璇
                        - 蓮潭有一
                      - 涵月海源
                  - 霜峯浄源
                    - 仁岳義占
              - 逍遥太能
              - 静観一禅
            - 浮休善修
              - 碧巌覚性
                - 白谷処能
                - 翠微守初
                  - 栢庵性聰
                    - 無用秀演
                      - 影海若坦
                        - 楓巌世察
                          - 黙俺最訥

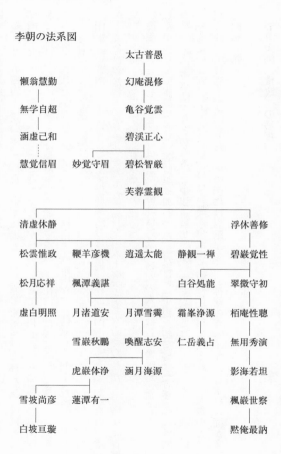

開いた（『仏祖源流』『静観集』序）。

敬軒（一五四四―一六三三）は自ら虚閑居士と号し、堂号を霽月堂と称した。姓は曹氏、湖南の人で、一五歳で出家して三蔵を学んだが休静のもとで大悟した。その後、金剛山内院洞で修行し、倭乱に際しては義僧軍に参加して勇戦して在営将に任ぜられ、さらに判禅教両宗事に特命されたがこれを受けなかった。楓岳・五台山などを歴遊し、門下に道一《トイル》などがある（「虚閑居士敬軒大師碑銘」『通史』上）。

印悟《インオ》（一五四八―一六二三）、字は黙契、号は青梅、休静の門下となって心印を得、倭乱のときには義僧将となり戦功をたてた。智異山天王峯下で七六歳で寂した。著書に『青梅集』がある（『青梅集』序、『月沙集』巻四〇）。

海眼《ヘアン》（一五六七―?）、号は中観、俗姓は呉氏、務安の人。はじめ雷黙処英のもとで出家したが、のちに休静に参じ、義僧軍に加わった。著書に『中観大師遺稿』『竹迷記』『華厳寺事蹟』『金山寺事蹟』などがある（『中観遺稿集』序、『仏祖源流』）。

一玉《イロク》（一五六三―一六三三）、号は震黙[6]、全羅道万頃県仏居村に生まれた。七歳のとき全州の西方山鳳栖寺で出家した。その伝には異蹟が多く、神秘のヴェールに包まれた面が多い（『列伝』第二）。

泗溟大師（惟政）の活躍

西山大師の弟子、泗溟大師惟政[7]（一五四四―一六一〇）は、国家に対する功績からみれば休静よりいっそう勝っていた。姓は任氏、字は離幻、泗溟または松雲と号した。早く父を喪い、七歳より祖父に外典を学び、一三歳のとき黄岳山直指寺《チクチサ》の信黙《シンムク》和尚のもとで出家した。明宗十六年（一五六一）に禅科に合格し、直指寺住持を経て宣祖八年（一五七五）に奉恩寺住持に迎えられたがこれを辞し、妙香山に行って休静に師事した。その後、楓岳・八公山などの諸山を歴遊した。

壬辰の倭乱で倭兵が楡岾寺に来ると、惟政は殺生を誡め、その凶暴を止めようとして十余人とともに山門に入った。倭兵が彼らを捕縛して隊長の前にひきだすと、隊長は惟政が凡俗の人にあらざることを知り、縛《いまし》めを解いてこれを遇したという。休静が妙香山より檄を諸山に伝えると、師は率先してこれに応じ、義僧をひきいて戦列に参加した。休静の法嗣として禅を伝えたばかりでなく、軍事には三軍の将として活躍したのであった。乱後に講和使節として来日したことは有名である（『泗溟集』『奮忠紓難録』、『列伝』第二、「海印寺泗溟大師石蔵碑」「乾鳳寺泗溟大師紀蹟碑」『総覧』下）。惟政の言行を書いたものに『四溟堂大師集』『奮忠紓難録』のほか上疏・跋文・書状などがある。その思想は「華厳経跋」などによって知られる。

彼の弟子に応祥《ウンサン》（一五七一―一六四五）があり、松雲派を形成している。号は松月。惟政に参じて心印を得た後、五台山・金剛山などを歴遊した。仁祖二年（一六二四）、朝命によって南漢山城の築造にあたり、惟政にならって八道都摠摂に任じられ、これを固辞したが妙湛国一都大禅師の法号を賜った。

この応祥の弟子に、虚白明照《ミョンジョン》・春坡双彦《サンオン》・金峯天悟《チョノ》がある。明照（一五九三―一六六一）の俗姓は李、洪州の人で虚白堂と号した。惟政に師事し、ついで教を玩虚堂円俊《ウォンジュン》に、禅を松月堂応祥に参じた。仁祖五年（一六二七）の丁卯《ていぼう》の胡乱（後金＝清の第一回侵略）にあたっては八道義僧都大将に任ぜられ、義僧を率いて戦い、その功によって嘉善大夫国一都大禅師を授けられた。九月山貝葉寺《ペヨプサ》・妙香山普賢寺の影仏台に住し、六九歳で没した。著書に『虚白堂詩集』『僧家礼儀文』がある。

浮休善修とその門下

光海君のとき仏教興隆に尽力した人に休静の同門、善修《ソンス》（一五四三―一六一五）がある。号は浮休、俗姓金氏、南原獒樹の人である。智異山の信明《シンミョン》について得度し、芙蓉霊観《ヨングァン》の心印を受けた。読書に倦むことなく、書をよくし、惟政とともに二難と称せられた。倭乱に際しては徳裕山の草庵で倭兵に襲われたが泰然として動じることがなかった。智異山にいたが狂僧の誣告《ぶこく》をうけて獄につながれ、無罪とされて後、光海君から道要を試問され、紫襴の方袍《ほうほう》（袈裟）などを下賜された。のち松広寺から七仏庵に移住し、七三歳で没した（「弘覚登階碑銘并序」『白谷集』）。門下に覚性《カクソン》・雷静応黙《ウンムク》・待価希玉《ヒオク》・松渓聖賢《ソンヒョン》・幻寂印文《インムン》・抱虚淡水《タムス》・熙彦《ヒオン》などがあり、七派の門流が生まれたが、覚性の門流がもっとも盛んとなった。善修の法脈は西山門下と並んで朝鮮仏教の大きな僧団を形成した。

覚性（一五七五―一六六〇）、字は澄円、号は碧巌、俗姓金氏、報恩の人である。一四歳で出家した後、善修の弟子となりその法を継いだ。壬辰の倭乱に戦功をたて、奉恩寺に住し、判禅教都摠摂に任ぜられた。仁祖二年（一六二四）、南漢山城の築城にあたって八道都摠摂に任ぜられ、三年間で築城を完成すると報恩闡教円照国一都大禅師の号を賜った。丙子《へいし》の胡乱（一六三六～三七年、清国の第二回侵略）に際しては数千人の義僧を降魔《ごうま》軍と称して率い北上したが、兵乱が終わったため智異山に帰った。松広寺・海印寺など諸山をめぐって教化し、華厳寺において没した。著書に『禅源集図中決疑』『看話決疑』『釈門喪儀抄』がある（「華厳寺碧巌大師碑」「法住寺碧巌大師碑」『総覧』下）。この碧巌門下については改めて述べる。

覚性と同門の熙彦（一五六一―一六四七）は号は孤閑（または孤閑道人）、俗姓は李氏、明川の人である。徳裕山で善修に法性円融の義を問い、三年にわたって師事した。光海君十四年（一六二二）、斎を広州清渓寺に設けたとき請ぜられて導師となり、金欄の袈裟を賜った。遺骸を鳥獣に与えることを遺言して没した。門下に覚円《カグォン》・永周《ヨンジュ》・宗悦《チョンヨル》がある（『白谷集』）。

鞭羊派の隆盛

西山門下の四派のなかで鞭羊派の法孫には、多くの学匠と高僧が輩出した。

義諶《ウィシム》（一五九二―一六六五）、号は楓潭、姓は柳氏、通津の人。一六歳で出家し彦機に入室して心法を得た。南遊して奇巌・太能・覚性などに参じた。のちに金剛山・宝蓋山で『華厳経』などの音釈を著わし、金剛山で没した。弟子に道安《トアン》・雪霽《ソルジェ》・浄源《チョンウォン》などがある（『文殊寺楓潭大師碑」「普賢寺楓潭大師碑」『総覧』下、『列伝』第二）。

道安（一六三八―一七一五）は号は月渚、姓は劉氏、平壌の人。九歳で出家、金剛山において義諶に修学すること二〇年、嗣法した。華厳会を設立し、華厳円教の真髄を宣揚したため、世に華厳宗主といわれた。聴集数百人あり、法席の隆盛なること李朝においては空前絶後といわれた。その道誉に報い、朝廷は彼を八道禅教都摠摂に任じた。著書に『月渚堂大師集』『仏祖宗派図』がある。弟子に秋鵬《チュボン》・処湖《チョホ》・守一《スイル》などがある（『月渚堂大師集』巻下、『列伝』第二、「普賢寺月渚大師碑」『総覧』下）。雪巌秋鵬（一六五一―一七〇六）は『雪巌雑著』『雪巌乱藁』『禅源諸詮集都序評』『法集別行録節要私記』『妙香山誌』などを著わしている。

　道安の同門、月潭雪霽（一六三二―一七〇四）の弟子に禅教の高僧、志安《チアン》（一六六四―一七二九）がある。号は喚惺、字は三諾、春川の人。一五歳で出家した後、雪霽のもとで心法を得た。のちに金山寺で華厳大法会を千四百余の大衆を前にして開いたが、誣告されて湖南の獄につながれ、さらに済州島に流され、その地で没した。著書に臨済・雲門・曹洞・潙仰・法眼の五宗の大要を述べた『禅門五宗綱要』『喚惺詩集』がある（『喚惺集』、『列伝』第三）。弟子に海源《ヘウォン》・体浄《チェジョン》などがある。

　この海源（一六九一―一七七〇）は号は涵月、俗姓は李氏、咸興の人。一四歳で出家して高僧を歴参し志安の衣鉢を継いだ。著書に『天鏡集』がある。弟子には翫月軌泓《クエホン》がある

（『列伝』第三）。

同門の体浄（一六八七―一七四八）は号は虎巖、興陽の人である。志安より法を受けた。海印寺・通度寺に住し、数百人の学人を指導した。門下に尚彦《サンオン》・有一《ユイル》などがある（「虎巖堂体浄大師碑」『通史』上、『列伝』第三）。

尚彦（一七一〇―九一）、号は雪坡、一九歳で出家、蓮峯と体浄から法を受け、さらに碧巖系の晦庵にも学んだ。三三歳、大衆に請われて龍湫寺《ヨンチュサ》の講壇に立った。彼は三乗五教に通じ、とくに華厳をよくした。念仏を日課とし、八五歳で没した（「雪坡大師碑銘」『通史』上）。著書に『清涼鈔摘抉隠科』『鈎玄記』があったといわれる。

尚彦とならんで禅教の大学匠といわれたのが有一（一七二〇―九九）である。字は無二、号は蓮潭、和順の人で、一八歳で出家した。体浄・尚彦に参学して、とくに体浄の法を継いだ。三一歳で宝林寺《ポリムサ》に講壇を設けて以来、三十数年間にわたって諸寺で禅教を講義した。著書に『都序科目并入私記』『法集別行録節要科目并入私記』『書状私記』『禅要私記』『金剛経鰕目』『円覚私記』『玄談私記』『起信論蛇足』『華厳遺忘記』『諸経会要』『拈頌著柄』『蓮潭大師林下録』『心性論』『楞厳経私記』などがある（『蓮潭集』蓮潭大師自譜行業、「蓮潭大師碑」『通史』上、『列伝』第四）。有一の私記は、仁岳の私記とあわせて仏教学界の至宝として讃えられている。

義諶の法嗣、道安と同門である霜峯浄源（一六二七―一七〇九）の五代の法孫に義沾《ウィチョム》（一七四六―九六）がある。字は子宜、号は仁岳、達城の人である。一八歳のとき達城の龍淵寺《ヨンヨンサ》において出家した。碧峯《ピョクポン》和尚より『金剛経』『楞厳経』などを習い、さらに華厳学の大家、尚彦より華厳を学んだ。二三歳のとき琵瑟・八公・鶏龍・仏霊の諸山で講経した。五一歳で没したが多くの経論の私記を残した（「仁岳和上行状」『仁岳集』、「桐華寺仁嶽大師碑」『総覧』下）。著書に『仁岳集』『円覚経私記』『華厳経私記』『楞厳経私記』『金剛経私記』『禅門拈頌記』『書状私記』がある。

そのほか李朝の学匠として有名な人に、亘璇《クンソン》[8]（一七六七―一八五二）がいる。号は白坡、湖南茂長の人。一二歳で禅隠寺詩憲《シホン》のもとで得度、尚彦より禅法を受け、法は雪峯《ソルボン》を嗣いだ。白羊山雲門庵で開堂以来、講経と禅講を開き、多くの弟子を教育した。禅門の中興主ともいわれ、とくに華厳法門をよくした。著書に『修禅結社文』『禅門手鏡』『六祖大師法宝壇経要解』『五宗綱要私記』『禅門拈頌私記』『金剛経八解鏡』『禅要記』『作法亀鑑』『文集』などがある（「白坡大師略伝」『通史』上、雪竇撰「白坡大禅師行状」『列伝』第四）。

亘璇の学問を継承した学者には枕溟翰醒《ハンソン》（一八〇一―七六）、道峯正観《チョングァン》、雪竇有炯《ユヒョン》（一八二四―八九）などがあり、一方、志安の法系を承けたものに影波聖奎《ソンギュ》（一七二八―一八一二）、野雲時聖《シソン》（一七一〇―七六）、華潭敬和《キョンファ》（一七八六―一八四八）、映虚善影《ソニョン》（一七九二―一八八〇）などがある。これらの禅教の学者が李朝末期の仏教界を担ったのである。

碧巌門下の活躍

浮休大師の法系は、碧巌覚性にいたって盛んとなり、その門下に多くの人材を出したが、守《ス》初《チョ》と処能《チョヌン》の二人がもっとも傑出していた。

守初（一五九〇―一六六〇）は号は翠微、姓は成氏、世宗朝の忠臣であった成三問の後裔である。漢城の人。幼にして父母を喪い、出家して善修に謁し、さらに覚性に託した。諸山を歴遊して修学し、その蘊奥《うんおう》をきわめた。禅と教を講じて教化につとめ（『翠微集』『仏祖源流』）、弟子に性聰《ソンチョン》・翠巌海瀾《ヘラン》・雪坡敏機《ミンギ》などがある。

性聰（一六三一―一七〇〇）、号は栢庵。一三歳で出家し一八歳のとき智異山に入り、守初に謁して九年間学んで嗣法した。三〇歳より名山を歴遊し、松広寺・澄光寺《チングァンサ》・雙渓寺《サンゲサ》などの諸寺で開講した。詩文をよくし当時の名流と交遊した。粛宗七年（一六八一）、大船が西海の荏子島に漂着したが、その船中には明の平林葉居士の校刊した『華厳経疏鈔』および『大明法数』『会玄記』『金剛記』『起信記』と『浄土宝書』など一九〇巻が載せられていた。性聰はこれらの経論を刊行して世にひろめたので、仏教学者に尊敬され一代の大宗師に推された。六一歳のとき仙巌寺の滄波閣において華厳大法会を設けた。著書は『浄土宝書』『緇門集註』『栢庵集』『持験記』があったという（「栢菴大禅師碑銘」『通史』上、『列伝』第三）。弟子に秀演・石宝明眼などがある。

秀《ス》演《ヨン》（一六五一―一七一九）、号は無用、姓は呉氏。一三歳で松広寺の恵寛《ヘグァン》のもとで出家し、仙巌寺の枕肱《チムグェン》より禅旨を受け、さらに性聰の門下となった。三一歳のとき澄光寺の神仙庵で開講し、以後、仙巌寺・松広寺などで講席を開き、粛宗四十五年（一七一九）には松広寺で開かれた華厳・拈頌の大会に大会主として迎えられた。著書に『無用集』がある。門下には影海若坦《ヤクタン》・普応偉鼎《ウィヒョン》・玩華処解《チョヘ》などがある（『列伝』第三、『仏祖源流』）。その若坦の弟子、楓巌世察《セチャル》（一六八八—一七六七）の門下には十六賢が輩出し、そのひとり默庵最訥《チェヌル》（一七一七—九〇）は『默庵集』『華厳科図』『諸経会要』『内外雑著』『心性論』などを著わした。

覚性の門下で守初とならんで二大上足の一人である処能（？—一六八〇）は、号は白谷、俗離山で出家した。東陽尉申翊聖より漢文と儒学を学んだため、有名な大文章家であった。八道禅教都摠摂の任にあったこともあるが、詳細な伝記は不明である。著書に『白谷集』『任性堂大師行状』がある。仏教の弾圧に対して上表した「諫廃釈教疏」はすぐれた文章で書かれている（『白谷集』『仏祖源流』）。

（1）鄭鉒東『梅月堂金時習研究』（民族文化社、一九八三年）。
（2）金知見『大華厳一乗法界図註并序——金時習의禅과華厳』（金寧社、一九八三年）。
（3）徐閏吉「普雨大師의思想」（崇山朴吉真博士華甲紀念『韓国仏教思想史』華甲紀念事業会、一九七五年）。
（4）高橋亨「虚応堂集及普雨大師」（『朝鮮学報』第一四輯、一九五九年一〇月）。
（5）申正午「休静〝一物観〟について」（『東方宗教』第六四号、一九八四年一〇月）。古田紹欽「李朝仏教における西山大師休静をめぐって」（『印度哲学仏教学』第一号、一九八六年一〇月）。
（6）韓基斗「震黙의法風」（前掲『韓国仏教思想史』所収）。

（7）朴鐘和「四溟大師와壬辰倭乱」（自性郁博士頌寿記念『仏教学論文集』一九五九年）。金東華「惟政의思想」（前掲『韓国仏教思想史』所収）。

（8）韓基斗「白坡와草衣時代禅의論争点」（前掲『韓国仏教思想史』所収）。

3　教団制度の変遷

宗派の変遷

李朝のはじめには、曹渓宗・摠持宗・天台疏字宗・天台法事宗・華厳宗・道門宗・慈恩宗・中道宗・神印宗・南山宗・始興宗の一一宗を数えた。これらを簡単に紹介すれば、曹渓宗は禅宗、摠持宗は陀羅尼《だらに》宗（真言宗）、天台疏字宗と法事宗は天台宗の二派、道門宗は不明（華厳宗の一派か）、中道宗は三論宗、神印宗は密教、南山宗は律宗、慈恩宗は法相宗にそれぞれ相当すると思われる。始興宗についてはこれを蓮宗（浄土宗）、天台宗、涅槃宗などにあてはめており、諸説[1]があってはっきりしないが、いずれにせよ高麗末に起こった新宗派であり、教宗に属していた。

この一一宗は太宗のときに、七宗に統合された。すなわち曹渓宗・天台宗・華厳宗・慈恩宗・中神宗・摠南宗・始興宗である。中神宗は中道と神印の二宗を合わせて一宗とし、摠南宗は摠持と南山を合わせて一宗とした。また、天台宗は天台疏字宗と天台法事宗の二宗を合わせたものである。

世宗六年（一四二四）四月、曹渓・天台・摠南の三宗を合わせて禅宗とし、華厳・慈恩・中神・始興の四宗を合わせて教宗とした。そして興天寺を禅宗都会所とし、興徳寺を教宗都会所とし、禅教両宗に三六寺を隷属させた。さらに僧録司を廃止し、その所属の奴婢三八四人を禅教両宗都会所へ分給した。禅宗は『伝燈録』と『拈頌集』を、教宗は『華厳経』と『十地論』とを試験課目とした。しかし僧科が廃止されてから、李朝の僧侶は禅と教を兼修し、禅宗は『伝燈録』と『拈頌集』を本課としながらも教宗の経論もあわせ学ぶようになった。

僧階と僧職

李朝の僧階と僧職は、初期においては高麗に準じて国家がこれを授けた。僧階の最上位は一国の師たる国師であり、つぎは王者一人の師たる王師であったが、太宗五年（一四〇五）、国師・王師の僧階が廃止された。しかし僧録司はそのまま置かれ、禅教七宗では三年ごとに僧試（僧侶任用試験）が行なわれ、僧階が与えられた。禅教両宗になっても同じく三年ごとに僧試が行なわれ、それぞれ三〇人を採用した。試験には禅宗判事、掌務、伝法三人、証義一〇人が同坐した。試験に合格すれば大選の称号を得ることができた。

禅宗の僧階は大選から中徳、中徳から禅師、禅師から大禅師に進み、大禅師であって禅宗本山の興天寺の住持、すなわち禅宗判事たる者は、とくに都大禅師に任用された。また教宗では大選から中徳、中徳から大徳、大徳から大師に進み、大師であって教宗本山の興徳寺の住持、すなわち教宗判事となった者は都大師に任用され、最高の僧階を授けられた。各寺刹の住持になれる資格は中徳以上と定められた。世宗六年（一四二四）、礼曹に所属していた僧録司が廃止された。もともと僧録司には両街都僧録（各一人）、左右街僧録（各一人）があり、都僧録を都僧統、僧録を僧統とも称していた。

宣祖以後になると、僧階にかわって僧職の制度が生まれ、西山大師休静は禅教一六宗都摠摂に任ぜられた。摠摂の称号は高麗の懶翁慧勤に始まるが、僧将を意味する摠摂は西山大師に始まる。都摠摂の第二代は松雲大師惟政がなり、それ以後、南漢山城修築の大役の責任者となった僧が都摠摂を授けられた。さらに仁祖（一六二三―四九）のとき、李朝の実録を名山に収蔵したが、その守護の寺や城にあたった江陵の月精寺、茂朱の赤裳山城、奉化の覚華《カクァ》寺《サ》、江華の伝燈寺《チョンドゥンサ》の四ヵ寺の住持も摠摂と称せられた。そのほか太祖の祭殿のある釈王《ソグァン》寺《サ》、宣禧官の願堂のある法住寺、睿宗の願堂のある楡岾寺、大蔵経を蔵する海印寺の四大寺の住持もまた摠摂を称した。

また正祖（一七七七―一八〇〇）のとき、密陽に表忠祠を建てたが、ここに院長・都摠摂・都有司・都僧統の四人の僧職が置かれた。同じく海南の大芚寺《テドゥンサ》に表忠祠、妙香山に酬忠祠が建てられたが、そこにもまた都摠摂が置かれた。南北の漢山城の都摠摂は王家国家のために祈禱修法し、三祠の都摠摂は祭祀の儀式を主宰するのをその任務とした。しかし有名無実となった僧職はやがて閑職となり、摠摂は理判、僧統は事判となっていった。一方、水原の龍珠寺《ヨンジュサ》の住持は八道都僧統と称し、全国の僧侶の規律を正し、僧風を振興させる役目を担った。これにならって大寺の住持は、摠摂にかわって僧統・都僧統の称号を用いるにいたった。僧風矯正の制度としては奉恩・奉先・開元・重興・龍珠の五大寺に糾正所が設けられた。

寺院の統制管理については、光武六年（一九〇二）、宮内府に寺社管理署が設けられたが二年にして廃止され、僧制は一九一一年発布の寺刹令によって統制されるに至った。

僧侶の二種――理判僧と事判僧

李朝時代、諸般の寺務に従事し、事務を専任とする僧を事判僧《サパンスン》というのに対して、参禅・講経・修行・弘法などを勤める僧侶を理判僧《イパンスン》と呼んだ。理判僧のことを別に勉強僧（工夫《コンブ》僧《スン》）ともいう。仏教弾圧政策のもとで、李朝の仏教教団がその末期まで伝燈を継承し祖道の命脈を維持することができたのは理判僧のおかげであり、また仏教寺院の荒廃を防止し、仏教界の寺刹財産を安全に確保することができたのは事判僧の功績であるといわれる。

理判僧と事判僧のどちらか一方が欠けても仏教の法燈と伽藍の護持はできなくなる。清《チョン》虚《ホ》・浮休《プヒュ》・碧巌《ピョガム》・白谷《ペクゴク》の諸大師は理判僧でありながら同時に事判僧でもあった。しかし李朝の末になると、事判僧の多いのに比べて理判僧は稀にしか存在しなくなる。事判僧といえども伝統ある大刹を護持したり重創したりした人は、事判僧でありながら理判僧の側面を兼ねそなえていたといえる。

甲契と念仏契

宣祖朝にいたるまで大刹は、宮廷より賜った寺田や両班《ヤンバン》貴族より寄進された財物・田土を有していた。その生活は豊かであり、大刹は数多くの雲水を養うにたる収入があった。これに反して小刹は、年忌の法要を行なったり、托鉢したり、祈禱禳災《じょうさい》の修法による報酬によって生計を立てた。

壬辰の倭乱によって寺田が荒廃すると、甲契《カプケ》(2)の制度が成立した。一つの寺刹の子年生まれから巳年生まれまで、午年生まれから亥年生まれまでの僧が集って一団体をつくり、毎月もしくは毎年、一定の出資をして、その集財を利殖して相当額に達すると田土を購入し、寺に寄付する制度である。寺刹の財産を増すための組織にほかならない。

甲契とならんで念仏契《ヨンブルケ》もつくられた。これは一つの寺刹を中心として僧侶の念仏行者が集まり、その念仏会を存続させるため若干の田土または金銭を醵出《きょしゅつ》する制度であり、万日会ともいわれた。念仏結社の一つであった。

李朝の大刹にはかならず坐禅堂・講学堂および念仏堂の三つの法堂があった。この念仏堂で行なう法会は万日会といわれ、万日をもって修行の期限とした。その主任には化主という役僧を置き、維持のために別に田土を有し独立の経営を行なった。慶尚南道の吾魚《オオサ》寺の念仏契の碑文によれば、純祖十一年（一八一一）、同寺の僧と村人ら一五〇人が協力して金銭を出しあって契をつくり、これを利殖して田土を購入し、その収穫をもって念仏堂の維持を計ったという。念仏契は慶尚道および全羅道に盛んであったが、その流行につれて非俗非僧の居士がしだいに増加していった。

仏書の刊行

高麗時代には大蔵経ばかりでなく『祖堂集』など高麗版禅籍[3]が刊行された。李朝時代においては、しばしば仏教が弾圧されたが仏書の刊行[4]はかえって数多くなされた。李朝五〇〇年に、二五四種の仏書が四六四回にわたって刊行された。こうした仏書の刊行について世祖は刊経都監を設置した。ここから刊行された諺文《オンムン》（ハングル）仏書には『楞厳経』『法華経』[5]『般若心経』『金剛経』『禅宗永嘉集』などがあり、漢字仏書には『華厳経合論』『大日経演密鈔』『起信論筆削記』などがある。

刊経都監から出版されたものが官版であったのに対して、各地の寺刹からは寺版の仏書が刊行された。日本の江戸時代のように商人が仏書を刊行するのではなく、僧侶が印刷・製本などの仕事を担当した。寺版の仏書を見ると、本の最後に施主の名前が書かれ、刊記がつけられ、開版の因縁が書き記され、巻末には刊行の年時・場所・寺名が記されている。

漢字仏書の刊行は、経律論とその注釈、禅の語録、真言陀羅尼などである。真言陀羅尼は民間信仰において特に多く用いられたもので、これを印刷し、庶民に分かち与えた。なかには宗密《しゅうみつ》の『禅源諸詮集都序』のような難解な書物も刊行されたが、李朝の末期になると、難解なものの刊行は次第に影をひそめ、多くは通俗化した偽経類が刊行されるに至った。

諺文で刊行されたものには、偽経や浄土経典もある。偽経には『天地八陽神呪経』や『十王経』のように道教と習合した経典や、『父母恩重経』のように儒教と合致したものが刊行された。

仏書の刊行で有名な寺は海印寺・松広寺・普賢寺・釈王寺などであるが、海印寺には現在も当時刊行された貴重な仏書が保存されている。

寺刹令と三〇本山制

一九一〇年、「併合条約」が調印されて形式上も完全な植民地とされ、翌一一年六月、朝鮮総督府は寺刹令を発布した。光武六年（一九〇二）四月に勅令をもって発布された三六ヵ条の寺刹令の精神を生かして、寺の財産の安定を保証し、三〇本山を置き、僧侶の職が布教伝道にあることを規定して、混乱していた宗教行政を整理した。この寺刹令は次の七条より成る。

第一条　寺刹を併合移転または廃止せんとするときは、朝鮮総督の許可を受くべし。その基址または名称を変更せんとするときもまた同じ。

第二条　寺刹の基址および伽藍は地方長官の許可を受くるに非ざれば、伝法布教、法要執行および僧尼止住の目的以外にこれを使用し、また使用せしむることを得ず。

第三条　寺刹の本末関係、僧規法式、その他の必要なる寺法は各本寺においてこれを定め、朝鮮総督の許可を受くべし。

第四条　寺刹には住持を置くことを要す。住持はその寺に属するいっさいの財産を管理し寺務および法要執行の責に任じ、寺刹を代表す。

第五条　寺刹に属する土地・森林・建物・仏像・石物・古文書・古書画その他の貴重品は、朝鮮総督の許可を受くるに非ざれば、これを処分することを得ず。

第六条　前条の規定に違反した者は、二年以上の懲役または五〇〇円以下の罰金に処す。

第七条　本令に規定するもののほか、寺刹に関し、必要なる事項は朝鮮総督これを定む。

本令は九月一日に施行されたが、この寺刹令によって寺刹や僧侶の身分が公的に認められ、住職の権限も明確にされ、寺刹の財産も完全に保護されるに至った。

ついで翌年七月、寺刹令の施行規則が発布されて三〇ヵ寺の本山が指定された。それはつぎの諸寺であった。

京畿道　広州郡奉恩寺　楊州郡奉先寺　水原郡龍珠寺　江華郡伝燈寺
忠清北道　報恩郡法住寺
忠清南道　公州郡麻谷寺
全羅北道　全州郡威鳳寺　錦山郡宝石寺
全羅南道　長城郡白羊寺　順天郡松広寺　順天郡仙巌寺　海南郡大興寺
慶尚北道　聞慶郡金龍寺　義城郡孤雲寺　永川郡銀海寺　達城郡桐華寺　慶州郡祇林寺
慶尚南道　陜川郡海印寺　梁山郡通度寺　東萊郡梵魚寺

江　原　道　杆城郡乾鳳寺　杆城郡楡岾寺　平昌郡月精寺
咸鏡南道　安辺郡釈王寺　咸興郡帰州寺
黄　海　道　信川郡貝葉寺　黄州郡成仏寺
平安南道　平壌郡永明寺　平原郡法興寺
平安北道　寧辺郡普賢寺

一九二四年、この三〇本山に求礼の華厳寺が追加されて三一本山となった。本山は末寺に対する支配権を有する寺格であるため、末寺に編入された寺刹の僧侶はこの三〇本山制に対して不快の念を表明し、寺刹令は寺刹個々の権利を奪い僧侶を束縛するものと受けとられた。

各本山は寺刹令の趣旨を体して各々寺法を制定した。そのなかには僧侶の位階と学校とに関する規定もふくまれ、これによって学力のある僧侶を養成する道が開けた。

三一本山が制定した寺法のなかの法式において、日本の紀元節・天長節などを祝釐法式日とし、神武天皇祭・神嘗祭などを法恩法式日としたり、天皇の聖寿万歳の尊牌を本尊前に奉安させたことは、朝鮮仏教に対する許すことのできない暴挙であった。新羅・高麗・李朝と一五〇〇年あまり、仏教国としての伝統を有する朝鮮仏教に対して、侮蔑もはなはだしいといえよう。

(1) 高橋亨『李朝仏教』一四〇―四四ページ。李能和『通史』下、三三〇―三三ページ。金映遂「五教両宗에対하야」(『震檀学報』第八巻、一九三七年一一月)。
(2) 李載昌「朝鮮時代僧侶甲契의研究」(『仏教学報』第一三輯、一九七六年)。
(3) 椎名宏雄「高麗版禅籍と宋元版」(駒沢大学『仏教学部論集』第一五号、一九八四年一〇月)。
(4) 黒田亮「朝鮮仏書に就いての綜合的考察」(『朝鮮旧書考』岩波書店、一九四〇年)。
(5) 江田俊雄「朝鮮版法華経異版考」(『青丘学叢』第二二号、一九三五年一一月)。

第五章　韓国の仏教

1　韓国仏教の現状

新生した韓国仏教

一九四五年、第二次世界大戦が終結し、大韓民国が独立してから、韓国の仏教は日本仏教の支配と影響を否定して、新たな意味で仏教復興に向かった。すなわち、同年一〇月に全国僧侶大会を開き、日帝の寺刹令と曹渓宗総本山太古寺の寺法および三一本山末寺法などを全面的に廃止して、新しい韓国仏教の教憲を制定することを決議した。そして中央に朝鮮仏教総務院、地方の各道には教務院をおいて全国寺院を統轄した。

曹渓宗では韓国仏教曹渓宗の初代教正に朴漢永《パクハニョン》を推戴し、中央総務院長には金法麟《キムボムニン》が選出された。また、李法雲《イボブン》はソウル近郊の各寺刹の青年僧侶を集めて「仏教中央青年団」を結成し、仏教青年運動を展開した。さらに一九四六年三月には仏教青年僧の白碩基《ペクソッキ》・柳聖甲《ユソンガプ》・朴《パク》奉石《ポンソク》などが「仏教青年党」を組織して仏教の維新運動につとめ、その翌年には金龍潭《キムヨンダム》・郭西《クァクソ》淳《スン》・李仏化《イプラ》などが「革命仏教徒同盟」を結成して仏教の革新を唱えた。

一九五〇年の六・二五動乱（朝鮮戦争）によって歴史的に有名な多くの寺院が戦火のために焼失したが、動乱後、仏教徒の間に自覚がたかまり、韓国仏教は独主・自立の道を本格的に歩みはじめた。その第一歩は、妻帯僧の追放であった。韓国仏教の歴史的な伝統からいえば僧尼の戒律は厳守されており、僧が妻帯することはありえないのであったが、日本仏教の影響によって、日帝時代に妻帯する僧や蓄妾する僧が輩出し、曹渓宗の伝統は破られてしまった。そこでまず妻帯僧の追放と寺院の生活を正す運動（浄化運動）に着手したのであった。

五四年五月二三日、李承晩《イスンマン》大統領は「妻帯僧は寺刹より退去せよ」という談話を発表し、これをきっかけに教団は妻帯派と非妻帯派とに分かれて互いにあい争うようになった。すなわち、比丘僧は総務院である太古寺《テゴサ》を占領して「曹渓寺《チョゲサ》」と改名し、薛石友《ピョクソクウ》和尚を宗正に推戴して「曹渓宗総務院」として教務を執行しはじめた。一方、妻帯側では司諫洞法輪寺《ポムニュンサ》に総務院の看板を掲げ、宋曼庵《ソンマナム》和尚を宗正に推戴して教務を行なった。このように両派は対立して七、八年にわたって紛糾を続けたが、六二年、両派の統合再建のために「仏教再建委員会」が設立され、しばらくの間、統合宗団として運営された。その後まもなく、法輪寺側の安徳庵《アンドッカム》・李南賢《イナムヒョン》師は総合宗団の非合理性を主張して脱退を宣言し、なお宗憲の不法な通過を法院に訴訟したが、六九年、法輪寺側が敗訴することになって両者の紛糾は終結した。

現代においては、曹渓宗の分宗として太古宗があり、新興仏教諸宗として円仏教・大韓仏教真覚宗・大韓仏教元暁宗・大韓仏教仏入宗・韓国仏教法華宗・大韓仏教法華宗などが成立

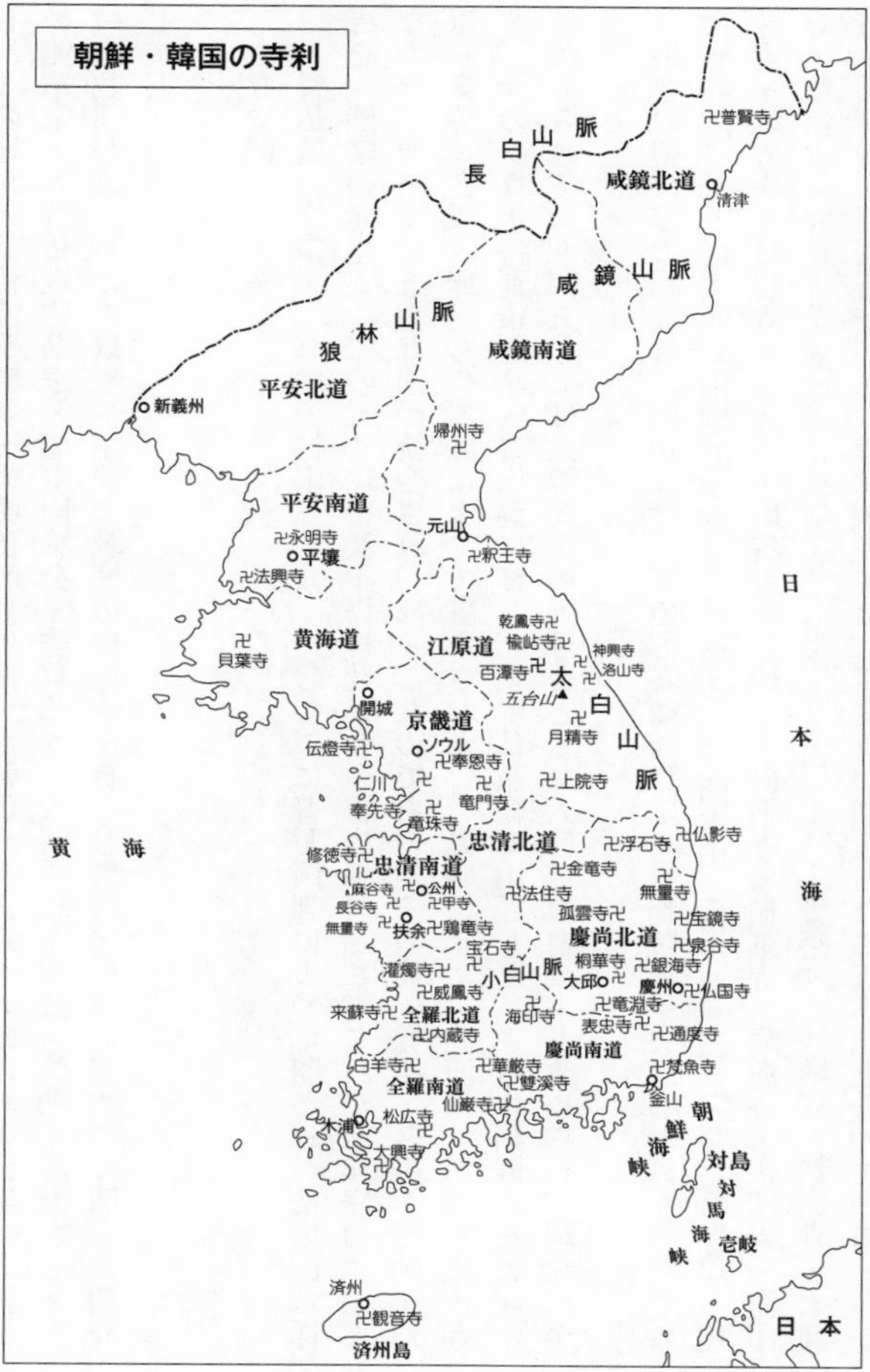
朝鮮・韓国の寺刹
長白山脈
普賢寺
咸鏡北道
清津
咸鏡山脈
狼林山脈
咸鏡南道
平安北道
新義州
帰州寺
平安南道
元山
永明寺
平壌
法興寺
釈王寺
日本海
黄海道
貝葉寺
乾鳳寺
楡岾寺
江原道
神興寺
百潭寺
洛山寺
太白山脈
五台山
開城
京畿道
月精寺
伝燈寺
ソウル
奉恩寺
仁川
上院寺
竜門寺
奉先寺
竜珠寺
忠清北道
仏影寺
黄海
修徳寺
浮石寺
忠清南道
金竜寺
麻谷寺
公州
法住寺
無量寺
長谷寺
甲寺
孤雲寺
宝鏡寺
無量寺
扶余
鶏竜寺
慶尚北道
宝石寺
泉谷寺
桐華寺
銀海寺
灌燭寺
小白山脈
大邱
慶州
仏国寺
威鳳寺
竜淵寺
来蘇寺
全羅北道
海印寺
表忠寺
内蔵寺
通度寺
慶尚南道
白羊寺
華厳寺
梵魚寺
全羅南道
雙溪寺
釜山
仙巌寺
朝鮮海峡
木浦
松広寺
対島
大興寺
対馬海峡
壱岐
済州
観音寺
日本
済州島

し、そのほか大韓仏教華厳宗・大韓仏教浄土宗・大韓仏教真言宗・大韓仏教天台宗・大韓仏教龍華宗・大韓仏教弥勒宗・龍華同乗会・龍華仏寺・大同仏教新興会・弥勒正心教など多くの小教団が成立した。以下、主要な教団の組織・宗旨・教勢などについて、ごく簡単に紹介しておきたい。

主な教団

大韓仏教曹渓宗　高麗の神宗三年（一二〇〇）に普照《ポジョ》国師によって開かれた松広山吉祥寺を、熙宗の元年（一二〇五）に曹渓山修禅社（今の松広寺）とし、これが曹渓宗の本山となった。曹渓宗は五教九山が統合され、成立したのである。その後、覚儼・普愚・慧勤・幻庵・粲英・覚雲・無学らの禅師によって継承された。一九四一年に、北漢山にあった太古寺を、今のソウル特別市鍾路区寿松洞に移し、朝鮮仏教総本山とした。さらに朝鮮仏教曹渓宗と改められ、一九四五年には大韓民国の国号とともに大韓仏教曹渓宗[1]と改められ、現在に至っている。

現在の曹渓宗の組織は、宗正（管長）のもとに監察院・総務院・中央宗会が置かれ、さらに総務院のもとに二四本山制度が確立している。二四本山とは、曹渓寺（総務院直轄）・龍珠寺・乾鳳寺・月精寺・法住寺・麻谷寺《マゴクサ》・修徳寺《スドクサ》・直指寺・桐華寺・銀海寺《ウネサ》・仏国寺・海印寺・雙渓寺・梵魚寺《ポモサ》・通度寺・孤雲寺《コウンサ》・金山寺・白羊寺《ペギャンサ》・華厳寺・仙巌寺《ソナムサ》・松広寺・大興《テフン》寺《サ》・観音寺《クァヌムサ》・禅雲寺《ソンウンサ》である。なお現在では、奉先寺《ポンソンサ》が加えられ二五本山となっている。

総務院は総務部・教務部・財務部・社会部の四部に分かれて宗務を統括している。また教育機関として宗立学校をおいており、大学には東国大学校（ソウル）がある。高等学校としては、光東山林高校（楊州）、普文高等学校（大田）、金山商業高校（金堤）、浄光高等学校（光州）、能仁高等学校（大邱）、海東高等学校（釜山）、忠武商業学校（鎮海）、大東商業高等学校（桂洞）、興国高等学校・明星女子高等学校（ソウル）がある。中学としては、光東中学校（楊州）、普文中学校（大田）、金山中学校（金堤）、浄光中学校（光州）、能仁中学校（大邱）、東国中学校（義城）、海東中学校・金井中学校（釜山）、普光中学校（梁山）、弘済中学校（密陽）、普門中学校・忠武商中学校（鎮海）、大東中学校・興国中学校・明星女子中学校（ソウル）がある。国民学校としては、金坪国民学校（金堤）、恩石国民学校（ソウル）などがある。

全国信徒会組織としては、総裁のもとに顧問団があり、さらに指導委員会・監察委員会・会長・代議員大会の四つの部門がある。また会長の下に副会長・事務総長があって、その下に総務部長・教務部長・財務部長・組織部長・渉外部長・事業部長・社会部長・婦女部長・青年部長があり、これらのもとには二名の次長がおかれて運営されている。

韓国仏教太古宗　五・一六軍事革命以後、妻帯僧を中心として成立する。一九七〇年一月一五日に正式に創立を宣布し、同年五月八日に、仏教財産管理法による団体および代表役員が登録された。(2) 太古宗は曹溪宗の分宗ともいうべき宗団で、宗旨・歴史の淵源は曹溪宗と同じであるが、宗祖は異にしている。

すなわち教主を釈迦牟尼仏として、宗祖を太古普愚《ポウ》（一三〇一—八二）とし、法脈を幻奄混修・亀谷覚雲・碧渓浄心《チョンシム》・碧松智厳《チオム》・芙蓉霊観・清虚休静（あるいは浮休善修）とし、その継承が今日に至ったものとする。

宗旨としては、釈迦の自覚覚他の覚行円満の教えを中心とし、また太古宗祖の宗風をひろめることを狙いとしている。修行の方法としては、参禅・念仏・看経などによる。精進することによって自性をさとり、宗祖の教えである「僧俗ともに教友としての仁慈の心こそ万化の根本なり」の精神を体得実践する。ソウル西大門区忠正路の法輪寺が本部であり、太古宗の組織は、宗正（朴大輪）・総務院長・総務部長・教務部長・財務部長・社会部長・司書からなっている。創立当時の寺院の数は一〇六一所、僧侶二三〇四人、信徒数一二八万六〇〇〇人である。

大韓仏教真覚宗　一九四六年に心印仏教として創立し、七年後の五三年に総印会を組織するとともに、その宗名を真覚宗と改めた。真覚は大覚・妙覚を意味するもので、覚《さと》ることをその根本教理とする。本来は密教である。本宗の開祖者は孫珪群《ソンギュグン》であるが、彼はつねに「六字大明王呪」を読誦し、慶州・浦項《ポハン》・大邱などの地に布教した。数多くの信徒を得て、一九六六年に本部をソウル特別市城北区月谷洞に移し、四五歳で没した（一九四六年）。一九六八年にソウルの総印院本館とともに宗祖塔碑が建立された。

大韓仏教仏入宗　元来、法華宗の教理から分立されたもので、現宗主の李《イ》泓宣《ホンソン》法師が一九六五年一〇月、ソウル東大門区崇仁洞の妙覚寺《ミョガクサ》で創設したものである。彼はもともと日帝時代に日本本門法華宗系で得度し、仏入宗の創設までは他の教友とともに、当時分立の傾向があった法華宗系の統合をめざして運動したが、念願に至らず、分立して仏入宗を創立したのである。

『華厳経』『涅槃経』『金剛般若経』『起信論』などに説かれている仏の知見を覚ることを宗旨とし、信行修証法は従来、法華宗では「南無妙法蓮華経」を唱えたが、これを梵音で唱える。ソウルの崇仁洞本部以外に、忠清南北道・慶尚南北道をはじめ地方に支部をおく。教徒は三万七〇〇〇人といわれる。

大韓仏教浄土宗　申東煥《シンドンファン》師によって創立された本宗は、一九六五年に文公部に登録し、ソウル西大門区仏光洞に本部がある。阿弥陀仏を主仏として奉安し、『無量寿経』を所依の経典とする。

大韓仏教元暁宗　一九六三年九月に金敬澤《キムギョンテク》師を中心に「大韓仏教元暁宗布教院」を創立、同一二月に文公部に登録して現在にいたる。『華厳経』を所依経典とし、元暁大師を宗祖として、「法天衆地、普斎天下、解冤相生、今時極楽」を根本教理とする。ソウル西大門区付岩洞に本部がある。

大韓仏教龍華宗　全羅北道全州市完山洞に本部をおき、一九三二年に徐漢春《ソハンチュン》師によって創宗されたが、六三年に文公部に登録して現在にいたる。当来、龍華世界に降生成仏する弥勒尊仏を本尊として、見性悟道・伝法度生することを目的とする。

天華仏教　李淑峰《イスクボン》・李貞峰《イジョンボン》・李喜秀《イヒス》の三人が、国祖檀君《タングン》、歴代創業主、殉国先烈の神霊

に祖国光復を祈願したが、一九四五年八月一五日以後、ソウル南山に檀君祭壇を築造（現在は存しない）、五一年に天安邑・月峰に光明寺《クァンミョンサ》を創建し、五四年にはソウル鍾路区楼上洞に龍雲寺《ヨンウンサ》を創建して本部とする。天華仏教は瑜伽密教ともいう。天安市・天原郡などに地方支部がある。

大韓仏教普門宗　ソウル東大門区普門洞にある尼僧寺刹の普門寺《ポムンサ》を本部として、一九七二年、普門宗を創立。『観音経』を所依経典として、他の大乗経典を兼修し、聞慧・思慧・修慧の三慧を宗旨として仏陀の教説である四法印を徹悟する。

大韓仏教弥勒宗　一九四二年に金桂朱《キムゲジュ》師が全南光山郡西倉面で成教という教名で布教を始めたが、四六年に戊乙教《ムウルギョ》と改称。さらに五九年には金洪玄《キムホンヒョン》師を教主として宗団を新しく中興し、六四年、弥勒宗と改名して文公部に登録。仙・仏・儒三教の統合を目的とするが、とくに弥勒仏を信奉する。

韓国仏教法華宗　一九三一年、金云雲《キムウヌン》師を中心に法華経布教堂を設立して宗団活動を始めたが、四一年に韓国仏教法華会と改名、六〇年四月には本宗から大韓仏教仏入宗・大韓仏教法華宗・大韓仏教一乗宗がそれぞれ分派した。同年八月に、金正雲《キムジョンウン》師が文公部に韓国仏教法華宗として登録して現在に至る。ソウル城北区三仙洞に本部をおき、『法華経』を奉持して布教救済することを宗旨としている。

大韓仏教華厳宗　一九四五年、八・一五以前に韓永錫《ハンヨンソク》師が創立した宗派であるが、六七年、文公部に大韓仏教華厳宗として正式に登録する。京畿道仁川市新興洞に本部をおき、

『華厳経』を所依の経典として見性成仏と念仏往生を目的とする。

大韓仏教総和会　一九六九年に崔得淵《チェドギョン》・申相均《シンサンギュン》師を中心に創立した本会は、『般若経』を所依の経典として、大乗の菩薩の行願と六和精神にもとづいて広く衆生を度し、国家と人民の安寧を祈ることを目的とする。

大韓仏教一乗宗　もともとは金正雲師によって一九四五年に創宗された「大乗仏教法華宗」であったが、その後、五二年に芮恵教《イエヘギョ》師によって「一乗仏教顕正会」として組織が改編され、さらに六二年に崔浩敏《チェホミン》師によって再組織されたのが、現在の一乗宗である。『法華経』の「十方仏土中、唯有一乗法、無二亦《やく》無三」によって宗派の名とされた一乗宗は、『法華経』を奉持して布教救済することを宗旨としている。

大韓仏教法華宗　高麗の天台宗祖の大覚国師（一〇五五—九九）を宗祖とし、正覚慧日《ヘイル》法師を中興の祖とする。正覚法師が一九四六年、ソウル特別市城北洞の無量寺で本宗を創立した。六〇年八月に大韓仏教法華宗として活動を展開、『法華経』の「諸法実相・会三帰一」を宗旨とする法華宗の一つである。本宗においては大覚国師の思想を継承することを主とする。

大韓仏教天台宗　朴準東《パクチュンドン》が一九四六年に忠清北道丹陽郡永春面栢子里の救仁寺《クインサ》で開宗し、六七年に文教部に登録した。『法華経』を所依の経典とし、かたわら『智度論』『涅槃経』『大品般若経』などに依って、個人の完成と仏国土の建設をめざすことを目的とする。

大韓仏教真言宗　慶尚北道大邱市南区大鳳洞に本部をおき、孫海峰《ソンヘボン》法師が創立したものである。本宗は『大日経』『金剛頂経』『大乗荘厳宝王経』『蘇悉地経』『蘇婆呼童子経』『菩提心論』『釈摩訶衍論』を所依の経典とし、大日如来と観世音菩薩に帰命頂礼して、密教の根本教理である六大・四曼・三密を修行することを宗旨としている。

円仏教　円仏教(3)の名称は、仏像を奉安するよりも円相を画いて、真理の本体である法身仏を信仰の対象とし修行の根本とすることによる。開祖は朴重彬《パクチュンビン》(法号少太山)、全羅北道扶安の不思議方丈(新羅・真表律師の祈禱処)において勇猛精進することによって悟りをひらいた。

一九二四年、全羅北道裡里市に仏法研究会を設ける。三四年、宗祖の朴重彬は入寂し、その弟子昇山宗奎がその後を継いだ。現在の宗法師である大山金大挙《キムデゴ》は、四五年以後から教化・教育・慈善事業の三大事業を実行し、教団の拡大につとめた。宗旨は一円相の法身を信仰の対象とし、修行は修養(精神修養)、研究(研究会、智慧鍛錬)、取捨(正義実践)によ る。教化機関は一八〇所、信者は一〇〇万人。教育機関としては、禅院が三、大学が円光大学校(裡里)、中学二、高等学校二、高等公民学校二がある。慈善機関としては、孤児院二、養老院二、療養院四、奨学財団二、奨学生教内一三七名、教外一五七名、産業機関は農園四、搗精工場一、漢方薬局一、洋式薬局一、製薬社一、印刷所一である。

(1) 大韓仏教曹渓宗については、耘虚竜華『仏教事典』(一九六一年、法宝院) および『仏教宝鑑』(一九六七年、大韓仏教曹渓宗）による。
（2）太古宗以下から瑜伽密教までは、李喜秀『土着化過程에서 본韓国仏教』（一九七一年、仏書普及社）による。なお現在の韓国の宗団宗派の現状については、成和社『韓国宗教総鑑』（一九七三年、週刊宗教社）を参照されたい。
（3）崇山朴吉真博士古稀紀念『韓国近代宗教思想史』（円光大学校出版局、一九八四年）第六篇「円仏教의思想」。

2　韓国の仏教美術(1)

高句麗の仏像

三国時代に仏像が彫造されたことは、多くの文献資料によって明らかである。たとえば『三国史記』真興王三十五年（五七四）の条文によれば「皇龍寺丈六の仏像を鋳成し、銅の重さ三万五〇〇七斤、鍍金の重さ一万〇一九八分」とあるように、最大の金銅仏が造られた。新羅の皇龍寺《ファンニョンサ》は百済の工人が建立の責任者となっていたことから、百済においても造寺造像の技術がすぐれていたことがわかる。

現在、発見されている仏像のなかで、古代三国時代のもっとも古いものは、二体の高句麗金銅仏像である。一つは平壌の平川里より出土したと伝えられているもので、高さ一七・五センチの半跏思惟菩薩像である。韓国の半跏思惟像は北魏から高句麗を経て百済・新羅に伝わり、さらに日本に渡来したといわれている。

もう一つの金銅如来立像は、一九六三年に慶尚南道宜寧郡大義面下村里で発見された延嘉七年銘金銅如来立像[2]である。その制作年代は、銘文および様式によって高句麗の安原王九年（五三九）か嬰陽王十年（五九九）のものではないかと推定されている。この仏像は北魏系統のものといわれる。楽浪の東寺の師弟四〇人が、賢劫（現在）に現われた千仏を造って流行させようとしたもので、この立仏はその二九番目のものといわれる。

つぎに黄海道谷山郡蓬山里で発見された辛卯銘金銅三尊仏は五七一年の造像と推定され、北斉様式を受けたものといわれる。そのほか平安南道平原郡徳山面元五里の廃寺跡[3]から二〇四個の泥仏破片が出土した。そのなかの如来坐像も北斉の様式を受けているとされる。

百済の仏教文化

武寧王陵の発見で一躍有名になった百済からは多くの寺跡が発見された。百済の寺院の建立は、最初の都であった漢城においてもなされたと思われるが、とくに寺址から見て公州および扶余の周辺の地域において著しい。『北周書』の「百済伝」に「僧尼寺塔甚だ多し、而して道士なし」と記されている通り、寺塔の建立は盛んであった。扶余の軍守里廃寺跡・定《チョン》林寺《ニムサ》跡・東南里廃寺跡・漆岳寺《チラクサ》跡・弥勒寺《ミルクサ》跡など多くの寺址が発掘調査されている。百済の伽藍の配置の定型としては塔・金堂・講堂が南北に配されて、そのまわりを回廊で囲んでいる一塔式のものが多いといわれる。

百済の益山《イクサン》地区に対する発掘調査は一九一七年以来のものだが、七〇年代に入って弥勒寺址、王宮面五層石塔、帝釈寺址《チェソクサ》などの調査が進められ、七四年には円光大学校によって弥勒寺址東塔址の発掘、七六年に王宮坪城址の発掘、八〇年に報徳城発掘、さらにつづいて文化財管理局による弥勒寺址の全面発掘によって、益山《イクサン》文化圏の全貌が明らかになった。これによって古代三国最大の伽藍が解明され、現存する有名な弥勒寺石塔は三塔のなかの西塔であることが分かった。(4)

さらに八〇年には全羅北道金堤から銅製板仏四枚が、八一年には同じく井邑から百済初期の石仏立像二体が、さらに忠清南道礼山で巨大な四面石仏が発見され、百済仏教文化圏の様相が次第に明らかにされつつある。

益山の弥勒寺は百済の国立寺院としては最大の規模を有するもので、三塔・三金堂・一講堂を配置する、まったく百済独特の様式である。東西両石塔は七メートル四方の基壇をもち、中央の木塔は二〇メートル四方もある巨大なもので、百済石塔の最古の形式であるといわれる。現存する石塔の高さは一四・二四メートル、六層であるが、もともとは七層あったとされ、韓国最大の石塔である。この弥勒寺は武王（六〇〇―四〇）のときに創建され、新羅の真平王が百工を送って工事を助けたといわれているので、七世紀初頭に建立されたものであろう（『遺事』巻二）。

つづく扶余の定林寺跡五層石塔は、高さ八・三三メートル、弥勒寺石塔の形式を整備かつ定型化したもので、百済式石塔の典型的な様式を示している。この塔の初層塔身には「大唐平百済記」が彫られている。こうした石塔は百済地区で高麗時代にいたるまで継続して建立された。

百済の仏像は、「百済の微笑」と呼ばれる独特の微笑を顔に浮かべ、人間的に豊かな表情をしているが、その様式は中国の南朝の仏像の影響を受けている。制作年代は六世紀後半から七世紀代にかけてといわれ、有名な国立中央博物館所蔵の金銅弥勒半跏像も六世紀の初期の百済仏ではないかといわれる。これと類似した京都の広隆寺の松材半跏像や、法隆寺[5]の木造観音立像（百済観音）なども、百済からの渡来人によって造られたものとされている。

一九五八年に発見された忠清南道瑞山郡龍賢里の磨崖仏は、山の中腹の花崗岩壁に彫られたものであるが、釈迦・観音・弥勒からなる三尊仏である。釈迦と観音は立像、弥勒は半跏像である。同じく瑞山郡泰安面東門里にも磨崖仏があり、ともに中国の石窟の影響を受けたもので百済末期の作といわれている。この百済の磨崖仏が先駆となり、統一新羅期に多くの磨崖仏が彫られるようになった。

新羅の仏教美術

仏教の興隆とともに新羅には、興輪寺《フンニュンサ》・永興寺《ヨンフンサ》・皇龍寺・祇園寺《キウオンサ》・実際寺《シルチェサ》・三郎寺《サムナンサ》・芬皇《プナン》寺《サ》などの巨刹が創建された。真興王五年（五四四）に完成された興輪寺は、金堂と南門、左右の回廊、南池などがあったといわれるが、現在は慶州市南郊南川に金堂跡が残っているだけである。皇龍寺は真興王十四年（五五三）に着工され、真平王六年（五八四）に完成された巨刹である。現在、寺址が発掘されて、伽藍配置は南北の一直線上に南門・中門・塔・金堂・講堂と、一堂一塔の配置になっている。塔は九層の木塔であった。芬皇寺の塔は善徳女王三年（六三四）に造られたもので、元来は七層であったが現在は三層だけが残っている。六世紀後半の金銅仏には、皇龍寺の金堂址の丈六の金剛釈迦三尊をはじめ、宿水寺《スクスサ》跡出土の金銅菩薩立像や、慶尚北道安東市玉洞で発見された金銅弥勒半跏像がある。また皇龍寺跡で出土した高さ八センチの金銅菩薩の頭部は、統一新羅の直前に造られた古新羅銅仏といわれている。

そのほか慶州付近にはいくつかの石仏が現存している。とくに有名なのは慶州博物館の弥勒半跏像、拝里三尊石仏、塔里阿弥陀三尊石仏、南山弥勒谷の磨崖石仏坐像(6)などである。拝里三尊石仏尊は慶州市南山麓拝里にある三尊仏で、本尊は阿弥陀仏、脇侍は右が勢至菩薩、左が観音菩薩で、本尊は二・七七メートルある。新羅統一直前の作品といわれる。

寺院建築　新羅の石造建築物をそのまま残してくれているのが仏国寺《プルグッサ》である。法興王二十二年（五三五）の創建であるが、八世紀の中頃、金大城によって重創された。壬辰の倭乱によって地上の建物はいっさい焼かれたが、それまでは大雄殿・極楽殿・無説殿など数十の殿閣からなる巨刹であった。

仏国寺の背後にあるのが石窟庵《ソックラム》(7)で八世紀の中葉、同じく金大城によって造られた。中国の石窟寺の影響を受けながら、独自な人工の前方後円形の石窟を造り、その前に建造物を建てたものである。前室には左右両壁に八部神衆が四体ずつあり、主室には中央に高さ三・二六メートルの釈迦如来坐像があり、周囲の壁には天部、菩薩像、本尊の後面に十一面観音があり、その左右に十大弟子の像がある。

石塔　新羅石塔[8]の初期の形式として貴重なのは慶尚北道義城郡金城面塔里にある五層石塔である。この石塔につづいて高仙寺《コンサ》跡三層石塔や感恩寺《カムンサ》跡三層双塔などがある。六八二年に建立された感恩寺跡三層石塔は高さが約九・五メートル、その上に鉄製の刹柱《さっちゅう》（仏寺堂塔の前に立つ長い竿。幢《とう》を掲げる）がついている。このような初期の石塔につづいて慶州市の九黄里三層石塔、千軍里三層石塔などが慶尚南北道にある。八世紀中葉のものでは仏国寺の釈迦塔と多宝塔が有名である。とくに多宝塔は新羅の独創的な石塔で、新羅盛期の石造美術の粋を集めたものといえる。この塔は方形二層基壇の上に八角堂式の塔身部をのせ、華麗な木造拝殿を石材によって再現している。

新羅の石塔も八世紀後半からしだいに変化し、中期になると高さも低くなり、さらに後期になると塔の大きさよりも外観を主にし、装飾を重視するようになった。後期の石塔には慶州市の南山里三層石塔、南山茸長寺《ヨンジャンサ》谷三層石塔をはじめ多くが現存する。なかでも求礼華厳《ファオム》寺《サ》の西五層石塔は、十二支像・八部神衆・四天王などが陽刻され、後期石塔を代表するものである。

さらに独特な意匠をこらした石塔として華厳寺四獅子三層石塔と、全羅北道南原郡の実相《シルサン》寺《サ》百丈庵の三層石塔がある。華厳寺石塔[9]は四匹の坐獅子が柱のかわりに上部を支えている。中心部の僧形は慈蔵とも華厳宗の法蔵の像ともいわれるが、はっきりしない。実相寺の三層石塔には、一層に菩薩と神将、二層に奏楽・天人坐像、三層には天人坐像が彫刻され、優雅な石塔である。慶尚北道月城郡江西面玉山里の浄恵寺《チョンヘサ》跡の一三層石塔も特殊な石塔といわれる。

中期以後の塼塔《せんとう》（れんが造りの塔）は慶尚北道の安東付近に四基が、他に三基が現存している。また高僧の遺骨や舎利をいれる石燈形または石鐘形の舎利塔を浮屠《ふと》と呼ぶが、新羅のものは八角堂式を基本とする。中国は西安市の郊外にある草堂寺の鳩摩羅什の舎利塔と類似したもので、唐の舎利塔の影響を受けながら新羅式の浮屠が完成されたと思われる。八四四年に造立された興法寺の廉居和尚塔（ソウル特別市景福宮内）、八七〇年頃の大安寺《テアンサ》の寂忍禅師照輪清浄塔（全羅南道谷城郡）、八八〇年頃といわれる宝林寺《ポリムサ》の普照禅師彰聖塔（全羅南道長興郡）など九世紀から一〇世紀にかけての浮屠が現存しているが、各部が完全にそなわった興法寺のものが新羅の浮屠の代表といわれる。一九六二年、蔚山市太和里の太和寺《テファサ》跡で発見された十二支像浮屠は例外で石鐘形の浮屠であり、石鐘形浮屠としては最古のものである。

新羅の塔碑は、唐碑の形式を受けて亀趺《きふ》の碑石台（または碑座）と碑身からなり、碑首には蟠龍《ばんりゅう》が彫られている。仏教関係の塔碑でもっとも古いのは、七世紀後半と思われる実相寺の証覚大師凝寥塔碑（全羅北道南原郡）である。

なお、寺の前に旗を立てるための幢竿《とうかん》支柱で年代がはっきりしているのは、八二七年に建立された中初寺《チュンチョサ》（京畿道安養）のものである。

仏教彫刻[10]　統一新羅[11]初期のものとしては四天王寺跡塼像、感恩寺石塔から発見された四天王銅像、九黄里の石塔から発見された純金釈迦立像、慶尚北道軍威石窟三尊、慶州掘仏寺《クルブルサ》跡四面石仏などがある。唐の石窟の影響を受けて造立された軍威三尊石仏は阿弥陀三尊で、本尊の坐像は高さ二・八八メートルある。掘仏寺跡の四面石仏は七世紀末頃と推定され、巨大な岩塊の四面に仏菩薩像が彫られている。八世紀前半期のものに慶尚北道甘山寺《カムサンサ》の石造阿弥陀立像と弥勒立像があり、銘文によると七一九年、重阿飡金志誠が亡父母の冥福と一族の祝福のために建立した。

新羅前期の仏像の最高傑作が、先に述べた石窟庵の彫刻である。六世紀から始まって錬磨された新羅人の彫刻技術の総決算ともいうべく、本尊像は力量感にあふれていながら崇高な美しさをたたえている。この石窟庵の彫刻の美しさは以後、二度と再現されなかった。仏国寺の毘盧遮那仏、阿弥陀仏の金銅坐像や、栢栗寺《ペギュルサ》の薬師如来立像（慶州博物館）などになると、顔面の精神美がしだいに減少していく。九世紀中葉以後には、銅仏の制作にかわり鉄仏が出現するようになった。

新羅の梵鐘は、その形式が中国鐘や日本鐘と異なるために朝鮮鐘(12)と呼ばれているが、最古の紀年銘を有するのは江原道平昌郡珍富面東山里にある上院寺《サンウォンサ》の鐘である。この鐘の鐘腹に浮き彫りにされた、二体一組の奏楽天人像の姿態の美しさは有名である。聖徳王二十四年（七二五）の銘文がある。そのほか新羅鐘には、七七一年の奉徳寺《ポンドクサ》鐘（慶州博物館）、八〇四年の禅林寺《ソルリムサ》鐘（破片、国立中央博物館）、八三三年の常宮神社鐘（敦賀市、常宮神社）、九〇四年の宇佐八幡宮鐘（宇佐市、宇佐八幡宮）などがある。現存していないが、記録のうえでは七五四年に皇龍寺の鐘が鋳造されている（『遺事』巻三）。
新羅の朝鮮鐘の特徴としては、大型であること、鐘身の丈が高いこと、二撞座をもつこと、鐘には天人像が鋳出されていることなどが挙げられる。

高麗時代の仏教美術⑬

寺刹の建立　建国とともに開城内外に多くの寺刹が建立された。太祖代には法王寺《ポバンサ》・慈《チャ》雲寺《ウンサ》・王輪寺・文殊寺・円通寺・大興寺・日月寺《イロルサ》が、光宗代には大奉恩寺《テボンウンサ》・安心寺《アンシムサ》・仏日《プリル》寺《サ》・崇善寺《スンソンサ》・三帰寺《サムギサ》・仏化寺《プラサ》・帰法寺・遊岩寺《ユアムサ》が、さらに穆宗代の真観寺・崇教寺《スンギョサ》、顕宗代の玄化寺、靖宗代の宣和寺《ソナサ》・松林寺《ソンニムサ》・沙峴寺《サヒョンサ》などが創建されている。

現存している高麗時代の木造建築としては、浮石寺無量寿殿・祖師堂、鳳停寺《ポンジョンサ》極楽殿、修《ス》徳寺《ドクサ》大雄殿、観音寺円通殿、心源寺《シモンサ》普光殿、成仏寺《ソンブルサ》応真殿、釈王寺《ソグァンサ》応真殿などがある。有名な入母屋づくりの浮石寺無量寿殿は、現存する韓国の木造建築のなかで最古のものである。銘文によると、一三五八年に倭寇によって焼かれたものを辛禑二年（一三七六）に再建したもの、また浮石寺祖師堂は一三七七年に建てられたものである。鳳停寺極楽殿も木造建築としてはもっとも古いものといわれる。浮石寺無量寿殿にある四天王像と菩薩像の壁画は、高麗絵画史の研究上、重要なものであるという。

石塔と浮屠　高麗の石塔の様式は、百済地区の様式が加えられると同時に中国の宋塔の影響を受けて、六角または八角多層塔が造られた。典型的な高麗塔は北部地域に集中している。

高麗初期の代表的な石塔に瑞山普願寺跡五層石塔、青陽西亭里九層石塔、宝泉寺《ポチョンサ》跡三層石塔などがあり、中期のものには獅子頻迅寺《サジャビンシンサ》石塔（一〇二〇年）、神福寺《シンボクサ》跡三層石塔、南渓院跡七層石塔などが、末期のものとしては泉谷寺《チョンゴクサ》跡七層石塔、敬天寺《キョンチョンサ》跡十層石塔などがある。百済様式のものとして月南寺《ウォルナムサ》跡模塼塔、庇仁五層石塔などが挙げられる。

そのほか宋塔の影響で造られた多角塔には、金山寺六角多層塔、月精寺八角九層塔、平壌の永明寺八角五層塔および六角七層塔、寧辺普賢寺八角十三層塔などがある。有名な月精寺の塔は高さ一五・一五メートル、高麗時代の多層石塔を代表するものである。また高麗時代の塼塔《せんとう》には神勒寺多層塔があり、模塼塔としては康津月南寺跡石塔がある。

高麗時代の浮屠には、新羅式の八角堂形式のものと石鐘形などの特殊なものとがあり、前者には梨花女子大浮屠（九三〇年）、燕谷寺《ヨンゴクサ》東浮屠および北浮屠、居頓寺《コドンサ》円空国師勝妙塔など、後者には金山寺石鐘、神勒寺普済尊者石鐘（一三七九年）などがあり、そのほか石燈形・骨壺形・石塔形・四角堂形などの浮屠もある。

高麗代の石燈として有名なのは、光宗（九五〇—七五）代とみられる高さ五・四五メートルの灌燭寺《クァンチョクサ》石燈であるが、そのほか五つの石燈があるといわれる。高麗の石碑も二十余個が知られる。

仏教彫刻　高麗前期には鉄仏が多く造られ、また大型の石仏・磨崖仏が彫られ、金銅仏は新羅時代より減少の傾向を示している。前期のものには高さ二・八メートルの広州鉄造釈迦如来坐像（国立中央博物館）があり、それは石窟庵の本尊像を模倣したものである、塑像には浮石寺塑造如来が、石造には月精寺の菩薩坐像や、有名な灌燭寺の弥勒像などがあり、磨崖仏としては大興寺《テフンサ》北弥勒庵や北漢山旧基里に磨崖如来坐像がある。石仏には咸安大山里石仏、開泰寺《ケテサ》三尊石仏などを挙げる。

高麗後期に属する仏像としては、金銅如来坐像二体（国立中央博物館）をはじめとして一〇あまりあるが、そのなかには蒙古仏の影響を受けたものもあるといわれ、敬天寺十層石塔（ソウル市景福宮）の彫像も蒙古の装飾的な彫刻の影響を受けたものであるという。

梵鐘や香炉もまた大量に鋳造された。現存する高麗鐘は七〇を越え、香炉は六個がある。そのほか寺刹で用いられた鉦鼓に金鼓があった。仏画も釈迦三尊像（一三三〇年）、釈迦説相図（一三五〇年）、観無量寿経変相など多くの高麗仏画[14]が現存している。日本の敦賀の西福寺や知恩院には観経変相図が所蔵されている。昭和五十三年一〇月、奈良の大和文華館で高麗仏画の展覧会が催され、高麗仏画研究の端緒が拓かれた。

高麗仏画でもっとも美しいのは楊柳観音図（大徳寺蔵）であるといわれ、また頭巾が冠の上から両肩にかかっている被帽地蔵菩薩像（徳川黎明会蔵）も有名である。また高麗仏画として地蔵十王図がある。

李朝の寺刹と石塔

李朝（朝鮮王朝）初期には多くの寺刹が建立された。たとえば銀海寺居祖庵、無為寺《ムウィサ》極楽殿、洪城高山寺《コサンサ》大雄殿、道岬寺解脱門、鳳停寺大雄殿、長谷寺《チャンゴクサ》上大雄殿などである。

中期、壬辰の倭乱以後には伝燈寺《チョンドゥンサ》大雄殿、法住寺捌相殿《べっそうでん》、金山寺弥勒殿など有名な寺院が建造された。法住寺捌相殿は新羅時代の様式から大きく変化しているが、韓国に現存する唯一の古式木造五層塔として重要なものである。金山寺弥勒殿も三層仏殿として有名である。

後期のものには慶州の仏国寺大雄殿・極楽殿、求礼の華厳寺覚皇殿、海印寺大寂光殿、雙《サン》峯寺《ボンサ》・普賢寺・釈王寺の大雄殿などがある。華厳寺覚皇殿は新羅時代の大石壇の上に東面して建てられた重層の大雄殿で、寺刹としては最大なもの、勤政殿とともに李朝の最後を飾る大建築である。雙峰寺大雄殿は三層の木塔形式である。

仏教弾圧政策をとった李朝代に石塔の建立は困難となり、寺院における石塔の重要性はほとんど顧みられなくなった。しかし現存するものに南原の万福寺《マンボクサ》塔、ソウルの円覚寺《ウォンガクサ》塔、襄陽の洛山寺《ナクサンサ》塔、驪州の神勒寺塔などがある。万福寺跡石塔は高さ約五・五メートルの四層石塔であり、パゴダ公園にある円覚寺跡十層石塔は一四世紀の敬天寺跡塔を模倣したもので、一四六七年に建立されている。神勒寺石塔は二層基壇の上に八層の大理石製の石塔を立て、円覚寺塔と様式が類似している。石碑としては、一四七一年に立てられた円覚寺碑と、一六三六年に立てられた全羅南道霊巌の道岬寺の道詵国師碑が知られる。また昇州の仙巌寺の前の深い渓流にかかっている虹橋は、周囲の山水の自然と調和したみごとな石橋の一つである。

仏像　現存する韓国の寺刹の仏像はほとんど李朝のものである。前期のものとして有名なのは、禅雲寺《ソヌンサ》の金銅菩薩坐像二体、海印寺大寂光殿の木造毘盧遮那仏（一四八八年）、同法宝殿の木造毘盧遮那仏（一四八八年）、水鐘寺《スジョンサ》石塔から発見された金銅如来坐像（一四九二年）、国立中央博物館蔵の木造阿弥陀仏坐像（一四二八年）であり、後期のものとしては、金山寺弥勒殿の木造弥勒三尊、松広寺大雄殿の釈迦・薬師・弥陀三仏（一七〇七年）などがある。

李朝の梵鐘として有名なものに、徳寿宮《トクスグン》内の興天寺《フンチョンサ》鐘、洛山寺鐘、海印寺寂光殿鐘、甲寺鐘などがあり、公州の甲寺鐘は一五八四年銘をもつもので優秀な技術によって造られている。しかし李朝後期になると名作はほとんどない。

（1）仏教美術については、関野貞『朝鮮美術史』（朝鮮史学会、一九一八年）、金元龍『韓国美術史』（西谷正訳、名著出版、一九七六年）、黄寿永『韓国仏像の研究』（同朋舎、一九七八年）、中吉功『新羅・高麗の仏像』（二玄社、一九七一年）、『朝鮮美術への道』（国書刊行会、一九七九年）などがある。本節の記述は主として金元龍『韓国美術史』によった。そのほか韓国美術については、金元龍編『韓国美術1　古代美術』（講談社、一九八六年）、秦弘燮編『韓国美術2　新羅・高麗美術』（同、一九八七年）、李東洲編『韓国美術3　李朝美術』（同、一九八七年）などがある。

（2）黄寿永「国宝延嘉七年銘金銅如来立像」（『考古美術』第五巻第一号、一九六四年一月）。

（3）文明大「元五里寺址塑仏像의研究——高句麗千仏像造成과관련하여」（『考古美術』一五〇、一九八

一年六月)。
(4) 馬韓・百済文化研究所創立十周年紀念、第七回馬韓・百済文化国際学術会議報告『百済文化研究의綜合的検討』および第八回国際学術会議報告『東北亜細亜에있어서百済文化의位置』参照。
(5) 石田茂作「百済寺院と法隆寺」(『朝鮮学報』第五輯、一九五三年一〇月)。
(6) 秦弘燮「慶州南山弥勒谷의摩崖石仏坐像」(『考古美術』第四巻第四号、一九六三年四月)。
(7) 禹貞相「石窟庵의思想的考察」(『韓国思想講座』3、一九六〇年)。閔泳珪「石窟庵彫像의教理背景(一)」(『考古美術』第二巻第八号、通巻一三号、一九六一年八月)。なお、この号には、金元龍「石窟庵随想」、黄寿永「石窟庵에서搬出된塔像」、秦弘燮「石窟庵에서発見된遺物」「石窟庵保存의経緯」、鄭明鎬「石窟庵文献目録」、編輯室「石窟庵古記録」などの諸論文がある。
(8) 高裕燮『朝鮮塔婆의研究』(乙酉文化社、一九四八年、朝鮮文化叢書第3輯)。
(9) 中吉功「華厳寺舎利塔彫像攷――附、法蔵法師の尺牘」(『朝鮮学報』第一四輯、一九五九年一〇月)。
(10) 秦弘燮「古新羅時代의彫刻」(『考古美術』一五〇「三国時代의美術特輯」、一九八一年六月)。
(11) 統一新羅の美術については『考古美術』一五四・一五五(統一新羅時代의美術特輯、一九八二年六月)を参照。
(12) 坪井良平『朝鮮鐘』(角川書店、一九七四年)。
(13) 中吉功・岡田譲「高麗の美術」(『日本古代史講座』8巻、一九六一年九月)。
(14) 仏画に関する書には、菊竹淳一・吉田宏志編『高麗仏画』(朝日新聞社、一九八一年)、山内長三『朝鮮の絵日本の絵』(日本経済新聞社、一九八四年)などがある。

3　韓国の仏教儀礼

仏教儀礼の変遷(1)

　三国時代に高句麗に伝来した仏教は五胡十六国のものであるから、仏図澄などに代表される神異霊験的な仏教であったと思われる。省門寺《ソンムンサ》・伊弗蘭寺《イブルランサ》などの仏寺が建立されたため、北地系統の儀礼が執行されたことは明らかである。のちに高句麗僧の恵亮が新羅の国統となり八関斎会《はっかんさいえ》や百座高会《ひゃくざこうえ》を実施したことからわかるように、高句麗においてもこれらの法会が持たれていたのであろう。しかもそれは従来あった土俗信仰の儀礼と習合して行なわれたものと思われる。

　戒律を重視した百済仏教においては、日本の善信尼が戒律を学びに来朝したことが示すように、授戒の儀式など南朝の梁の仏教が受容されていたと推定される。これを主としながらも、また謙益がインドから直接もたらした律典にもとづいて、インド仏教の儀礼も紹介され、受容されたものと想像される。

　新羅の仏教儀礼については、墨胡子《ムッコジャ》の伝説が物語るように、焼香、三宝に対する帰依、焚香による病気の平癒などの祈禱が行なわれていた。また阿道が一善郡に来たとき、左手に金環の錫杖、右手に玉鉢応器を捧げ、身には霞衲《かのう》をまとい、口に花詮（真言か）を誦していた（『僧伝』）といわれるので、出家者の僧形であったと思われる。焚香が行なわれたことは、仏教儀礼の初歩的段階がすでに定着していたことを物語っている。

真興王の代になると八関斎会や百座高会が設けられたが、この行事は従来から行なわれていた国祚《こくそ》加護の信仰をもととした仏教法会であった。百座高会は『金光明経』『仁王経』『法華経』などの護国経典を転読し、天部・八部神衆に国家の安全と王室の安泰を祈願するための法会であり、その実施によって仏教は国家的な信仰規模に発展したのである。

新羅時代の仏教儀礼を述べた儀礼書は現在まったく伝わっていない。ただし円仁の『入唐求法巡礼行記』のなかに、唐の新羅寺院である赤山院で行なわれた仏教儀礼が述べられている[2]。唐の開成四年（八三九）一一月二二日のことで、その記事は赤山院の講経儀式、新羅の一日講の儀式、同じく誦経《ずきょう》の儀式である。これによって九世紀における新羅の仏教儀礼の詳細を知ることができるが、それが純粋な新羅儀礼であるかどうかには多少問題があり、中国の仏教儀礼が混入していたかもしれない。ともあれこの赤山院では、打鐘、称嘆仏名、梵《ぼん》唄《ばい》、誓願、論義、散華《さんげ》、三頂礼《さんちょうらい》、誦経、懺悔などが行なわれていた。

高麗時代になると、仏教儀礼を行なう道場が数多く設けられたことが『高麗史』の記事によって知られる。高麗仏教は儀礼仏教であるといっても過言でないほど仏教儀礼が盛んであったが、その内容についてはほとんど不明であるといってよい。また護国経典の道場が設けられ、『仁王経』と『金光明経』の道場がもっとも多かった。高麗の講経法会は経典の講義というよりも、この法会を開くことによって祈福・祈雨・禳災《じょうさい》などの現世利益を祈禱するという性格が強かった。講経の法会は百法師を招き、百高座を設け、供具・衣物も如法に行なわれたといわれる。そのほか転経・行経や、大蔵経の彫板の完成を祝う蔵経道場などの儀礼もなされた。

さらに帝釈信仰、華厳神衆信仰(3)、天兵神衆信仰など神衆信仰の儀礼も盛んであった。太祖が内帝釈寺と外帝釈院を創建したことでわかるように、帝釈天は護法神として尊崇された。華厳神衆信仰は『華厳経』に説かれる道場神・龍神・地神などの聖衆に対する信仰であり、これらの神衆が護法神・善神として諸々の災厄を除いてくれるものと信じられたのであった。

高麗時代、しばしば燃燈会と八関斎会が行なわれたことについては第三章に述べたが、燃燈会は祭天信仰と農耕儀礼にもとづく行事であり、仏教儀礼ではない百戯・雑伎などが取り入れられている。それが元宗十二年（一二七一）にはじめて行なわれた四月八日の仏誕日の燃燈において、仏教儀礼としての性格をおびてきたものである。八関斎会は、⑴行香・酌献、⑵受賀、⑶百戯、⑷宴群臣からなり、新羅以来の仙家《せんか》（仙郎、国仙）の儀礼によったものので、ほとんど仏教儀礼の要素は見られないが、仏教儀礼の要素をおびた『仏説八関斎戒秘密求生浄土必要』（暁城先生八十頌寿『高麗仏籍集佚』）などもある。そのほか、高麗時代にはしばしば飯僧《はんそう》が行なわれた。これは設斎《せっさい》のことで、僧に食事を供養することによって善根功徳を積む行事である。

李朝になると仏教儀礼は整備されるとともに梵唄《ポムペ》が盛んとなった。梵唄の音律を正しく伝えるため、景宗三年（一七二三）には智還が『梵音集』を删補《さんぽ》した。さらに純祖二年（一八二六）、亘璇《クンソン》（一七六七―一八五二）が删補したのが『作法亀鑑』二巻で、諸儀式作法の要目を編纂したものである。梵唄の曲目を集めたものに『同音集』が、儀式の解説集には『一判集』がある。梵唄の流行につれて僧侶の舞踊である僧舞も盛んとなった。

儀礼書の刊行

仏教儀礼に関する書は、(4)李朝以後、寺版として刊行された。そのなかで念仏往生に関する念仏の儀式書に『念仏作法』『念仏普勧文』『浄土宝書』『礼念弥陀道場懺法』『弥陀礼懺』などがある。水陸法会（無遮大会）のときに用いられるのに『水陸無遮平等斎儀撮要』『天地冥陽水陸斎儀』『天地冥陽水陸斎儀梵音删補集』（梵音集、水陸儀文）などがあり、また懺法としては中国の仏教儀礼と同じく(5)『慈悲道場懺法』が用いられている。礼懺文としては、『白衣観音礼懺文』『観世音菩薩礼文』などが刊行されており、さらに華厳神衆に対する礼懺式を集めたものに『華厳礼文』『大方広仏華厳経礼懺文』などがある。

葬法については、葬法や茶毘《だび》の儀式集である『釈門喪儀抄』や『茶毘文』などがあり、そのほか、諸仏・聖衆・霊魂を供養する儀式、請文《しょうもん》、仏像に対する点眼文、死者に対する葬礼、国王に対する祝願文などを集めたものに『諸般文』がある。さらに『施食儀文』など迎魂の儀式を集めたものや、十王信仰に関するものに『預修十王生七斎儀纂要』がある。これは秦広王など十王に供養し、罪業を懺悔する七斎会を行なって、死後の浄土往生を祈願する儀式を述べたものである。そのほか梵・韓・漢で並記した真言陀羅尼集も数多く刊行されている。

李朝以来の各種の仏教儀礼を明らかにした『梵音集』『作法亀鑑』などの儀式文を整理し集大成したのが、一九三五年、安震湖編輯の『釈門儀範』である。現在、韓国で行なわれている様々な仏教儀礼は同書に依っている。さらに『釈門儀範』で省略した儀礼を取り入れて初心者のために仏教儀礼のすべてを明らかにしたものに、一九七〇年に弘法院より刊行された『仏教法要亀鑑』がある。(6)

仏教儀礼の特色

韓国の仏教儀礼は中国の仏教儀礼の影響を強く受けているが、独特の発展を示している。総じてきわめて素朴単純であるような気がする。たとえば朝課や晩課を見ても、仏名を唱えて礼拝をくりかえし、それが終わると十二神将に向かって『般若心経』を一回読誦するのみである。曹渓寺・海印寺・梵魚寺などで朝課を見たが、朝三時、漆黒の闇のなかを大衆《だいしゅ》が法衣を正して大雄宝殿に集まり、静かに正坐して大衆の揃うのを待つ。全員揃ったところで礼拝が始まるが、単純な動作のくり返しのなかに荘厳さがあふれ、粛然として襟を正さしめるものがある。

中国仏教の儀礼に比較すると、同じ仏教圏に属しながら大きな相違点があるのに気がつく。鉦・太鼓・木魚などあらゆる楽器を使用し、長時間にぎやかに行なう中国仏教の儀礼とは大きく異なる。朝鮮民族は白衣民族といわれるように潔癖性・純粋性をもつが、仏教儀礼の面においてもそれが反映しているように思われてならない。私一人の作業仮説にすぎないが、時代に応じた中国の仏教儀礼は東アジア各地域に伝承されて残っているのではあるまいか。たとえば唐代の儀礼は、日本の比叡山や高野山に伝承されているような気がする。さらに唐末五代から北宋初期の儀礼は朝鮮仏教に、明代以後の儀礼は中国大陸・香港・台湾などに残存しているのではないだろうか。韓国仏教の儀礼の研究は、中国仏教や日本仏教のそれと比較検討しつつなされる必要がある。

なお現代の韓国では、旧四月八日を仏誕節として、国家の祝日に制定されている。

(1) 洪潤植『韓国仏教儀礼の研究』(隆文館、一九七六年)。
(2) 小野勝年「円仁の見た唐の仏教儀礼」(福井康順編『慈覚大師研究』天台学会、一九六四年)。
(3) 李杏九「韓国仏教における華厳信仰の展開 —— 華厳法会を中心として」(『朝鮮学報』第一一四輯、一九八五年一月)。
(4) 東国大学校仏教文化研究所編『韓国仏書解題辞典』(国書刊行会、一九八二年)資料部3「儀式関係文献」参照。
(5) 拙著『中国の仏教儀礼』(大蔵出版、一九八六年)。
(6) そのほか韓国における仏書の刊行については前田恵学「最近韓国における仏教書の出版」(愛知学院大学『文学部紀要』、一九七三年)参照。

4　韓国の寺刹

韓国の名刹(1)

韓国の寺院はいずれも山紫水明な、松柏の生い茂った山間にある。寺域には清冽な水が奔流して岩石をかみ、松柏とあいまって桃源郷を形成している。春には黄色の花を咲かす連翹《れんぎょう》や桃や李《すもも》や山桜などが咲きほこり、チマ・チョゴリ（치마・저고리）の韓国服で着飾った婦人が熱心に仏殿で参拝している風景も見られる。

韓国の三大寺刹というと、通度寺《トンドサ》・海印寺《ヘインサ》・松広寺《ソングァンサ》の三寺である。一般には古都慶州にある仏国寺や石窟庵が有名であるが、前記の三寺は韓国仏教では仏法僧の三宝をあらわす寺とされている。すなわち、通度寺には仏舎利が奉安されているので仏宝を、海印寺には八万大蔵経が収蔵されているので法宝を、松広寺には修行道場である修禅社がおかれているために僧宝を表わすとされている。

通度寺　霊鷲山通度寺は慶州南道梁山郡下北面芝山里にある。昔から、五台山月精寺は高山第一といわれ、通度寺は野山第一といわれるように、平野部が終わって山間に入る入口に位置している。創建に際してもっとも重要なのは慈蔵による金剛戒壇の設立であったが、現在、通度寺の中心をなすものもこの金剛戒壇と大雄殿と仏舎利塔である。金剛戒壇は石造物で囲まれた壇で、その四隅には四天王像が彫られ、中央には鐘のような形の舎利塔がある。この舎利塔に祀られている仏舎利こそ慈蔵が五台山の文殊菩薩より授けられたものであるといわれる。

海印寺　伽耶山海印寺は慶州南道陜川郡伽耶面緇仁里にある。法宝としての海印寺の特色は、何といっても世界的文化財である八万大蔵経を収納した蔵経庫である。寺域のもっとも奥、大雄殿の背後の急な階段をあがった上にある。この海印寺は高麗の顕宗以後、七回にわたって火災をうけており、現在われわれが見ることができる建物はほとんど李朝末期に再建されたものである。しかし石造建築物である三重石塔や幢竿《とうかん》支柱などは開創当時のもので、新羅の面影を今日に残している。

松広寺　曹渓山松広寺は全羅南道昇州郡の巨刹である。全羅南道には求礼の華厳寺、海南の大興寺、順天の仙巌寺《ソナムサ》、長城の白羊寺など大刹が多いが、昇州郡にあるこの松広寺は、風光明媚にして寺塔も多く巨刹の名にふさわしい。禅の根本道場という意味においては、日本の曹洞宗の大本山永平寺の風格にもっとも類似している。

仏国寺　慶州は南に南山があり、中央を南川が流れ、周囲は低い山々に囲まれている。観光旅行には必ず吐含山仏国寺がそのコースに入っている。創建時のほとんどの伽藍を失った仏国寺を代表するものは、釈迦塔と多宝塔である。この二塔は大雄殿の前庭の左右に相対峙して立ち、東の多宝塔は女性的な、西の釈迦塔は男性的な美を競ってまことに麗しい。正面の石段が青雲・白雲の両橋であり、青雲橋を登りつめると紫霞門があり、これを入ると正面に大雄殿がある。かつては銅鋳の盧舎那仏《るしゃなぶつ》坐像があったが、今は極楽殿に移され、大雄殿には釈迦三尊が祀られている。この仏国寺の伽藍配置を見てみると、紫霞門は中門に、大雄殿は金堂に、無説殿は講堂にあたっており、日本の奈良時代の寺院と似ている。ただ石垣とか石階段のような建造物は、中国・日本の様式とはまったく異なっており、新羅独自のものといえよう。

石窟庵　この仏国寺の東北に高く聳えている海抜約六〇〇メートルの吐含山の頂上近くにある石窟庵は、仏国寺と同じく金大城《キムデソン》が創建した石窟寺院である。新羅石造彫刻の最高傑作の諸像を有する世界的な文化財である。

法住寺　韓国五大寺刹の一つである俗離山法住寺へは、大田か清州から報恩を通って行くが、春の花、夏の濃緑、秋の紅葉、冬の雪景色と四季それぞれ変わった美しい自然を見せてくれる。金剛門・天王門を通ると視界がひらけ、左側には巨大な弥勒像が、中央には大雄宝殿が、斜め右には捌相殿がある。大雄宝殿には主尊として法身毘盧遮那仏、側仏として右側に報身釈迦牟尼仏、左側に化身盧舎那仏が奉安されている。この大雄殿は、無量寺の極楽殿や華厳寺の覚皇殿とともに韓国の三大仏殿といわれ、基壇の上に立つ重層建物は外観は塔婆のような印象を与える。この法住寺でもっとも有名なのは巨大な立像弥勒仏像である。通度寺の中心が金剛戒壇であるように、法住寺の中心は龍華宝殿で、珊瑚殿とも珊瑚普光明殿とも呼ばれた。これは李朝の高宗九年（一八七二）に建てられ、そのなかに丈六弥勒像が祀られていたが、一八七二年に破壊され、現在、弥勒三尊の台坐のみが現存している。現在の弥勒仏像は一九六四年に完成したもので、高さ三三メートルの石仏である。

智異山　全羅南道の智異山《チリサン》は山紫水明の山で海抜一九一五メートルある。この智異山を前方に望む求礼の里には蟾津江《ソムジンガン》の清流が流れ、智異山の周辺には華厳寺・泉隠寺《チョヌンサ》・燕谷寺《ヨンゴクサ》・雙渓寺《サンゲサ》などの名刹が山あいにひっそりとたたずんでいる。華厳寺へ入るにはまず華厳橋を渡り、美しい森の中を歩かねばならない。正面の大雄殿を圧するかのように建つ覚皇殿は、華厳寺の生命であるといってよい。新羅の文武王十年（六七〇）、義湘大師が三層四面七間の丈六殿を建立し、四方の壁には『華厳経』を刻んだといわれている。覚皇殿の内部の経蔵のなかには、多くの華厳石経が収蔵されている。華厳寺とともに智異山の山谷にある雙渓寺には「六祖頂相塔」があり、伝説によると、中国禅宗の六祖慧能《えのう》の首を没後に斬りとってこの山に埋めたという。

浮石寺　鳳凰山は太白山の支脈である。この山腹に大石壇が築かれ、その上に浮石寺《プソクサ》の伽藍がある。主殿である無量寿殿の右背後には善妙を祀った善妙堂があり、また無量寿殿の左後方に巨石があって浮石と言われ、これにちなんで浮石寺と名付けられた。この浮石の説話はもともと、中国で撰述された賛寧《さんねい》の『宋高僧伝』のなかの義湘伝にもとづくものである。

月精寺　江原道平昌郡珍富面東山里にある五台山月精寺へ行くには、終着点の江陵から再び九十九《つづら》曲りを車で登り、高速道路の途中から月精寺の道に入る。この月精寺は六・二五動乱の際、火災にあって伽藍のすべてを焼失したというが今日では大雄殿も再建され、国宝月光童子像も保存されている。五台山に登るには、この月精寺を後にして、清流に沿って山あいを登る。渓流と分かれて左側に入ったところに上院寺がある。この韓国の五台山は、実は中国山西省の聖地、五台山を模したものである。

桐華寺　韓国中部の大都市の大邱市より車で約三〇分、都会の俗塵を離れた田園風景を見ながら八公山脈に向かって進むと、やがて渓流に沿った山道にさしかかる。それを登ると急に視界がひらけ桐華寺に着く。四天王門を通ると、鳳棲楼が見える。自然木によって入母屋造りに組み立てられ、力量感にあふれている。左側には薬水が出る井戸がある。鳳棲楼を通ると広場があり、正面に大雄殿が、右側に降生院、左側に尋劔堂がある。

そのほか韓国には多くの名刹がある。たとえばソウル特別市には曹渓寺・普門寺・道詵寺・奉恩寺などが、京畿道には興国寺・伝燈寺・龍珠寺・七長寺《チルジャンサ》・神勒寺が、江原道には乾《コン》鳳寺《ボンサ》・神興寺・洛山寺が、忠清南道には麻谷寺・甲寺・東鶴寺《トンハクサ》・灌燭寺・皐蘭寺《コランサ》・宝石寺《ポソクサ》・修徳寺が、慶尚北道には直指寺・金龍寺・桃李寺《トリサ》・雲門寺・銀海寺・宝鏡寺・孤雲寺が、慶尚南道には雙渓寺・梵魚寺・表忠寺《ピョチュンサ》が、全羅北道には金山寺・実相寺が、全羅南道には白羊寺・泉隠寺・仙巌寺・興国寺・大興寺・定慧寺《チョンヘサ》などの名刹がある。

韓国寺刹の特徴

韓国の寺刹の宗教空間すなわち伽藍配置を見ると、大雄殿を中心として楼門・鐘楼・講堂・僧房などが配置されているが、これらは中国や日本の寺刹とあまり変わらない。特異な建物としては応真殿・冥府殿・三聖閣などがある。応真殿は十六羅漢像を祀ったものであり、冥府殿は死者が迷わずに成仏できるように建てられたもので、中央に幽冥教主である地蔵菩薩が祀られ、両脇に道明尊者と無毒鬼王、さらに閻羅大王など十王が祀られている。三聖閣は丹霞閣（浮石寺）などともいわれるが、独聖（賓頭盧《びんずる》）・山神・七聖などを祀っている。

中国や日本の寺院にまったくない宗教空間は、山神閣と七星閣であるといえる。韓国の曹渓宗において、これらは純粋な仏教のものではないので取り除いたほうがよいという主張もあるようであるが、民衆の信仰対象からは絶対にこれを除去することはできない。否、僧侶であってもこれを除くことに抵抗を感じるであろう。山神は現世利益の神として民衆に信仰されている。

神衆壇には、八大金剛・四大菩薩・十大明王・帝釈天などのほか日月・七星・二十八宿・龍王・山神・竈神《そうしん》など百四位の護法の神仏が祀られているといわれるが、このなかには、仏教のものばかりでなく道教の諸神が見られる。とくに七星信仰は独立して、寺刹のなかに七星閣が建てられている。七星閣の主神は北斗七星であり、それを祀って寿福息災を祈るのが七星信仰である。高麗蔵経の秘密部には一行撰の『七曜星辰別行法』『北斗七星護摩法』や、唐代失訳の『北斗七星延命経』、金剛智訳の『北斗七星念誦儀軌』などの経文や儀軌が収められているという。『北斗七星延命経』によれば、北斗七星のそれぞれの星が仏教の仏にあてはめられて仏名で呼ばれている。北斗七星は人間の生命を管理しているので、この

『北斗七星延命経』を信仰すれば一生の災厄から逃れることができると説く。中国で偽作されたこれらの北斗七星信仰の経典が高麗に伝えられるに及んで、朝鮮仏教のなかにも、七星信仰がごく自然に定着するに至ったのであろう。現在の七星閣では、七星如来のほかに北極星に相当する金輪宝界熾盛光《しじょうこう》如来仏と、日月に相当する日光遍照菩薩・月光遍照菩薩とあわせて一〇の仏・菩薩を祀っているが、その代表は北極星にあたる熾盛光如来である。

韓国の寺院に行って必ず目につくのは、仏・菩薩を描いた曼荼羅《まんだら》が大雄殿はじめ多くの仏殿に画かれていることである。十二神将なども大雄殿の左壁に画かれているのが普通である。

仏殿内の曼荼羅には、仏・菩薩をはじめとして、釈迦八相図・華厳会・水陸会・帝釈天・神将・地獄・観音・羅漢・七星・山神に至るまでのすべてが描かれているという。仏殿・法堂の内部はこれらの曼荼羅で荘厳されているのが、朝鮮寺刹の特徴の一つである。

朝鮮の曼荼羅で特色あるものに「華厳曼荼羅」がある。霊鷲山通度寺の普光殿に紺紙金泥の華厳曼荼羅があるが、これは日本にはないものである。胎蔵界曼荼羅の形をうけたもので、毘盧遮那仏と金剛菩薩と千手観音を描き、その制作年時は李朝の純祖五年（一八〇五）である。高麗から李朝にかけて朝鮮仏教では密教が流行し、その影響のもとに曼荼羅図が、いろいろと形をかえて画かれたのであろう。

海印寺には「華厳変相」がある。これは『華厳経』の第一巻から第六四巻までの各品の変相図で、「世主妙厳品」第一からのものである。韓国の寺刹の神衆には、『華厳経』で説かれる諸神が見られるが、たとえば『大方広仏華厳経』第四巻変相では「世主妙厳品」第一之四と題されて、主大神・主地神・主水神・主稼神・神衆神・執金剛神・主林神・主山神・主河神・道場神・足行神・主楽神・主海神・主城神など天地山水を主宰する神衆がみごとに画きだされている。

霊山会《りょうぜんえ》などの大法会を厳修するとき大雄殿などの仏殿が狭すぎるので、殿庭に壇を設ける。掛仏《かけぼとけ》とはその壇上に掛ける仏の画で、釈迦・文殊・普賢を描いた一大曼荼羅である。普段はたたんで収蔵しているが、庭に高く掲げられたこの「掛仏」の曼荼羅絵を拝むために、庭は人々で埋めつくされる。

韓国寺刹の特色[2]としては、つぎの四点があげられる。

(1)韓国の寺刹は多く深山幽谷に存在している。国内の好山水はみな僧侶に占領されているという朝鮮の諺《ことわざ》の通り、韓国の寺刹はほとんど名山や景勝の地にある。伽耶山の海印寺、智異山の華厳寺、太白山の浮石寺の如きはその顕著な例であり、曹渓山の松広寺は人跡を絶った深山幽谷にあって山水の景観美をともなっている。

(2)檀家がない。もちろん信者は施主であるが、日本のように特定の家が、ある寺刹の檀家となることは、まったくない。どこまでも個人の信仰によって寺に寄進をするのである。

(3)寺刹は寺の財産によって維持されている。新羅の昔から寺田などを所有してきたが、それは王家や貴族が寄進したもので、この寺刹所有の田からの収入によって寺は維持され、僧侶はただ修行に励めばよい。

(4)大寺刹には多くの僧侶が住んでいる。直接、寺刹の事務にかかわっている役僧はわずかであるが、修行のために籍をその寺におく僧侶が二〇〇～三〇〇名にのぼることもある。
これらを考えると、かつては山林仏教の性格が強く、ほとんど社会的な活動はなかったものと思われる。現在では曹渓宗を中心として都市布教も盛んとなり、学校・病院なども経営している。

僧侶の習慣で変わっているのは、荼毘《だび》の後で舎利を取りだすことである。これは李朝の西山大師以後の一大特色とされる。韓国の寺刹に行くと寺域の寂しい林の中にかならず浮屠《ふと》群があって、石鐘中に舎利を祀った浮屠（塔）が林立している。その石鐘の表にはその僧の事蹟を記し、そのなかに某師某年某月日遷化《せんげ》し、荼毘の後、舎利幾顆《か》を得て、謹んでこの鐘に納めて浮屠を建立した、と書かれている。

僧尼の修道としては作務《さむ》・読経・坐禅などが、叢林の規矩《きく》にしたがって如法に行なわれている。もちろん曹渓宗では僧侶は独身である。大部分の僧尼は不淫戒を厳守しており、いったんこれを犯すならば、僧侶の資格は剝奪されて教団から追放されるのである。食事も素菜を守り、決して獣肉や魚肉を食べることがない。ただし、どんな料理であっても唐辛子で味をつけていることは、普通の韓国人の食事と少しもかわることがない。

韓国の僧のなかで、尼僧の占める地位は大きい。数においても多く、忠清南道公州郡にある東鶴寺や、慶尚北道雲門面にある雲門寺、慶尚南道尉州郡上北面の石南寺《ソンナムサ》などには、尼僧の専門道場がある。台湾仏教においても尼僧が男僧よりも数多い現象と似ている。世俗の欲望を捨てて仏門に入り、ひたすら念仏坐禅に打ちこんでいる尼僧の姿は、このうえなく純潔に見える。

（1）韓国の寺刹については、拙著『朝鮮仏教の寺と歴史』（大法輪閣、一九八〇年）、『日本仏教のふるさと』（東京大学出版会、一九七八年）、泊勝美『韓国古寺発掘』（六興出版、一九八〇年）、愛宕顕昌『韓国仏教史』（山喜房、一九八二年）参照。なお、韓国の寺刹については韓国仏教研究院が『韓国의寺刹』1〜17（分冊）を一志社より刊行している（一九七四〜七八年）。その寺刹名は、1仏国寺、2石窟庵、3新羅의廃寺Ⅰ、4通度寺、5法住寺、6松広寺、7海印寺、8華厳寺、9浮石寺、10大興寺、11金山寺、12新羅의廃寺Ⅱ、13月精寺、14洛山寺、15伝燈寺、16神勒寺、17北韓의寺刹である。

（2）韓国寺刹の特徴、曹渓宗の僧侶の生活や教育については、高橋亨『李朝仏教』（宝大館、一九二九年）第四章「朝鮮寺刹の研究」、蔡澤洙「韓国仏教の伝統的学習教育科程について」（『印度学仏教学研究』第一九巻第二号、一九七一年三月）、拙稿「韓国の宗教事情について」（『宗務時報』三五号、一九七五年、文化庁文化部宗務課）参照。

仏教関係書籍解題

三国史記　金富軾（一〇七五―一一五一）撰。五〇巻。現存する最古の正史で、三国時代・統一新羅期の歴史と文化を知る根本資料である。本書は高麗の仁宗二十三年（一一四五）一二月、王命によって撰述された。約一世紀後に書かれた『三国遺事』とともに重要な文献である。本書は本紀（新羅本紀、高句麗本紀・百済本紀）、年表、志、列伝よりなる。本書には高麗本、李朝本および最近の活字本、影印本がある。

三国遺事　一然（一二〇六―八九）撰。五巻。高麗の一然が金富軾の『三国史記』の欠点を補い、同書で顧みることがなかった仏教関係の記事を採録した在野の資料である。本書のなかには五十余人の僧の伝記が収録されている。また『海東高僧伝』の記事の不確実なところを訂正している。内容は王暦、紀異、興法、塔像、義解、神呪、感通、避隠、孝善の九篇よりなる。仏教説話や郷歌の宝庫でもある。本書が現存しているため、古代三国と新羅の仏教史を知ることができる。

高麗史　一三九巻。高麗朝の正史。李朝（朝鮮王朝）の太祖のときに鄭道伝・鄭摠らが王命を奉じて三七巻の編年体を撰述したが、世宗のときに鄭麟趾・金宗瑞などによって改撰、文宗元年（一四五一）に完成された。体制は紀伝体で世家、志、表、列伝の四項目よりなる。そのうち、仏教に関する記事がはなはだ多い。仏教記事のみを引用したものに、権相老『高麗史仏教鈔存』（宝蓮閣、一九七三年）がある。

東国通鑑　徐居正（一四二〇―八八）ら撰。五六巻。李朝の成宗十五年（一四八四）、王命を奉じて撰述した。三国より高麗朝の滅亡までの編年史である。三国および新羅の記事は『三国史記』『三国遺事』により、高麗朝の記事は『高麗史』により、これを編年体に改めたもので、史書としての価値は少ないが、編年体の歴史として便利である。

東文選　一五四巻。新羅から李朝の粛宗に至るまでの詩文を蒐集したもので、目録三巻、正編一三〇巻、続編二一巻よりなる。正編は李朝成宗九年（一四七八）に徐居正などが王命を奉じて撰述し、続編は中宗代に申用漑らが編纂、粛宗代に宋相琦などによって改編された。正編には新羅から李朝の初期までの詩文を、続編にはそれ以後粛宗までの詩文を採録したが、そのなかに仏教関係の詩文も少なくない。

海東高僧伝　覚訓（生没年不詳）撰。二巻のみ現存。統一新羅時代に金大門が『高僧伝』を著わしたが早く散佚してその内容も不明であるから、現存する僧伝としては本書がもっとも古いものである。高麗の高宗二年（一二一五）撰。本書は五巻以上からなっていたようであるが現存するのは巻一、巻二だけであり、三五人の高僧の伝記が載せられている。中国の『高僧伝』やその他の文献資料が参考とされている。英訳に Lee, T.H., tr. *Lives of Eminent Korean Monks*, The Haedong Kosŭng Chŏn, Mass., 1969 がある。

東国僧尼録　撰者不明。一巻。三国時代から李朝時代の中葉に至るまでの六八人の高僧の行状を記したもの。大日本続蔵経（二・乙・二三・三）に収録。本書は引用書からみて一八世紀以後の撰述と思われる。高僧を名僧・尼姑・詩僧・逆僧・奸僧の五つに分類している。普雨《ボウ》を奸僧としているなど信頼できない面もある。既存の朝鮮の僧伝類を用いず、公私の歴史資料によって記述している。本書の撰者は仏教排撃の儒者の一人であったかもしれない。

東師列伝　梵海《ボメ》（一八二〇―九六）撰。本書は全六篇からなり、新羅の阿度和尚から、李朝末期の晦光講伯の伝にいたるまで一九八人の伝記を収録。このなかで李朝以前は第一篇の二〇人にすぎず、大部分は李朝の僧伝である。本書は『仏教文献資料集』第一巻（宝蓮閣、一九七二年）に収録されている。

西域中華海東仏祖源流　采永《チェヨン》（生没年不詳）撰。七仏、西天祖師、中華祖師、海東源流、海東禅派正伝図と、高句麗・百済・新羅・高麗の祖師、曹渓山十六祖などの正伝、およびその他の祖師の伝記を編録したものである（里道徳雄「『西域中華海東仏祖源流』僧名索引稿――朝鮮仏教僧名集成Ⅳ」〔『東洋学研究』第一四号、一九七九年〕参照）。

朝鮮寺刹史料　上下二巻。朝鮮総督府内務部地方局纂輯、明治四十四年（一九一一）刊。各寺刹に現存する碑文、扁額、その他の古文書類を採輯したもの。寺刹史の根本資料としてもっとも重要なものであるばかりでなく、古代仏教美術の説明書でもある。

朝鮮金石総覧　上下二巻。朝鮮総督府、大正八年（一九一九）刊。大正二年より五年にわたって蒐集した拓本により金石文を編纂したもの。金石の種類は碑碣、墓表、諡冊、墓誌、石標、石幢、石刻、石経、そのほか鐘、仏像、塔、燈、幢竿、同石柱、香爐、舎利盒、鏡の類にまで及ぶものである。高麗以前のものは大部分これを網羅している。朝鮮仏教史研究の基本資料である。

東国輿地勝覧　五五巻。官撰の地誌。李朝の成宗十二年（一四八一）、五〇巻が完成し、四年後に添削して五五巻とした。さらに燕山君のときに改訂して印行した。史宗二十三年（一五二八）に増修し、二年後に完成したのが『新増東国輿地勝覧』である。本書は寺刹の所在や、遺蹟・遺物の調査に便利である。

朝鮮仏教の仏書の解題書に、安春根撰『韓国仏教書誌考』（同朋舎、一九七八年）がある。また東国大学校仏教文化研究所編『韓国仏教撰述文献総録』（東国大学校出版部、一九七六年）は、朝鮮で撰述された仏教関係文献に関して、その典拠・存失・内容・所蔵処などを明らかにしたもので、朝鮮仏教研究の基本書である。『韓国仏書解題辞典』（国書刊行会、一九八二年）はその日本語版である。なお、新羅時代の文献目録については閔泳珪「新羅章疏録録長編」（自性郁博士頌寿記念『仏教学論文集』、一九五七年）参照。

宗派解説

涅槃宗　中国の南北朝時代に『涅槃経』の研究が行なわれ、涅槃宗が成立した。朝鮮では新羅の武烈王のとき、普徳が全州の景福寺において涅槃宗を開いた。新羅時代に『涅槃経』の注疏を書いた人には、元暁・義湘・憬興・義寂・太賢などがある。涅槃宗は高麗朝から李朝（朝鮮王朝）のはじめまで続いた。

戒律宗　中国の律宗は道宣によって大成された。新羅の戒律宗のはじめは慈蔵である。彼は通度寺に戒壇を開いたり、皇龍寺において『菩薩戒本』を講じたりしているので、慈蔵をもって戒律宗の開創者といって大過なかろう。

三論宗　本宗はインドの龍樹（Nāgārjuna）の『中論』と『十二門論』および提婆（Āryadeve）の『百論』の三論を所依とした宗派。三論宗は羅什―道生―曇済―僧朗―僧詮―法朗―吉蔵と相承した。このなかの僧朗は高句麗人である。朝鮮僧で三論を学んだ人に高麗実法師・高麗印法師・慧灌などがあり、慧灌は日本に三論宗を伝えた最初の人である。

華厳宗　『華厳経』を所依の経典として成立した宗派で、杜順―智儼―法蔵と相承し、法蔵が大成者である。その智儼より華厳を受け、海東華厳の始祖となったのが義湘である。義湘の弟子に悟真・智通・表訓・真定・真蔵・道融・良円・相源（元）・能仁・義寂の十大徳および梵体・道身がある。海東華厳は海印寺・華厳寺を中心として伝承された。

法相宗　唐の玄奘三蔵がインドから中国へ伝え、慈恩大師基によって一宗として成立したのが法相宗である。護法の『成唯識論』と『解深密経』を所依とする。玄奘の弟子、西明寺円測は新羅の出身者である。そのほか玄奘の弟子の新羅僧には神昉・順憬・勝荘があり、円測の弟子に道証があり、その弟子が太賢である。法相宗は金山寺を中心として真表がひろめた。その弟子の永深・宝宗・信芳なども法相宗である。

天台宗　『法華経』を所依とする天台宗は慧文—慧思—智顗と相承し、智顗が大成者である。新羅の玄光は慧思に師事し、智顗の弟子の波若は新羅人である。呉越の忠懿王が高麗に使者を送り、高麗の諦観が天台典籍をもたらしたのが機縁となって天台宗が復興した。本格的に朝鮮半島に天台宗を移植したのは高麗の義天であり、中国、天台宗の聖地である天台山国清寺は朝鮮にも建てられた。

禅宗　中国の禅宗は達摩（Bodhidharma）を開祖とし、達摩—慧可—僧璨—道信と相承し、道信の禅を受けた道義によってはじめて新羅に伝えられた。道信の弟子、弘忍の門下が慧能（南宗禅）と神秀（北宗禅）に分かれた。新羅の禅は北宗禅の系統を受けた人もいるが、新羅の禅門九山の大部分は南宗禅の馬祖道一の法系を受けたものである。高麗には禅門九山が成立した。李朝では、元や明の禅僧の法系を受けた者もあるが、朝鮮独自の禅宗である曹渓宗が成立し、現在に至っている。

浄土教　宗派としての浄土教は新羅に入っていないが、民間信仰のなかには大きな影響が認められる。新羅の浄土教は、教学的研究と民衆の浄土教の二種に分かれる。教学的研究は『無量寿経』『阿弥陀経』が中心であり、『観無量寿経』の研究はほとんどされなかった。浄土教の学問研究の系譜には、浄影寺慧遠の系統に属するものと、玄奘・慈恩の系統に属するものとがある。前者の系統に慈蔵・元暁・義湘・義寂・法位・玄一などがあり、後者の系統には円測・憬興・太賢・道倫などが属する。

神印宗　新羅の密教の相承は不明な点が多い。神印宗の開祖、明朗はインドの善無畏(Śubhakarasiṃha)に師事したというが、はっきりしない。『金剛頂経』を中国に伝えた不空三蔵(Amoghavajra)の弟子に新羅の慧超がある。彼は『往五天竺伝』を著わしたので有名である。朝鮮の密教は雑密を主とするために師嗣の相承ははっきりしない。

参考文献

邦語文献（一九三〇～八五）

忽滑谷快天『朝鮮禅教史』春秋社、一九三〇
今西　龍『新羅史研究』近沢書店、一九三三
高橋　亨『李朝仏教』国書刊行会、一九三三
今西　龍『百済史研究』近沢書店、一九三四
池内　宏『朝鮮の文化』岩波書店、一九三六
大屋徳城『高麗続蔵雕造攷』便利堂、一九三七
今西　龍『高麗史研究』近沢書店、一九四四
末松保和『新羅史の諸問題』東洋文庫、一九五四
中吉　功『海東の仏教』国書刊行会、一九七三
金知見・蔡印幻編『新羅仏教研究』山喜房仏書林、一九七三
斎藤　忠『新羅文化論攷』吉川弘文館、一九七三
葛城末治『朝鮮金石攷』国書刊行会、一九七四
蔡　印幻『新羅仏教戒律思想研究』国書刊行会、一九七七
江田俊雄『朝鮮仏教史の研究』国書刊行会、一九七七

源　弘之『韓国浄土教研究序説』尚文堂、一九七八
安 春 根『韓国仏教書誌考』同朋舎、一九七八
坂元義種『百済史の研究』塙書房、一九七八
鎌田茂雄『日本仏教のふるさと』東京大学出版会、一九七八
鎌田茂雄『朝鮮仏教の寺と歴史』大法輪閣、一九八〇
田村圓澄『古代朝鮮仏教と日本仏教』吉川弘文館、一九八〇
田村圓澄・秦弘燮『新羅と日本古代文化』吉川弘文館、一九八一
斎藤　忠『古代朝鮮文化と日本』東京大学出版会、一九八一
中吉　功『韓国曹渓禅への招待』国書刊行会、一九八三
田村圓澄『日本仏教史4』（百済・新羅）法蔵館、一九八三
玉城康四郎編『仏教史Ⅱ』（第Ⅲ部 朝鮮）山川出版社、一九八三
朴 先 栄『仏教の教育思想』国書刊行会、一九八五

＊

柳　宗悦『朝鮮とその芸術』叢文閣、一九二二
濱田耕作『仏国寺と石窟庵』朝鮮総督府、一九三八
小場恒吉『慶州南山の仏蹟』朝鮮総督府、一九四〇
関野　貞『朝鮮の建築と芸術』岩波書店、一九四一
杉山信三『朝鮮の石塔』彰国社、一九四四

軽部慈恩『百済美術』宝雲舎、一九四六
斎藤　忠『朝鮮仏教美術考』宝雲舎、一九四七
高裕燮『韓国美術史及美学論攷』通文館、一九六三
中吉　功『新羅・高麗の仏像』二玄社、一九七一
朱栄憲『高句麗の壁画古墳』学生社、一九七二
坪井良平『朝鮮鐘』角川書店、一九七五
金元龍『韓国美術史』名著出版、一九七六
黄寿永『韓国仏像の研究』同朋舎、一九七八
中吉　功『朝鮮美術への道』国書刊行会、一九七九
中吉　功『朝鮮回顧録』国書刊行会、一九八五
金元龍編『韓国美術1　古代美術』講談社、一九八六
秦弘燮編『韓国美術2　新羅・高麗美術』講談社、一九八七
李東洲編『韓国美術3　李朝美術』講談社、一九八七

ハングル文献（一九一〇〜八六）

韓龍雲『朝鮮仏教維新論』仏教書館、一九一三
李能和『朝鮮仏教通史』新文館、一九一八
李載丙『朝鮮仏教史之研究』東渓文化研揚社、一九四六

李　弘稙『韓国古文化論攷』乙酉文化社、一九五四
自性郁博士頌寿記念『仏教学論文集』記念事業委員会、一九五九
金　東華『新羅時代의仏教思想』亜細亜研究、一九六二
趙　明基『新羅仏教의理念과歴史』新太陽社、一九六二
趙　明基『高麗大覚国師와天台思想』東国文化社、一九六四
趙明基博士華甲記念『仏教史学論叢』東国大学校出版部、一九六五
金煐泰・禹貞相『韓国仏教史』信興出版社、一九六九
高大民族文化研究所『韓国文化史大系VI』(宗教・哲学史)一九七〇
東国大学校仏教文化研究所『護国大聖四溟大師研究』信興出版社、一九七一
李　喜秀『土着化過程에서본韓国仏教』仏書普及社、一九七一
権　相老『朝鮮仏教略史』宝蓮閣、一九七二
権　相老『高麗史仏教鈔存』宝蓮閣、一九七三
李　智冠『韓国仏教所依経典研究』宝蓮閣、一九七三
安震湖編『懸吐註解、四集合本』法輪社、一九七三
황　패　강『新羅仏教説話研究』一志社、一九七五
崇山朴吉真博士華甲紀念『韓国仏教思想史』紀念事業会、一九七五
安　啓賢『新羅浄土思想史研究』아세아문화사、一九七六
黄　寿永『韓国金石遺文』一志社、一九七六

金知見『均如大師華厳学全書』大韓伝統仏教研究院、一九七七
李智冠『比丘尼戒律研究』大覚会出版部、一九七七
金煐泰『三国遺事所伝의新羅仏教思想研究』信興出版社、一九七九
韓基斗『韓国仏教思想研究』一志社、一九八〇
韓鍾萬編『韓国近代民衆仏教의理念과展開』한길사、一九八〇
洪潤植『浄土思想』한겨레출판사、一九八〇
洪潤植『韓国仏画의研究』円光大学校出版部、一九八〇
朴先栄『仏教의教育思想』同和出版公社、一九八一
金煐泰編『韓国仏教史料——海外文献抄集』仏教文化研究所、一九八一
韓普光『龍城禅師研究』甘露堂、一九八一
安啓賢『韓国仏教史研究』同和出版公社、一九八二
李箕永『韓国仏教研究』韓国仏教研究院、一九八二
安啓賢『韓国仏教思想史研究』東国大学校出版部、一九八二
仏教文化研究所編『韓国天台思想研究』東国大学校出版部、一九八三
金杜珍『均如華厳思想研究』一潮閣、一九八三
金三龍『韓国弥勒信仰의研究』同和出版公社、一九八三
洪潤植『高麗仏画의研究』同和出版公社、一九八四
仏教文化研究院編『韓国禅思想研究』東国大学校出版部、一九八四

金煐泰『百済仏教思想研究』東国大学校出版部、一九八五
仏教文化研究院編『韓国浄土思想研究』東国大学校出版部、一九八五
韓基斗『禅과無時禅의研究』円光大学校出版局、一九八五
洪潤植『三国遺事와韓国古代文化』円光大学校出版局、一九八五
暁城先生八旬頌寿『高麗仏籍集佚』東国大学校出版部、一九八五
仏教学会編 仏教学論集1『初期韓国仏教教団史의研究』、2『韓国仏教禅門의形成史的研究』、3『韓国曹渓宗의成立史的研究』、4『高麗後期仏教展開史의研究』、5『高麗初期仏教史論』、6『高麗中・後期仏教史論』民族社、一九八六
金煐泰『韓国仏教史概説』経書院、一九八六
金鍗埈・崔柄憲編『史料로본韓国文化史』(古代篇)一志社、一九八六
仏教文化研究院編『韓国密教思想研究』東国大学校出版部、一九八六

＊

尹喜淳『朝鮮美術史研究』서울신문社出版局、一九四六
高裕燮『韓国塔婆의研究』乙酉文化社、一九四八
金永基『朝鮮美術史』金龍図書会社、一九四八
金瑢俊『朝鮮美術大要』乙酉文化社、一九四九
高裕燮『韓国美術文化史論叢』서울신문社出版局、一九四九

本書の原本は、一九八七年に東京大学出版会より刊行されました。

［編集部注］文庫収録にあたり留意した点は以下の通りです。
・原文中あきらかな誤字と思われるものは訂正する。
・寺名、僧名、人名や一部の地名については現代朝鮮語読みの片仮名ルビを適宜付す。
・本書において「李朝」とされている王朝名・時代区分は、現在では「朝鮮王朝」とするのが一般的であり、各章初出に編集部注を挿入した。

鎌田茂雄（かまた　しげお）

1927年神奈川県生まれ。駒澤大学仏教学部卒業。東京大学大学院博士課程修了。東京大学東洋文化研究所教授、国際仏教学大学院大学教授などを歴任。専攻は中国・朝鮮仏教史。文学博士。学士院賞受賞。2001年没。『般若心経講話』『華厳の思想』『維摩経講話』など。

講談社学術文庫

定価はカバーに表示してあります。

朝鮮仏教史《ちょうせんぶっきょうし》

鎌田茂雄《かまたしげお》

2020年8月6日　第1刷発行

発行者　渡瀬昌彦
発行所　株式会社講談社
東京都文京区音羽 2-12-21 〒112-8001
電話　編集（03）5395-3512
販売（03）5395-4415
業務（03）5395-3615
装　幀　森　裕昌
印　刷　株式会社廣済堂
製　本　株式会社国宝社
本文データ制作　講談社デジタル製作

ISBN978-4-06-520778-9

「講談社学術文庫」の刊行に当たって

これは、学術をポケットに入れることをモットーとして生まれた文庫である。学術は少年の心を養い、成年の心を満たす。その学術がポケットにはいる形で、万人のものになることは、生涯教育をうたう現代の理想である。

こうした考え方は、学術を巨大な城のように見る世間の常識に反するかもしれない。また、一部の人たちからは、学術の権威をおとすものと非難されるかもしれない。しかし、それはいずれも学術の新しい在り方を解しないものといわざるをえない。

学術は、まず魔術への挑戦から始まった。やがて、いわゆる常識をつぎつぎに改めていった。学術の権威は、幾百年、幾千年にわたる、苦しい戦いの成果である。こうしてきずきあげられた城が、一見して近づきがたいものにうつるのは、そのためである。しかし、学術の権威を、その形の上だけで判断してはならない。その生成のあとをかえりみれば、その根は常に人々の生活の中にあった。学術が大きな力たりうるのはそのためであって、生活をはなれた学術は、どこにもない。

開かれた社会といわれる現代にとって、これはまったく自明である。生活と学術との間に、もし距離があるとすれば、何をおいてもこれを埋めねばならない。もしこの距離が形の上の迷信からきているとすれば、その迷信をうち破らねばならぬ。

学術文庫は、内外の迷信を打破し、学術のために新しい天地をひらく意図をもって生まれた。文庫という小さい形と、学術という壮大な城とが、完全に両立するためには、なおいくらかの時を必要とするであろう。しかし、学術をポケットにした社会が、人間の生活にとってより豊かな社会であることは、たしかである。そうした社会の実現のために、文庫の世界に新しいジャンルを加えることができれば幸いである。

一九七六年六月

野間省一